工信学术出版基金

“融媒体内容制作”

“1+X”职业技能等级证书配套教材

木疙瘩 mugeda 官方推荐

融媒体专业

“岗课赛证”融通系列教材

融媒体 新闻交互设计与制作

木疙瘩标准教程

彭澎——著

人民邮电出版社

北京

图书在版编目（CIP）数据

融媒体新闻交互设计与制作 / 彭澎著. -- 北京 : 人民邮电出版社, 2024.1
ISBN 978-7-115-63405-4

Ⅰ. ①融… Ⅱ. ①彭… Ⅲ. ①多媒体－新闻编辑②多媒体－新闻－制作 Ⅳ. ①G213

中国国家版本馆CIP数据核字(2023)第241294号

内 容 提 要

本书根据“融媒体内容制作”1+X 职业技能等级证书考核要求，以及新闻媒体相关岗位、高校相关专业人才培养需求编写，基于专业的融媒体内容制作与管理平台——木疙瘩，详细且系统地介绍了融媒体新闻交互设计与制作的方法。

本书共 6 章，内容包括信息传播与融媒体新闻、融媒体内容制作平台初识、融媒体新闻交互设计与制作基础、交互页面设计与制作、交互动画设计与制作、融媒体新闻交互的 5 种典型制作方法。此外，附录还介绍了木疙瘩的一些实用工具及控件的基本操作与使用方法。

本书内容全面、案例丰富，具有很强的可读性和实用性，适用于新闻、传媒、广告等相关领域的从业者和相关专业的师生使用，还适用于“融媒体内容制作”1+X 职业技能等级证书初级和中级的考核认证教学与培训。

◆ 著　　　　彭　澎
责任编辑　罗　芬
责任印制　王　郁　胡　南

◆ 人民邮电出版社出版发行　　北京市丰台区成寿寺路 11 号
邮编　100164　　电子邮件　315@ptpress.com.cn
网址　https://www.ptpress.com.cn
固安县铭成印刷有限公司印刷

◆ 开本：787×1092　1/16
印张：11.75　　　　2024 年 1 月第 1 版
字数：165 千字　　　2025 年 7 月河北第 8 次印刷

定价：69.90 元

读者服务热线：(010)81055410　印装质量热线：(010)81055316
反盗版热线：(010)81055315

前言

随着互联网和移动设备的普及，新闻行业的数字化转型成为当务之急。社交媒体的兴起改变了新闻信息的传播方式，用户个性化和定制化的需求变化，以及媒体多元化和融合的趋势，使新闻从业者需要保持敏锐的洞察力和技术创新的意识，以应对新闻行业的变化。

面对这些挑战和变革，融媒体技术的应用成为新闻行业转型的关键因素。通过融合文字、图像、音频和视频等多种媒体形式，新闻机构可以提供更丰富、更多样化的新闻内容。使用融媒体技术可以制作更具互动性和可参与性的新闻作品，用户可以通过评论、分享等参与其中。此外，融媒体技术还提供了更多的数据来源和分析工具，帮助新闻机构更好地了解受众需求和变化趋势，从而提供更具深度和洞察力的报道。因此，新闻从业者需要紧跟融媒体技术的发展趋势，不断探索和应用新的技术工具和方法，以适应这个不断变化的新闻行业。

本书基于专业的融媒体内容制作与管理平台——木疙瘩，详细且系统地介绍了融媒体新闻的交互设计与制作方法。在编写过程中，本书采用任务驱动的教学方式，注重理论与实践的结合，倡导将复杂问题简化的原则。同时，任务设计严格遵循高等学校课程思政建设相关文件的精神，将立德树人、协同育人与专业技术相结合。在内容结构上，紧密联系高校相关专业的教学实际和就业需求，使内容更加系统化，方便教师教学和学生学习。经过认真研究和打磨，本书致力于为读者提供一份简明、实用的指南，帮助读者掌握融媒体新闻交互设计与制作的核心技能。

为了帮助读者快速掌握木疙瘩的操作方法，深刻理解功能实现与视觉表现之间的关系，本书注重实际应用，每个任务都明确提供了知识点和任务要求。值得一提的是，本书在讲解任务时，着重介绍设计和制作思路。这是本书的一个特色，有助于避免学习后不知道如何应用的现象发生。

本书内容完整，实训任务丰富，不仅强化了重要提示内容，使得读者能够准确掌握相关操作，而且对于一些重点和难以理解的内容，还提供了精心制作的教学视频进行进一步讲解。此外，本书还提供了所有任务的素材作为配套资源，方便教师教学和学生学习。这些资源进一步拓展了本书的实用性，提升了教学效果。

教学使用

对于各层次相关专业的教学来说，由于专业不同，培养目标不同，对融媒体新闻交互设计与应用的需求也不同，教师在教学和学时设置上可以根据专业特色和学生水平，在实践环节予以合理的安排。此外，本书内容也可支撑其他相关课程的教学，例如“用户体验设计”“移动界面设计与应用”“交互动画设计与制作”等课程。

学时分配

本书内容衔接紧密，环环相扣，并配有相应的实训任务。教学过程中，可根据专业特点安排学时。若使用本书进行“融媒体内容制作”1+X 职业技能等级证书初级或中级培训，需要参照该证书的考核标准来安排学时，并进行实训。

配套资源使用及下载说明

本书的配套资源包括教学 PPT、素材等，对于重难点内容还提供相应的讲解视频。扫描下方二维码，关注微信公众号“数艺设”，并回复本书第 51 页左下角的 5 位数字，即可获取资源下载链接。

数艺设

致谢

本书是在参加“融媒体内容制作”1+X 职业技能等级证书教学的一线教师，从事相关工作的一线设计师、技术人员、教学专家，以及北京乐享云创科技有限公司教育事业部全体人员的指导下完成的。编写过程中，还得到了许多用户的支持，在此向所有单位和个人表示衷心的感谢。

由于编者水平有限，书中难免有不足之处，敬请广大读者批评指正。我们的联系邮箱为 luofen@ptpress.com.cn。

编者

目 录

第 1 章

信息传播与融媒体新闻

随着移动互联网和融媒体的发展，信息传播趋向移动化、社交化和可视化，这使得建设融媒体强国成为紧迫任务。本章将介绍在移动互联网背景下，如何成为优秀的信息提供者和传播者，为人们在移动互联网和融媒体时代的获得感、幸福感和安全感开创新空间，以满足人们日益增长的美好生活需要。

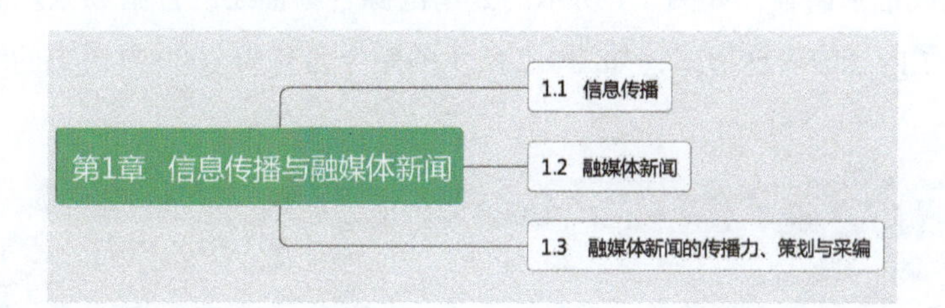

1.1 信息传播

信息是经过加工处理的有意义的内容。信息传播是将信息内容传递出去的过程。学习融媒体技术的目的是实现更有效、更便捷的信息传播。因此，学习本书前应先了解信息内容及其表现形式、信息传播媒体与传播途径。

1.1.1 信息内容及其表现形式

1. 信息内容

内容与形式密切相关。内容决定形式，形式依赖内容。同时，形式也可以反作用于内容，影响内容本身。

信息可以被理解为内容的表现形式。通过信息传播技术，内容得以传播。例如，一则故事可以文字、图形、图像、动画、声音等多种形式来表现。选择何种形式来表现取决于目标受众，好的表现形式是提升信息传播效果的关键。

2. 信息的表现形式

随着人类文明和科技的发展，信息的表现形式不断演进。在石器时代，人们通过在岩壁上画图形来传达或记录内容，如图 1.1 所示的云南沧源岩画描绘的狩猎场景。后来，文字的出现进一步丰富了内容的表现形式，如图 1.2 所示的距今已有约 1000 年历史的纳西族东巴象形文字。

图 1.1

图 1.2

再后来，信息的表现形式发展到了可用电信号表示，如图 1.3 和图 1.4 所示的模拟电信号示意图和数字电信号示意图。

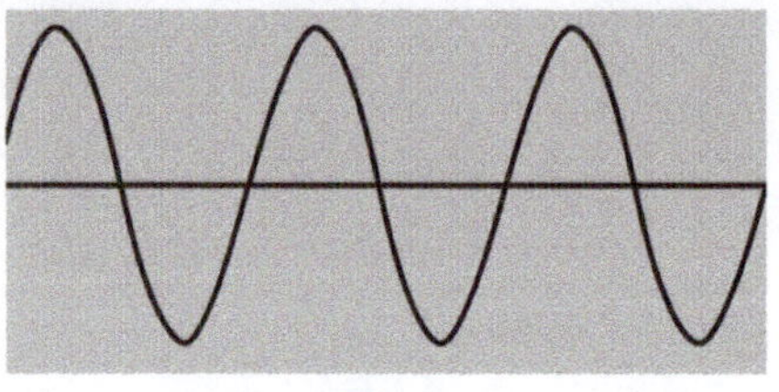

图 1.3

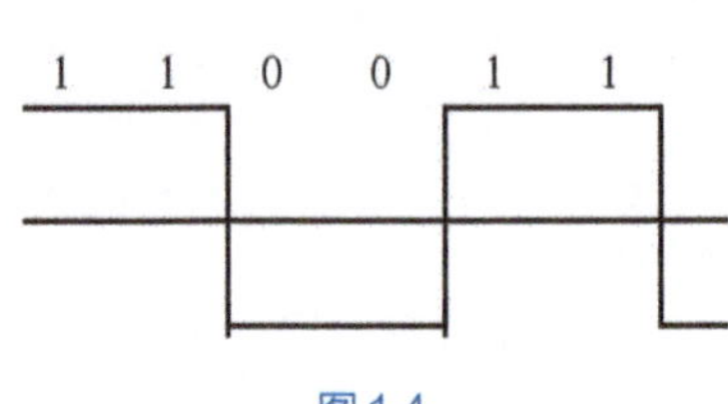

图 1.4

1.1.2　信息传播媒体与传播途径

信息传播是由通信过程实现的，涉及通信系统的组成、通信方式等多方面的内容，本小节仅对信息传播媒体、信息传播途径等内容进行简单的介绍。

1．信息传播媒体

在日常生活中，媒体通常指用于承载和传播信息的物质实体。在信息技术和通信技术领域，媒体不仅包括物质实体，还包括非物质实体，如文字、声音、图形、图像和动画等。这些媒体被称为传播媒体。

随着移动互联网技术的发展，新媒体和融媒体等概念，以及 H5 和交互动画等内容传播形式逐渐出现。融媒体是将传统媒体和新媒体的优势结合起来，可提高信息内容的传播力。H5 和交互动画是两种重要的融媒体内容传播形式。

2．信息传播途径

信息传播途径是将信息从一个地方传递到另一个地方的方法。目前，除利用报纸、邮件、电视等途径传播信息外，移动互联网的微信、微博、头条、知乎等也已经成为了信息传播的重要途径。随着人工智能和 5G 技术等的发展，信息传播的形式和内容将变得更丰富，信息传播的质量和效率也会更高。信息传播对人们的工作和生活方式产生的影响也会更大。

1.2　融媒体新闻

移动互联网应用技术的快速发展，使新闻内容的制作和呈现方式发生了巨大变化。以 H5 为代表的融媒体内容传播形式，在新闻创意、交互和用户体验方面的应用更是具有巨大潜力。

1.2.1　新闻的概念和价值

1．新闻的概念

从字面上看，新闻可理解为刚刚发生的事，或不久之前发生的事。其中，“闻”的本义是听到、听见，可引申为传达的意思。从传播角度看，可将新闻理解为通过某种技术手段和方式，借助相关媒体，以某种形态传播出刚刚（或不久之前）发生的事。

可从不同角度将新闻分为多种类别。从内容涉及的领域来看，可将新闻分为政治新闻、经济新闻、考古新闻、法律新闻、体育新闻、军事新闻、科技新闻、文教新闻、民生新闻等；从内容的复杂程度来看，可将新闻分为单一性新闻和综合性新闻；从事件发生的状态来看，可将新闻分为突发性新闻、持续性新闻、周期性新闻等。

总之，我们可从不同角度对新闻进行分类。例如，绵阳新闻网曾发布的新闻“盐亭发现三星堆文化时期重要遗址”，其从内容涉及的领域划分属于考古新闻，从内容的复杂程度划分属于单一性新闻。

2. 新闻的价值

新闻是指对各种新鲜事或与社会发展密切相关的事件进行的报道。它是人与人之间、政府与公众之间的沟通桥梁，是传播知识和文化的重要阵地。新闻的价值主要取决于其对社会影响的程度，例如报道惠民政策和民生科技等与公众利益密切相关的社会性新闻，会在社会上产生较大的影响力，这类新闻就是具有较高价值的新闻。

但是新闻的价值是相对的。同一条新闻，受众不同，所体现出的价值也会不同。因为新闻的价值受受众的职业、喜好、文化程度等诸多因素的影响。例如，对足球迷来说，关于国际足联世界杯夺冠的新闻就非常重要，因而具有很高的价值；但对不关心足球的人来说，世界杯夺冠新闻就没有什么价值。

此外，新闻的价值实现会受传播方式、响应时间和传播渠道的影响。所以，应根据新闻的内容选择适当的传播方式、响应时间和传播渠道。

1.2.2 移动互联网背景下的新闻阅读

随着移动互联网技术的发展和应用的普及，新闻的制作技术和传播方式发生了巨大改变，导致人们接收和阅读新闻的方式也发生了变化。

1. 碎片化阅读

生活节奏的加快和移动智能终端的普及，改变了人们的阅读习惯。如今，无论是在飞机、高铁、公交车上，还是在其他场合，人们都可以利用碎片化的时间阅读新闻或者查找相关资料。因此，短而精的内容更适合碎片化阅读方式。

2. 内容形式丰富的阅读

综合了文字、声音、图形、图像、视频、动画等多种形式的新闻具有形象、直观、有趣和易于理解的特点，这种新闻更受人们喜爱。

3. 互动与分享

互动和分享给用户带来了极大的快感。越来越多的用户愿意在看到新闻内容后，将新闻和自己对内容的看法分享给其他用户，成为新闻内容的传播者，这已经成为许多用户在阅读过程中不可或缺的习惯动作。这种互动和分享不仅增强了用户对新闻的参与感，也促进了信息的传播和交流。

总之，如今的新闻传播方式发生了很多变化，这些变化为用户提供了更加灵活、多元且有趣的阅读体验。

1.2.3 融媒体、融媒体新闻与 H5

融媒体新闻与报纸、电视、广播等传统形式的新闻有很大的区别。目前，人们在移动终端（如手机）上看到的具有交互性、媒体形式多样性的新闻大多数是融媒体新闻。

1. 融媒体

融媒体是移动互联网信息时代背景下信息生产、传播发展的一种理念。可以将融媒体理解为充分利用互联网这个载体，将线上、线下的多种传输媒体和内容传播形式进行整合，使资源、内容、宣传、利益等融合在一起。此外，还可以将融媒体理解为将文字、图片、音频、视频、动画等各种媒体表现形式，根据实际需求，合理组织起来展示信息的共同体。

2. 融媒体新闻

融媒体新闻是指融合了多种媒体表现形式与交互方式的新闻产品，其表现形式和交互方式可根据新闻的特点和应用场景等来决定。丰富的媒体表现形式与交互方式使新闻内容变得直观、生动、有趣，进而使内容创新空间更大。

目前，常见的融媒体新闻表现形式与交互方式分别如图 1.5 和图 1.6 所示。

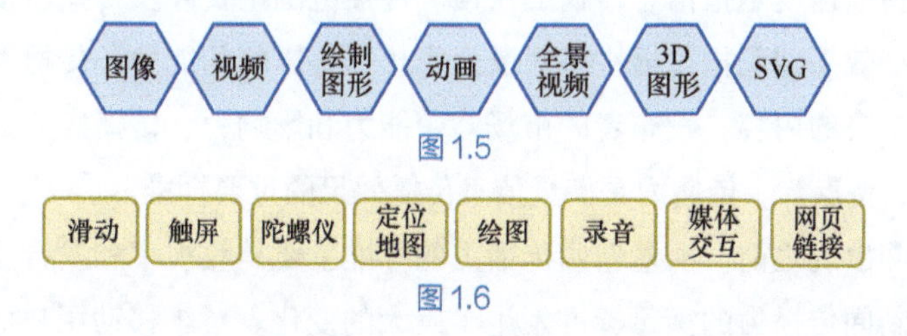

图 1.5

图 1.6

3. H5

制作成 H5 的新闻，是目前很常见的融媒体新闻。那么，什么是 H5?

H5 最开始是 HTML5（第 5 代 HTML 规范标准）的简称。后来，H5 也经常被用来指代包括 HTML5、CSS、JavaScript 等在内的网页互动效果开发技术的集合。在互联网应用中，用 H5 技术制作的数字产品可以兼容 PC 端与移动端、Windows 操作系统与 Linux 操作系统、安卓系统与 iOS 系统，打破了不同平台“各自为政”的局面，使得应用的开发和运营成本显著降低。在融媒体应用中，H5 则是指利用 H5 技术制作的数字产品，本书介绍的 H5 就是指这类数字产品。H5 的要点与特点如表 1.1 所示。

表 1.1

要点	特点
开发成本与技术要求	开发成本低，技术难度小
开发时间	开发时间短，开发简单、快捷
维护与更新	维护成本低，更新速度快；调整、更新H5产品简单、方便
运行	在移动端通过浏览器就可以访问H5页面，但运行易受网络影响
存储占用	H5页面是在浏览器端运行，其消耗的是服务器的内存，不需要占用本地内存空间
传播与分享	H5页面能够实现跨平台传播，可实现即做即发布、即发布即分享，传播方便且快捷
传播效果	传播效果好，兼容性好，传播能力强
传播费用	传播费用（包括人力、播放渠道、推广等的费用）较少
实时性	开发完成后，可立即发布、传播，实时性强，有利于营销

1.3 融媒体新闻的传播力、策划与采编

融媒体新闻发展最重要的原动力之一就是提高信息的传播效率。本节将介绍融媒体新闻的传播力、策划与采编等知识。

1.3.1 融媒体新闻的传播力

1. 传播与传播力

信息传播是通过一定的媒介和途径将信息从一个系统传递到另一个系统的过程。系统可以是个人、群体或组织。在信息传播过程中，发出信息的系统被称为传播主体。

从信息传播的视角来看，传播力是指信息和想法传播的能力，包括传播速度、传播范围和传播效果等。传播速度是指信息传播的快慢。传播范围主要涉及传播所使用的硬件和能够到达的范围。传播效果则是指传播主体对受众思想产生影响的能力。传播力的评估涉及许多因素，比如信息本身的内容、发布者的市场营销能力和影响力、传播媒介的传输能力和影响力，以及接收者的特点等。传播力是衡量信息传播效果的重要标准。

在融媒体新闻出现之前，衡量新闻传播力的标准主要是收视率和发行量等。但随着融媒体新闻的出现，新闻传播力的衡量标准发生了巨大的变化。对于移动用户而言，浏览量、点击量、评论数、曝光率、转发率和转化率等指标成为衡量新闻传播力的重要指标。在移动互联网的支持下，融媒体新闻的传播力得到了质的飞跃。

2. 融媒体新闻的传播方式与渠道

（1）传播方式

融媒体新闻的传播主要是在移动互联网的支撑下，利用运行在移动互联网上的各种平台进行传播，与传统新闻传播方式相比呈现出前所未有的一些特征。

首先是时效性强，融媒体新闻借助移动互联网中的信息传输平台，从制作、传播到用户接收基本上能够实现即时传播；其次是可实现传播主体与用户的互动，用户可实时参与讨论、投票等，信息传播主体也可以收集民意和掌握用户喜好，还可对新闻的真实性、公正性等起监督作用。此外，融媒体新闻还具有融媒化、全天候、传播内容丰富等特征。

随着人工智能技术、5G 技术，以及传播技术的发展、完善和成熟，新闻传播的内容和形式将会越来越丰富，传播的质量和效率也会越来越高。

（2）传播渠道

融媒体新闻综合利用了传统媒体、新媒体及各种传输平台的不同特点，充分发挥了多渠道、跨平台传播的优势。融媒体新闻可通过微信、头条、知乎、微博、抖音等不同平台进行传播。

3. 影响融媒体新闻传播力的主要因素

融媒体新闻传播力主要受到选题、标题、首页面、内容质量、表现形式和社交分享等因素的影响。

（1）选题

选题是新闻创作的一个重要起点，它决定了新闻用户、创作方向、新闻目标和内容等，必须在确定新闻标题、撰写新闻内容之前策划选题。策划的选题要具有潜在的社会影响力，能反映创作者的价值取向，并在引导用户的价值观和舆论等方面扮演着重要角色，对新闻传播效果能产生重要影响。此外，策划的选题也应该与新闻内容的现实意义、创新性以及对用户的启发和教益有密切关系。

理解用户的需求，是策划新闻选题时要考虑的一个重要方面。只有了解用户的兴趣和喜好，并针对用户需求确立选题和创作内容，才能更好地吸引和满足用户，从而引起社会的关注，提高传播力。

（2）标题

从字面上来看，“标题”一词包含了标明、提示和概述的含义。因此，我们可以将新闻标题理解为标明、提示并概述新闻内容的简洁语句。实际上，新闻标题可以被看作新闻的“广告语”，因为用户通常会先阅读标题，通过标题了解新闻的主要内容和主旨。例如，这几个新闻作品的标题——《一张照片背后的这七年》《海拔四千米之上——三江源国家公园》《苗寨“十八”变》《当 AI 模仿大师作品，到底谁更胜一筹》《“童”你一起快乐加倍》《我们为什么开设中医药文化课》，全都主题明确、一目了然，能让用户产生好奇心，并且具有创新和趣味性等特点，因此能吸引用户阅读。总而言之，新闻标题是影响新闻传播力的关键因素。

（3）首页面

首页面是融媒体新闻的“门面”，它指的是新闻在移动端上展示的第一屏内容。首页面的关键在于能够吸引用户的注意力，激发用户的兴趣，让用户想要继续阅读后续内容。在首页面中，除了新闻标题扮演着重要的导向作用之外，页面的视觉美感以及所呈现的内容也往往决定了用户对该新闻的接受程度。因此，首页面对于融媒体新闻的传播具有重要的影响。如图 1.7 所示的 3 个融媒体新闻封面虽然风格各异，但从新闻标题、视觉美感，以及所传达的思想、内容等方面都能够打动用户，并促使用户继续阅读。

图 1.7

（4）内容质量

新闻标题和首页面是对新闻内容的概括，可以作为新闻内容的线索，也体现了新闻的主题思想，但用户更加关注的是新闻的内容。因此新闻内容的可靠性、可信度和真实性等是影响新闻传播效果的关键因素。用户的评价和是否转发主要取决于新闻的内容本身。因此，内容质量高的新闻能够吸引更多的用户关注和参与，提高传播效果。

（5）表现形式

新闻内容的表现形式也是影响新闻传播力的主要因素。恰当的表现形式能够增强新闻的吸引力和可读性，提高传播力。任何新闻内容都需要通过某种具体的形式来表现出来，没有表现形式，内容就无法存在；反之，没有内容，表现形式也没有存在的意义。在内容与表现形式的关系中，内容决定表现形式，表现形式服务于内容，两者结合得越好，就越能提升新闻的传播力。

融媒体新闻最重要的特点之一是媒体形式的融合，如文字、图片、视频、音频、交互等。合理地利用和融合多种媒体表现形式，创作出更具吸引力和互动性的新闻，提升传播力，是融媒体新闻工作者需要掌握的重要技能。

（6）社交分享

在移动互联网中，新闻的传播渠道众多，只有根据新闻内容的特点选择恰当和理想的传播渠道，才能快速、精准地将新闻传播出去，进而产生好的传播效果。融媒体新闻具有社交分享的特征，因此能够带动更多用户之间的传播，从而大幅提升传播力。

（7）其他因素

除上述因素外，新闻用户接收信息的条件、所处的社会环境，以及文化背景和心理等因素，都会影响融媒体新闻的传播效果。

1.3.2 融媒体新闻的策划

1. 策划的意义和作用

策划是一项创造性的活动，可以帮助我们明确目标，并制订计划和策略。融媒体新闻策划的意义和作用如下。

- **确定新闻创作方向：**策划可以帮助我们确定新闻想要实现的目标和创作的方向，明确希望达到的效果，并为新闻内容的采编和制作提供指导。
- **提高创作效率：**通过策划，我们可以有条不紊地规划行动，合理分配资源，避免浪费时间和精力，从而提高新闻创作的效率。
- **协调行动：**策划为新闻创作团队提供了一个共同的目标和规划，可以帮助团队成员了解各自的角色和责任，并协调他们的行动，以实现整体目标。
- **减少风险：**策划有助于预测可能遇到的问题和挑战，并提前制订相应的对策，以减少风险和不确定性，增加成功的机会。

2. 策划的基本原则

融媒体新闻的策划要以思想性、社会责任、新闻价值等为导向，在真实、准确等的基础上，应遵循以下原则。

- **受众明确**：受众明确是融媒体新闻策划的基本原则之一，其强调以用户为中心，确定报道角度，选择适合的内容、表现形式，以及发布渠道，提供有针对性的内容，以增强传播效果和吸引目标用户的关注。
- **主旨明确**：主旨明确即主题明确。新闻要有明确的基本观点和中心思想，只有明确要表达和反映的内容，才能有清晰的创作思路，进而达到预期的效果。
- **多平台整合**：融媒体新闻策划需要将网站、手机端、社交媒体、传统媒体，以及其他平台的资源整合起来，形成一个有机的整体，实现统一的内容输出体系，让用户可以在不同平台上获取信息。
- **互动参与**：融媒体新闻策划要注重鼓励用户互动参与，如通过引入评论互动、投票调查、社交分享等功能，增加用户的参与感和活跃度，提高用户黏性。
- **创新性**：融媒体新闻策划需要不断进行创新，相关人员应积极尝试新的技术和平台，寻找新的表现形式和报道方式。只有不断创新，才能吸引用户的注意力，并保持竞争力。要注意：不要为了创新而创新，不要违背主旨，脱离目标受众，要将形式创新与内容相融合。
- **时效性**：新闻本身对时效的要求就非常高，因此融媒体新闻策划不仅要对新闻的采编和创作等进行周密的安排，以确保其发布的时效性，而且其策划本身也要坚持时效性，这是确保目标实现的基本保障。
- **可行性**：可行性是在策划过程中需要全面考虑的重要因素，主要包括外部环境可行性、时间可行性、技术可行性和资源可行性等。在融媒体新闻策划中，可行性原则尤为重要，主要有 3 方面原因：第一，新闻创作受到外部因素的影响较大。如果不具备外部环境条件，即使策划再完备也无法实际执行。第二，新闻采编对时间的要求较高。第三，融媒体新闻对创作和制作人员的综合能力要求也较高。如果不充分考虑上述因素，往往会导致无法实现预期目标。因此，在策划过程中，应该充分评估可行性，确保所策划的内容在技术上可行，并能够在规定的时间内完成，还能够满足所需的资金和人员配备等要求。同时，也应该考虑外部环境条件是否具备，以确保策划能够顺利实施。
- **逐步求精**：逐步求精是一个将任务逐步细化的过程，即从整体任务出发，逐层分解并不断细化功能，直到划分为简单的功能为止。逐步求精的过程通常分为多个阶段，每个阶段都会产生相应的文档资料。逐步求精可以使策划工作更有组织性，使所策划的方案更有系统性，进而更有助于实现策划的目标。
- **数据驱动**：融媒体新闻策划需要注重数据分析和运用。通过对用户数据的收集和分析，可了解用户的行为和兴趣，从而优化策划和内容推送，提高用户体验和传播效果。

3. 策划案的编写

编写融媒体新闻策划案是指编写一份详细的计划书或方案，用于指导和组织融媒体新闻项目的实施和运营。融媒体新闻策划案的编写需要综合考虑技术、资源、目标市场和竞争环境等因素，以确保项目能够顺利实施并取得预期的效果。此外，融媒体新闻策划案编写还需要考虑整合不同媒体平台和渠道，以实现多元化的新闻创作和传播。

（1）策划案的主要内容

融媒体新闻策划案的主要内容包括选题来源、选题价值、目标受众、内容规划，以及组织与管理等。

- **选题来源：**选题来源是判断选题真实性、可靠性、可信度和权威性的重要依据。策划者通常会根据选题来源的分析结果，决定是否将选题列入立项计划。因此，在编写策划案的过程中，明确地写明选题的来源对于策划工作具有重要意义。新闻选题的主要来源通常包括以下几类，如表 1.2 所示。

表 1.2

来源	简介
事件发生	新闻选题可以来自当前发生的事件，如社会突发事件、政治事件、经济事件、科技事件等。这些事件通常会引起公众关注和讨论，对社会产生重要影响，因此可以成为新闻媒体的选题对象
公众关切和需求	新闻选题也可以来自公众的关切和需求。公众关心的问题和热点话题往往会成为新闻媒体的选题方向。这些关切可以体现在社交媒体的热门话题、公众舆论的讨论热点、调研结果等方面
专家学者研究	新闻选题可以借鉴一些专家学者的研究成果和观点。他们的研究往往涉及各个领域，如科学、环境、教育、卫生、法律等，这些研究成果和观点可以为新闻提供新的视角和深入的报道素材
群众举报和投诉	新闻选题还可以来自群众的举报和投诉。群众举报和投诉的问题往往反映了社会存在的问题，这对于社会监督和舆论引导非常重要
内部调研和报道	新闻机构内部也会举行调研和报道，在这个过程中发现问题和热点，也可以形成新的选题。这些选题通常可以提供独家报道和深度分析

- **选题价值：**在表述新闻选题的价值时，需要体现的基本内容包括时效性、突发性、广泛性等。具有新闻价值的选题往往可以吸引媒体的关注和报道。此外，在表述新闻选题价值时还应体现以下一些关键点，如表 1.3 所示。

表 1.3

关键点	简介
社会意义和影响力	具有重要的社会意义和影响力的选题，涉及社会公益、社会发展、社会问题等方面，能帮助人们了解社会现象，并在一定程度上改善社会状况
多样性和平衡性	涵盖不同观点、立场和利益，并结合全方面、多角度报道的选题，有助于保持新闻报道的公正性和客观性
独家性和创新性	具有独特视角的选题，再结合创新的内容和报道方式，能够给人们提供新的信息
公众关注度	能引起公众的关注和兴趣，并且与公众生活密切相关的选题，有助于提升新闻的传播效果和社会影响力
公众参与度	涉及公众利益的选题，能促进公众对社会事务的参与和表达，进而提高报道的广泛性和代表性

- **目标受众**：分析新闻的目标受众对于媒体机构来说非常重要。我们可以通过对新闻内容、媒体平台和渠道、相关数据和用户调研的综合考量，较为准确地分析出新闻的目标受众，如表 1.4 所示。

表 1.4

考量点	简介
新闻内容	不同类型的新闻会吸引不同的受众。例如，经济新闻可能更吸引商业人士和投资者，体育新闻可能更吸引爱好运动的人群。通过了解新闻所涉及的主题和内容，可以初步判断出其目标受众
媒体平台和渠道	新闻发布的媒体平台和渠道也是分析目标受众的重要因素，因为不同媒体平台和渠道在受众群体上可能存在差异。例如，bilibili等视频类新闻投放平台，可能更吸引年轻人。了解新闻发布平台的特性和用户群体，可以进一步确定目标受众
相关数据	利用数据分析工具，可以进一步加深对目标受众的了解。通过分析流量、阅读量、评论互动等数据，可以了解新闻受众的兴趣、偏好和反馈；同时，还可以根据地域、性别、年龄段等信息，更准确地确定目标受众
用户调研	进行定期的用户调研也是分析目标受众的有效方式。通过调查问卷、访谈等方式，可了解受众的兴趣、需求以及消费习惯等信息，进而更准确地分析目标受众

- **内容规划**：内容规划是策划案要体现的主要内容，可以帮助编辑和记者更好地组织和安排新闻的报道工作。在实施内容规划的过程中，需要根据实际需求和新闻特点进行相应的调整和细化。内容规划通常包括的内容如表 1.5 所示。

表 1.5

主要内容	简介
新闻标题	标题要简洁地概括新闻的主题和要点，以吸引读者的注意力
新闻类型	确定新闻的类型，如是时事新闻、社会新闻、经济新闻，还是文化新闻等，以便于分类和编辑安排
新闻背景	概述新闻的背景信息和相关的事件
新闻要点	列出新闻的要点和关键信息，包括谁、什么、在哪里、为什么、如何等问题的回答，帮助快速了解新闻的核心内容
新闻来源	标明新闻的采访对象、引用文献、调查数据等
视频/图片需求	确定需要拍摄或选择什么样的视频或图片素材来丰富新闻内容
采访需求	如果需要对相关人士进行采访，确定需要采访的人员和问题，以及采访的时间和地点等信息
信息比例	确定新闻中各种信息的比例，如文字、图片、视频、引用、交互等的比例，以确保新闻表现形式的多样性和丰富性
发布平台	确定新闻的发布平台，如网站、App、社交媒体等，以便编辑进行合理的发布计划和安排
完成期限	确定新闻完成的期限，以便于编辑安排工作流程和时间节点

- **组织与管理**：组织与管理方面的内容主要包括确定人员的组成与分工、确定关键任务和时间表、确定所需的资源和预算，以及制定落地执行的具体策略和措施等。

（2）新闻页面规划与设计

严格地讲，页面规划与设计不包含在策划案中，它通常是在策划案完成后进行的，是对策划内容更进一步的详细规划，也是更接近目标受众的工作。如果页面规划与设计不理想、不到位，策划的方案再优秀，也无法吸引受众的注意，也就无法实现策划目标。所以，这里将新闻页面规划与设计放在融媒体新闻的策划里讲解。注意，在进行页面规划与设计时一定要围绕和突出新闻策划案的核心内容。

新闻页面规划与设计一般用分页脚本的形式呈现，示例如表 1.6 所示，实际操作中可根据项目需求和选题特点等进行调整。关于页面设计的相关内容，将在后续各章节的案例中体现，这里仅简单介绍与分页脚本编写相关的内容。

表 1.6

结构规划	页码规划	各页内容规划	页面设计	图文	动画设计	交互设计	音效
第1部分（首页）	第1页						
第2部分	第2～ 页						
第3部分	第 ～ 页						
……	……						
第n部分（尾页）	第 页						

提示：编写分页脚本时应注意：“结构规划”栏的描述，应清晰反映出新闻内容的层次；在“各页内容规划”栏，不仅要清楚表达要展示的内容，还应该清楚注明该页所使用到的素材名称和类型；在“页面设计”栏，建议画出大致的页面原型图，并在图中体现出页面上的主要元素；在“图文”栏，应准确地提供页面中包含的所有图文信息；在“动画设计”栏，应形象地将想要实现的动画效果描述出来，并注明类型；在“交互设计”栏，应准确表述想要实现的交互功能与效果；在“音效”栏，应注明需要的声音内容和类型，以及时长等。

1.3.3 融媒体新闻的采编

1. 新闻采编及其基本原则

新闻采编是指对新闻事件进行内容采集、编辑和编排的过程。

- **新闻采集：**新闻采集需要通过采访、观察、调查等方式收集与新闻事件相关的信息和素材。采集的来源可以是现场报道、官方文件、个人见闻，也可以是专家评论等。
- **新闻编辑：**新闻编辑是对采集到的素材进行整理和处理的过程。编辑需要提炼出新闻报道中的关键信息，去除冗余和不必要的内容，确保报道的准确性和清晰度。
- **新闻编排：**新闻编排是将编辑好的新闻素材按照一定的顺序和格式组织起来，创建一个新闻报道的结构和布局。新闻编排包括确定报道的标题、导语、配图（融媒体新闻还包括匹配视频、动画、交互等内容）、发布格式等，使报道更加易读、易懂、易传播。

新闻采编是新闻工作的核心环节，应遵循以下基本原则。

- **客观**：新闻采编应以客观的态度对待新闻事件，不夸大、不缩小事实的真相，不带有个人偏见或立场倾向。
- **真实**：新闻采编应该准确报道事实，确保报道的信息真实、准确、可靠，并对报道中的事实进行核实，避免虚假报道。
- **公正**：新闻采编要坚持公正，不偏袒任何一方，充分体现各方的声音和观点，避免片面报道，保持公正立场。
- **平衡**：新闻采编应遵循平衡的原则，综合各种声音和观点，确保新闻报道不偏离事实，不偏袒任何一方。
- **透明**：新闻采编应该明确报道的消息来源，并及时公开相关信息，保持对公众的透明度，让用户能够了解新闻报道的真实性和可信度。
- **时效性**：新闻采编要及时报道新闻事件，保持对时事的敏感性，并尽快、准确地向公众传达信息，确保新闻报道具有时效性。
- **新闻价值**：新闻采编要根据新闻事件的社会、文化、经济等方面的重要性和影响力，选择具有新闻价值的内容进行报道，提供给用户有价值的信息。

2. 融媒体新闻采编的特点与技术

（1）融媒体新闻采编的特点

与传统的单一媒体采编相比，融媒体新闻采编具有以下几个特点。

- **多平台发布**：融媒体新闻采编可以在多个平台发布新闻内容，包括报纸、电视、广播和社交媒体等，并根据不同平台的特点进行适当调整，全方位、多角度地呈现新闻。
- **多媒体形式**：融媒体新闻采编可以利用多媒体形式，如图片、视频、音频等，将信息更直观地呈现给受众，增加新闻报道的多样性和吸引力。
- **即时互动**：融媒体新闻采编可以实时采集、编辑和发布新闻，使报道的速度更快，提高报道的时效性。同时，受众也可以通过各种互动方式参与到新闻报道中，如评论、分享、点赞等，增加受众的参与感和互动性。
- **数据驱动**：融媒体新闻采编可以利用数据分析和挖掘技术，获取受众的兴趣、关注点和需求，根据数据反馈进行内容的优化和个性化推送，提高新闻的针对性和用户体验。
- **多方合作**：融媒体新闻采编需要不同专业的编辑和技术人员之间的密切合作，包括记者、摄影师、设计师、程序员等，实现信息的整合和发布。

总之，融媒体新闻采编通过多平台发布、多媒体形式、即时互动、数据驱动和多方合作等特点，可实现新闻内容的多样化、及时性和互动性，使新闻报道更能适应现代社会信息化传播的需求。

（2）融媒体新闻采编的技术

要做好融媒体新闻采编工作，需要掌握以下相关技术。

- 收集、筛选各类素材的技术，如拍摄图片和视频、采集声音等。
- 内容编辑技术，如文字编辑、图像处理、排版、音视频剪辑、动画与交互设计制作等。
- 数据可视化技术，如将新闻数据以图表、地图、动态图等形式进行可视化展示，更直观地传达信息。
- 虚拟现实（VR）和增强现实（AR）技术，以交互和沉浸的方式呈现新闻内容，提供更丰富、生动的体验。
- 视频直播和实时报道技术，利用视频直播平台和实时报道工具，实时采集、编辑和发布新闻内容，提供直播报道和实时更新。
- 社交媒体分析和集成技术，监测、分析和整合社交媒体平台上的相关内容，如实时收集和分析用户评论、分享和互动行为等。
- 人工智能技术，应用人工智能相关技术，如自然语言处理、机器学习等，辅助新闻采编工作，如自动摘要、语义分析、媒体内容推荐等。

第 2 章

融媒体内容制作平台初识

目前，市场上有多种可用来制作融媒体新闻产品的平台或工具，如易企秀、MAKA、木疙瘩等。这些平台或工具具有易掌握，功能实用、多样，内容发布灵活、方便等特点。即使是没有设计软件使用基础和编程基础的人员，也可利用这些平台或工具在短时间内轻松地设计与制作出含有交互功能等表现形式的融媒体新闻。本书选择使用木疙瘩平台进行讲解，本章将介绍该平台的特点及其基本操作。

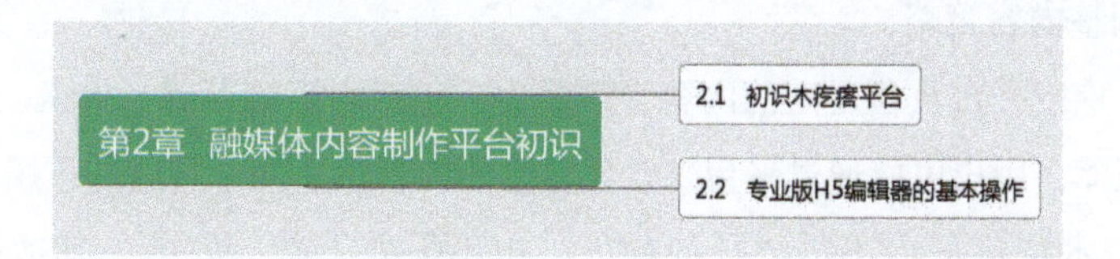

2.1 初识木疙瘩平台

木疙瘩平台由北京乐享云创科技有限公司自主研发，是一个强有力的可视化交互融媒体内容制作平台，集成了内容制作、发布、分析等功能，能最大限度地把用户的想法转化为优秀的作品，帮助用户提高内容制作的效率和质量，以适应多样化的媒体形式和受众需求，为新闻媒体、教育及数字出版等行业提供高效服务和解决方案。

2.1.1 木疙瘩平台的特点

木疙瘩平台为用户提供了一站式的解决方案，使用户能够在一个平台上完成多种媒体形式的内容制作与多终端适配工作，满足不同受众的需求。其主要特点如下。

- **综合性：**木疙瘩是一个综合性的融媒体内容制作平台，集成了多种形式的媒体内容制作工具，如文本编辑、图像处理、视频编辑等工具；同时，也提供了多种发布渠道，如网站、移动应用、社交媒体等。用户可以在一个平台上完成多种媒体形式的内容制作工作，方便、快捷。
- **高效灵活：**木疙瘩平台不仅集成了媒体内容制作的常用工具和功能，使用户无须切换软件和工具，还可实现个性化设置和配置，提供一站式高效服务。
- **数据分析和统计：**木疙瘩平台具有一定的数据统计功能，用户可以通过这些功能来了解自己的受众群体、内容表现等方面的情况。通过数据分析和统计，用户可以更好地了解受众需求，调整内容策略。
- **内容管理：**木疙瘩平台具备一定的内容管理能力，包括内容的存储、检索、发布等，还提供素材和模板库，用户可以通过平台来管理自己的内容库，便于日后的重用和再编辑。
- **多终端适配：**木疙瘩平台不需要任何插件，也不需要下载、安装，其适用于所有浏览器。平台全面兼容移动设备端的各种操作系统，如iOS、Andriod、Windows、WebOS等。利用木疙瘩平台制作的H5，可一次开发，多平台发布。平台支持HTML5 Canvas、CSS3、Video、PNG、SVG等格式输出，能满足不同的开发需求。
- **易学易掌握：**木疙瘩平台提供了可视化界面编辑、模板编辑和代码编辑这几种内容制作方式，大大降低了融媒体内容制作的技术门槛。因此，平台适合各种专业背景的用户使用，即使是没有编程基础的用户，也能通过简单的培训学习快速掌握其用法。对于有Flash软件使用基础的用户来说，更可轻松上手使用。

2.1.2 木疙瘩的融媒体内容生产矩阵

融媒体内容生产的主要特征是，不同形式的内容可以相互配合、交互使用，然后在不同平台上发布，并通过用户反馈和数据分析进行持续优化和改进，以满足用户的多样化需求。为此，木疙瘩平台开发了内容生产编辑器套件和内容发布及数据服务功能。

1. 内容生产编辑器套件

木疙瘩平台集成了 6 种内容生产编辑器，所有编辑器均为在线编辑器，都可灵活地在图文编辑器或 H5 编辑器中调用编辑。

（1）H5 编辑器

木疙瘩平台为用户提供了专业版、简约版和模板这 3 种 H5 编辑器。3 种 H5 编辑器都支持多人协同工作及编辑器之间的切换，以最大化实现团队协作。

- **专业版编辑器**：3 种 H5 编辑器中功能最丰富的专业编辑器，操作习惯及功能类似 Flash（包含图层和关键帧），内容创作更灵活，支持文字、图片、音频、视频、图表、全景、动画等富媒体形式 ，支持 1000 多种无代码交互功能，可无代码制作投票、抽奖、点赞、排行榜、小游戏等内容，还提供 JS API，可无限扩展功能。
- **简约版编辑器**：可快速制作简单融媒体交互 H5 内容，操作习惯类似 PPT，易上手，支持一键导入 PPT 文件并可进行二次编辑，将其转换为 H5 后，能可视化创建表单、点赞等内容。
- **模板编辑器**：是 3 种 H5 编辑器中操作最简单的编辑器，可快速修改 H5 模板及内容，操作非常简单，可零基础上手。

提示：H5是非常典型的一类融媒体新闻作品，本书将在后面的章节中讲解利用木疙瘩H5编辑器制作这类新闻的方法、过程和技术。

（2）App/ 微信图文编辑器

App/ 微信图文编辑器可用来制作如 App 新闻、公众号推文等图文内容，提供丰富的模板及 SVG 组件，支持导入 Word 文档、图片和音频素材，可插入 H5，可将作品导出为长图、PDF、Word、HTML 等类型的文件，也可输出成链接或直接推送到微信传播，如图 2.1 所示。

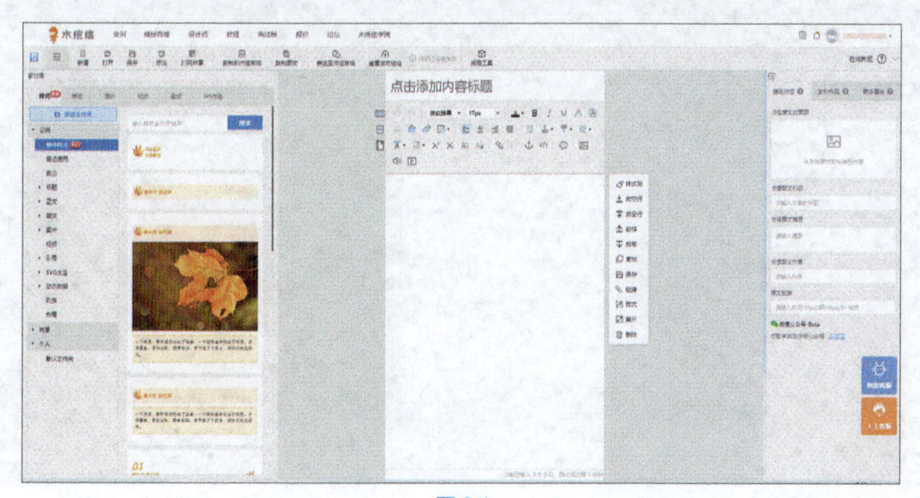

图 2.1

（3）网页 / 专题页编辑器

网页 / 专题页编辑器可用于快速可视化生成落地页、专题网页、移动端网站，提供丰富的交互 SVG 效果、海量图文样式、模板库、媒体类样式和模板，可插入 H5，支持批注及修订功能，可在线编辑图片、视频等，支持个人和团队自建样式及样式库，实现灵活的团队共享，支持一键推送到公众号及其他渠道的定制服务，如图 2.2 所示。

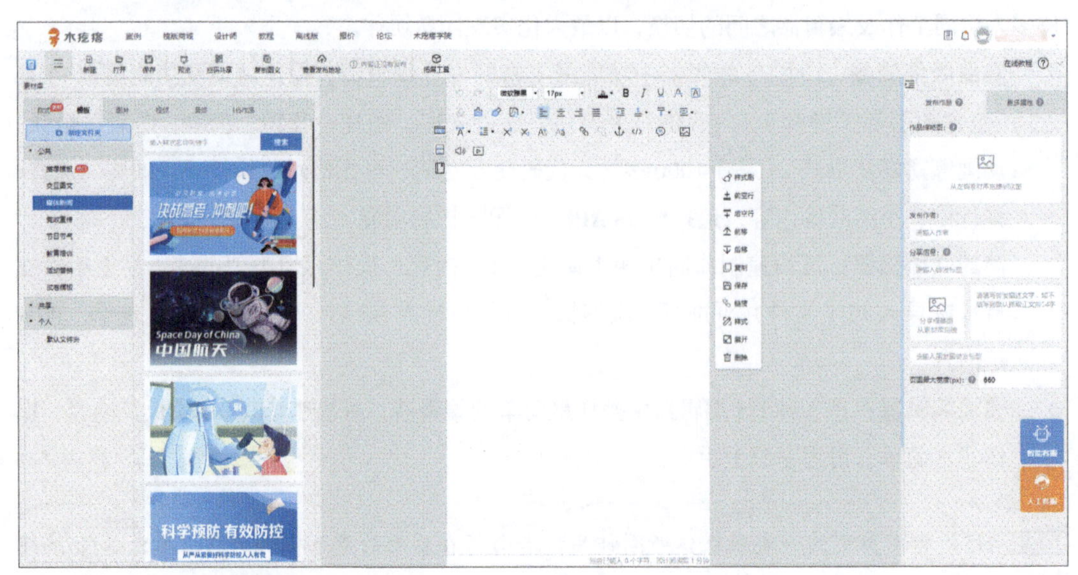

图 2.2

（4）图片编辑器

图片编辑器支持添加文字、图形、图片等元素，可实现图片的裁剪、旋转、压缩等常规编辑，支持丰富的滤镜及增加水印等功能，如图 2.3 所示。

图 2.3

（5）视频编辑器

视频编辑器可用于视频快编，可实现视频的快速裁剪、拼接、转码等，支持添加音轨、字幕、滤镜、转场等功能，尤其适合短视频快编，如图 2.4 所示。

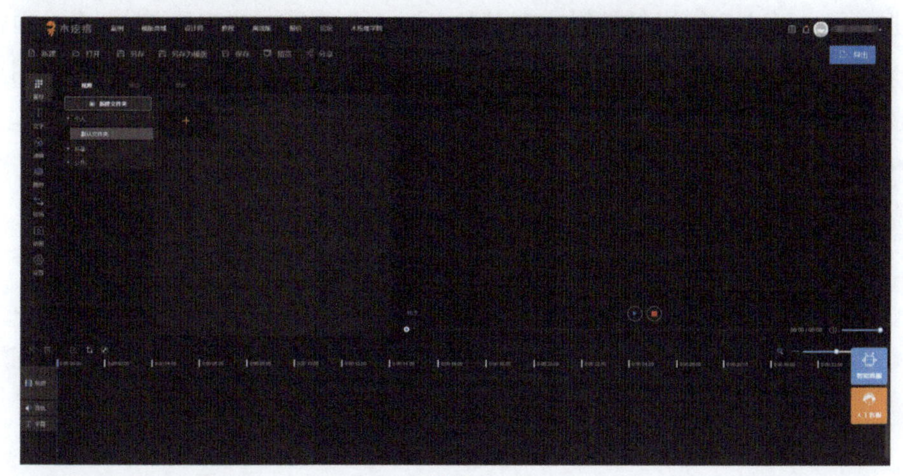

图 2.4

（6）数据图表编辑器

数据图表编辑器可将数据转化为交互图表，可直接输入数据，也支持导入 Excel 文件，可自定义图表样式，支持导入动画及交互展示，如图 2.5 所示。

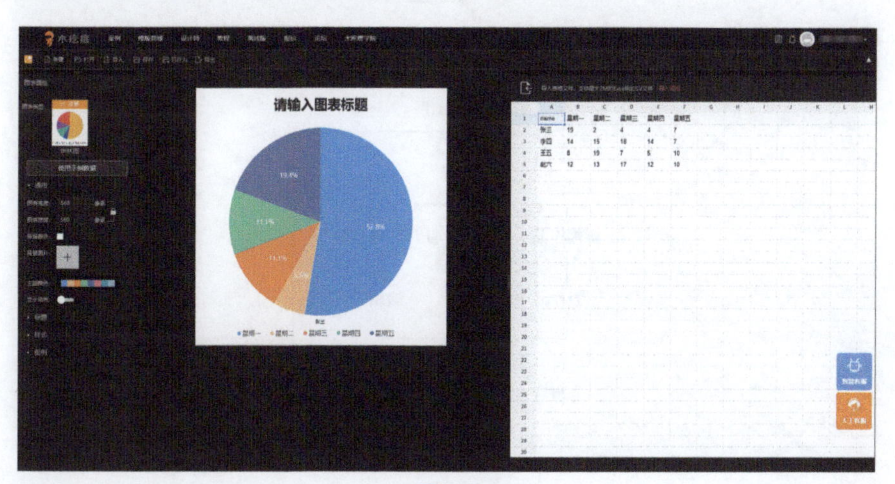

图 2.5

2. 内容发布及数据服务

（1）内容发布服务

木疙瘩提供了灵活强大的内容发布服务。平台支持用户绑定和使用自己的域名或公众号进行内容发布，同时提供发布 CDN 加速服务，也支持用户将作品导出并部署到自有服务器。灵活的定制服务可支持用户直接将内容发布到自己指定的网站栏目、App、微信后台或其他渠道。

（2）数据服务

数据服务包括数据统计与数据分析服务。木疙瘩提供统一的数据采集接口，方便用户收集和管理各种反馈数据，如表单、照片、录音和绘图等。木疙瘩还能为用户提供详细的传播分析数据，用户可以清楚地了解到内容的流量来源（或构成）、内容的浏览设备、内容的浏览地域分布等信息，从而更好地掌握数据情况。此外，木疙瘩还能精准地分析每个用户的浏览和交互行为数据，这些数据可以用于内容评估、精准营销及用户画像等多个方面。总之，木疙瘩能帮助企业或个人获得准确而全面的数据和分析结果，从而更好地了解用户行为并做出明智的决策。

2.1.3 木疙瘩平台账号注册、登录与退出

木疙瘩的操作基本流程如图 2.6 所示。本小节将主要介绍注册、登录与退出木疙瘩的操作方法。

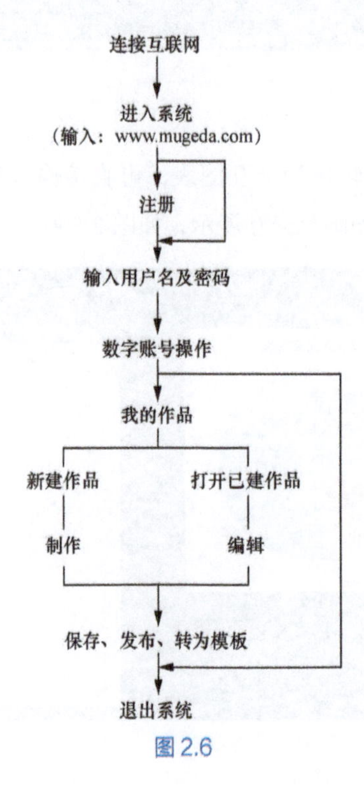

图 2.6

1. 注册木疙瘩账号

（1）登录环境

连接互联网，打开浏览器，建议使用 Google Chrome 浏览器。

（2）进入主页面

在浏览器的地址栏中输入“www.mugeda.com”，按【Enter】键进入木疙瘩的主页面，如图 2.7 所示。

图 2.7

（3）登录 / 注册账号

① 单击木疙瘩主页面右上角的【登录】按钮，弹出【账号登录】对话框，单击该对话框右上角的【点击注册】按钮，即可跳转至图 2.8 所示的注册界面。用户可以选择微信扫码注册、手机注册或邮箱注册。

② 下面以选择手机注册为例进行介绍。单击图 2.8 所示的【手机注册】按钮，弹出图 2.9 所示的注册账号界面，在界面中输入手机号码，并根据提示输入图形验证码，然后单击【发送验证码】按钮。

③ 在手机接收到验证码后，输入验证码，并设置密码，最后单击【注册】按钮。注册成功后，用户即可获得一个免费的木疙瘩账号。

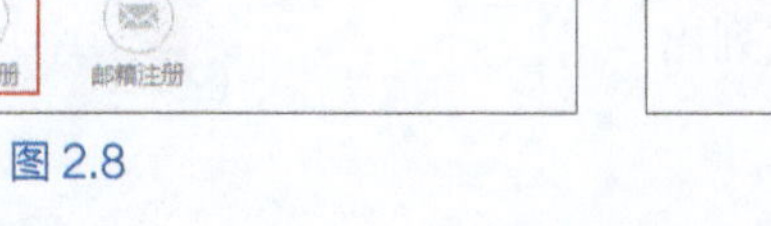

图 2.8

图 2.9

2. 登录账号

注册成功后，可以随时打开浏览器，并在浏览器的地址栏中输入“www.mugeda.com”进入木疙瘩官网，登录注册的账号。登录成功后，进入工作台首页，如图 2.10 所示。

工作台首页是处理素材、创作新作品和编辑已有作品的通道，是木疙瘩中最基本和最重要的页面。工作台首页的各功能分区如图 2.10 所示。

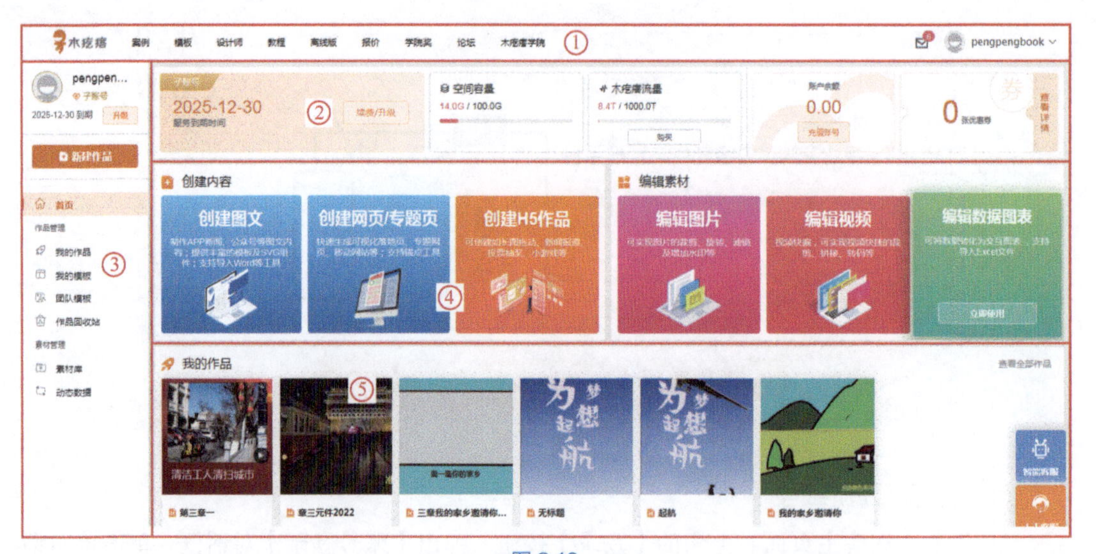

图 2.10
①导航区 ②商业客户服务区 ③作品管理区 ④编辑器列表区 ⑤作品列表区

- **导航区**：包括【案例】【模板】【设计师】【教程】【离线版】【报价】等功能，以及用户账号。【案例】中列出了大量的木疙瘩用户自荐推广并经木疙瘩后台管理员审核通过的作品；【模板】中包含各类商业模板；【设计师】中推荐了一些有优秀作品的设计师；【教程】中提供视频课程、文档教程等内容；【报价】是针对商业用户的，包括商业用户的收费标准、问题解答等。
- **商业客户服务区**：包括续费和升级的功能，显示了当前数字账户的空间容量、服务到期时间等信息。
- **作品管理区**：主要用于作品与模板的查找与管理，包括【新建作品】【我的作品】【我的模板】【团队模板】【作品回收站】【素材库】【动态数据】等功能（由于账号权限不同，这里作品管理区的功能与读者的可能略有差异，但不影响学习）。
- **编辑器列表区**：列出了木疙瘩推出的所有编辑器，本书将依据专业版编辑器进行介绍。
- **作品列表区**：以作品缩略图的方式列出近期保存的作品。

3. 退出木疙瘩平台

单击导航区最右侧用户账号后的“⌄”按钮，在弹出的菜单中执行【退出】命令，如图 2.11 所示。退出后就会返回木疙瘩的主页面。

图 2.11

2.1.4　作品、模板与素材管理

1. 作品管理

在作品管理区的【作品管理】列表中单击【我的作品】按钮，进入作品管理与作品文件列表页面，如图 2.12 所示。

图 2.12
①作品分类管理区　②作品列表区　③全选作品按钮　④作品列表按钮
⑤列出作品清单按钮　⑥查询作品文件名输入框

提示：作品列表区中，作品缩略图左下角标有的作品属于H5作品，作品缩略图右上角有绿色【已发布】提示的表示作品已经发布过，待发布的作品有黄色【待确认】提示。

---

2. 作品分类管理区的相关操作

作品分类管理区中列出了不同类型作品的选择按钮，这里单击【H5 作品】按钮，弹出图 2.13 所示的界面。

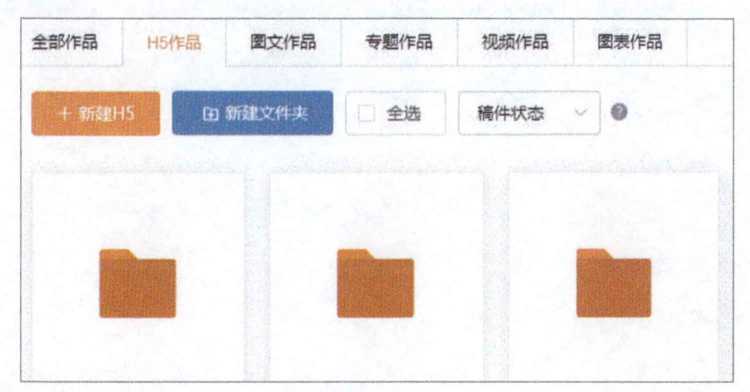

图 2.13

（1）新建文件及新建、删除文件夹操作

分别单击图 2.13 所示界面中的【新建 H5】按钮、【新建文件夹】按钮，就会分别新建一个 H5 作品和一个新文件夹。将鼠标指针移至文件夹图标上，其右上角会出现【删除】按钮，单击该按钮，可将该文件夹删除。

（2）移动文件操作

在图 2.13 所示界面中，可将文件移动到某个文件夹中。

① 在作品缩略图的左上角有一个方形的选择框，单击该选择框，则会选中该作品，如图 2.14 所示。此时该选择框变为黄色勾选状态，如图 2.15 所示。与此同时，图 2.13 所示界面中，在【稿件状态】按钮后面会显示出【删除】【标记发布】和【移动到】按钮，如图 2.16 所示。

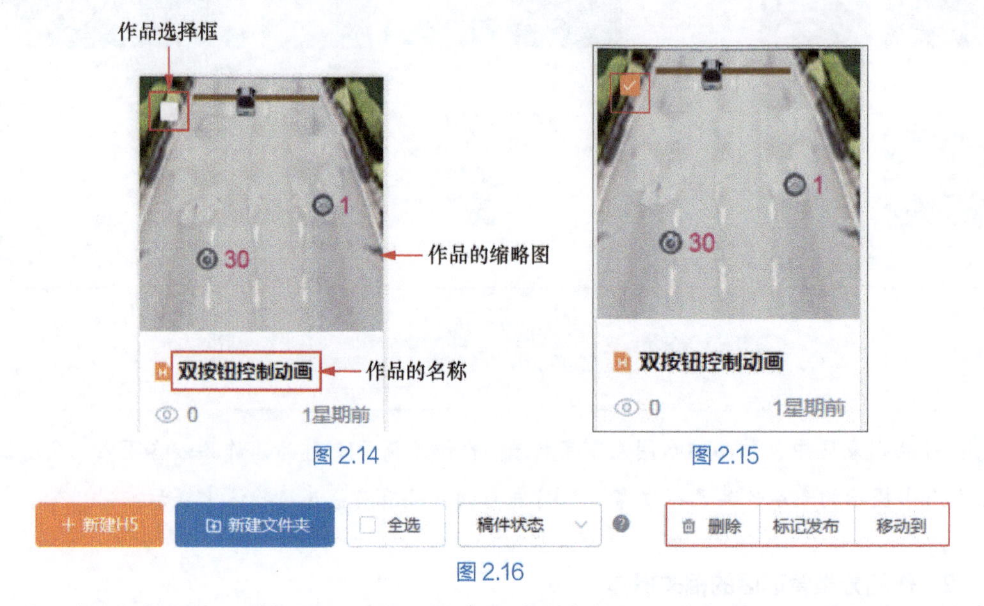

图 2.14

图 2.15

图 2.16

② 移动文件操作。单击图 2.16 所示的【移动到】按钮，弹出图 2.17 所示界面。选中其中的一个文件夹后，单击【确定】按钮，即可将选中的作品文件移至该文件夹中。

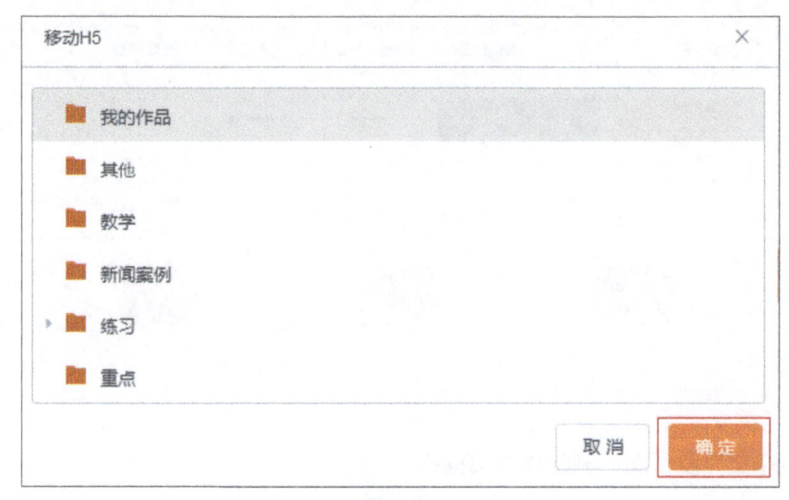

图 2.17

（3）编辑作品的文件名

将鼠标指针移至图 2.14 所示作品的文件名上，在作品文件名后会显示编辑文件名按钮 ，如图 2.18 所示。单击该按钮，可编辑该作品的文件名。

（4）发布作品

发布作品其实就是要对作品本身进行编辑操作，这需要先调出编辑作品的界面。下面以图 2.14 所示作品为例进行讲解。

将鼠标指针移至图 2.14 所示作品缩略图的任意位置，该缩略图上就会显示出图 2.19 所示的作品编辑界面，其中提供了 5 种编辑操作按钮：①【发布】按钮；②【数据】按钮；③【转为模板】按钮；④【推广】按钮；⑤【删除】按钮。

在工作台首页的【我的作品】列表中，只要将鼠标指针移至作品缩略图上，都可显示图 2.19 所示的界面。

图 2.18

图 2.19

在图 2.19 所示界面中单击【发布】按钮，会跳转至发布动画页面，如图 2.20 所示。此时，作品左上角显示出黄色的【待确认】提示，页面右侧除了显示有发布地址、分享二维码、发布时间、文件大小等信息外，还有一个【确认发布】按钮。单击【确认发布】按钮后，如果发布成功，页面右上方会显示出【操作成功】提示，并会在【发布地址】栏中显示出作品的发布地址。

图 2.20

提示：这里所谓的发布，是指为作品在互联网中建立起一个“地址”。单击【复制】按钮后，将复制的地址粘贴到PC端浏览器的地址栏中并按【Enter】键，即可在PC端观看作品；单击【删除】按钮后，发布地址被删除；单击【发布地址】栏上方的【重新发布】按钮后，系统将为作品重新分配“地址”。用手机扫描二维码，可将作品转发到微信中。对于已经发布过的作品，在作品列表中均有显示。

（5）查看作品数据

在图 2.19 所示界面中单击【数据】按钮，跳转至作品数据页面，页面中会显示出作品的统计数据、用户数据、内容分析等信息，如图 2.21 所示。

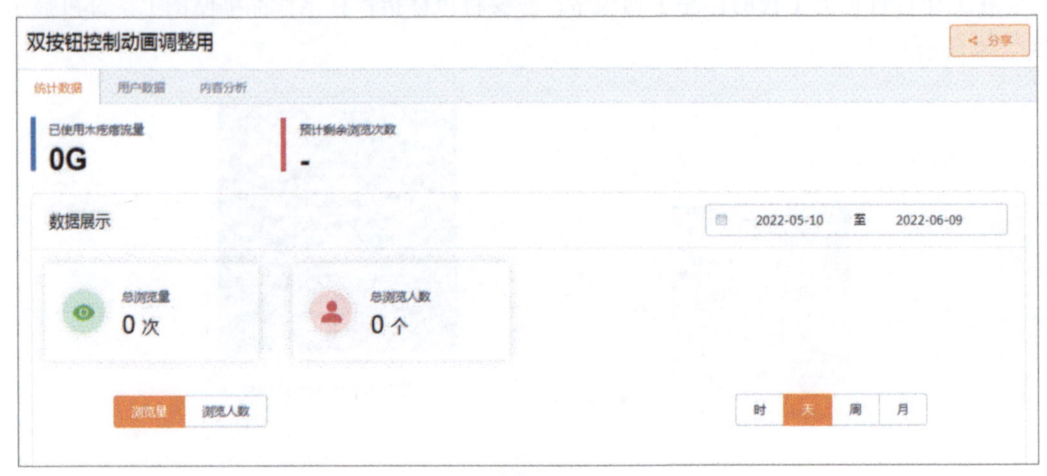

图 2.21

（6）将作品转换为模板

在图 2.19 所示界面中单击【转为模板】按钮，按钮下方会弹出下拉菜单，菜单中提供【转为私有模板】和【售卖模板】两个选项，如图 2.22 所示。单击【转为私有模板】选项，会弹出模板转换成功提示对话框。

图 2.22

如果要售卖自己的作品，则需要具备两个条件：一是准备售卖的作品已被成功发布；二是在【我的账户】中进行了设计师认证。满足了上述两个条件后，单击【售卖模板】选项，即可在弹出的售卖模板申请单中填写相关内容。

（7）推广

用户可通过木疙瘩推广作品。能进行推广的作品必须是已经发布了的。在已发布作品的缩略图上单击【推广】按钮，在弹出的菜单中按要求填写信息并提交审核。只要经后台管理员审核通过，所推广的作品就会出现在木疙瘩工作台首页（见图 2.10）导航区的【案例】菜单中。

（8）回收站

在工作台首页单击【作品回收站】按钮，弹出删除作品页面。删除的作品会在回收站内保留 30 天，到期之后将被彻底清除。

3. 模板管理与素材管理操作

（1）模板管理

在工作台首页左侧的【作品管理】栏中，单击【我的模板】按钮，弹出模板管理列表页面，如图 2.23 所示。用户创建或使用过的模板，均会在该模板管理列表页面中呈现。

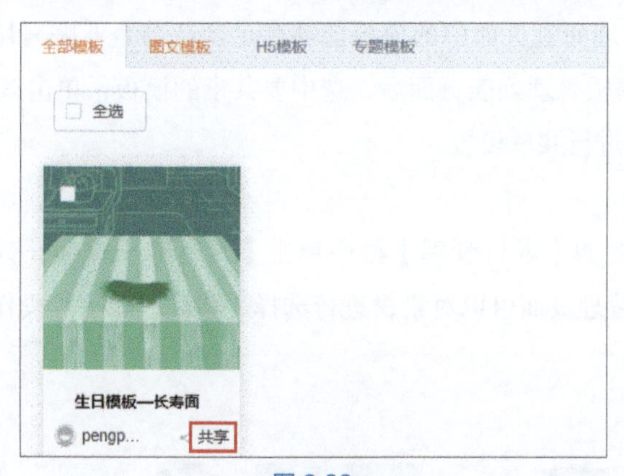

图 2.23

① 预览与编辑。选中模板，该模板的缩略图上就会出现【预览】和【使用】两个按钮，如图 2.24 所示。

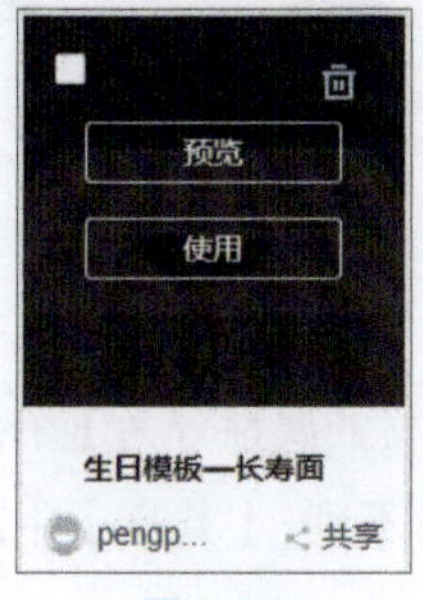

图 2.24

单击【预览】按钮，弹出预览页面，如图 2.25 所示。在预览页面中可以预览作品，此外，单击页面右上方的【编辑模板】按钮，该模板会被直接导入编辑界面以便用户编辑。

图 2.25

② 共享。模板管理列表页面中的模板能够满足团队与企业账号用户内部成员之间对模板共享的需要。打开模板管理列表页面后，选中要共享的模板，单击该模板右下角的【共享】按钮（见图 2.23），可进行共享设置。

（2）素材管理

在工作台首页左侧的【素材管理】栏中单击【素材库】按钮，弹出素材管理页面，如图 2.26 所示。在素材管理页面可以对素材进行选择、移动、删除等操作。

图 2.26

- **素材的属性**。在素材管理中，素材的属性分为【个人】和【共享】两类。【个人】中的素材，属于用户私有，其他用户看不到；【共享】中的素材，是木疙瘩免费为用户提供的素材。

- **浏览素材**。通过单击页面左上方素材分类栏中的【图片】【音频】【视频】等选项，页面将列出相应的素材供用户浏览；单击页面右上方的【全选】【移动】和【删除】按钮，可以全选、移动和删除素材，如图 2.26 所示。
- **新建与共享文件夹**。在素材管理页面中单击【新建文件夹】按钮，可创建一个新文件夹。若要共享文件夹，则在素材管理页面中选中该文件夹，然后执行以下操作。

① 单击被选中文件夹右侧的按钮 ，弹出文件夹管理级联菜单。

② 在弹出的级联菜单中选择【共享文件夹】选项，即可将该文件夹中的所有素材共享给与自己关联过的用户。

2.2 专业版 H5 编辑器的基本操作

在 2.1.2 小节中我们介绍了木疙瘩平台为用户提供有专业版、简约版和模板这 3 种 H5 编辑器。其中，简约版编辑器和模板编辑器是专业版编辑器的简化版，操作相对简单。本书介绍专业版编辑器的功能用法，读者熟练掌握后可轻松上手另外两种编辑器。

2.2.1 专业版 H5 编辑器的编辑界面

通过学习掌握专业版 H5 编辑器界面的结构、功能及其基本操作，能为后面学习制作融媒体新闻 H5 作品打好基础。我们先来了解专业版 H5 编辑器的编辑界面。

① 在工作台首页左侧单击【新建作品】按钮，弹出编辑器选择对话框，通过该对话框可进入相应的编辑器，本书选用的是 H5（专业版编辑器），如图 2.27 所示。

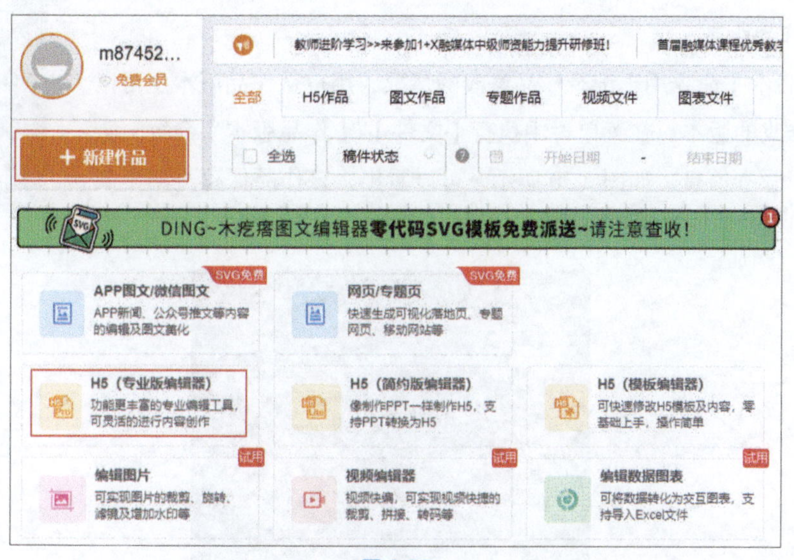

图 2.27

② 选择 H5（专业版编辑器）后，便会进入专业版 H5 编辑器的编辑界面，如图 2.28 所示。

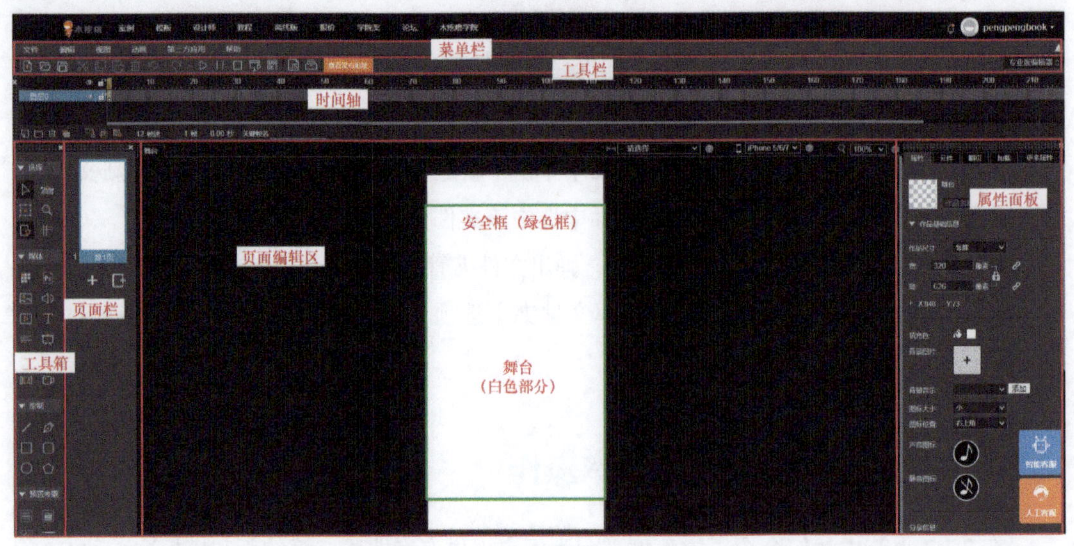

图 2.28

2.2.2 菜单栏

菜单栏包含【文件】【编辑】【视图】【动画】【帮助】等菜单。下面主要介绍前 3 个菜单。

1. 【文件】菜单

【文件】菜单中包括对作品文件进行管理和对作品文件资源进行基本处理的一些命令。单击【文件】菜单，弹出图 2.29 所示的下拉菜单。

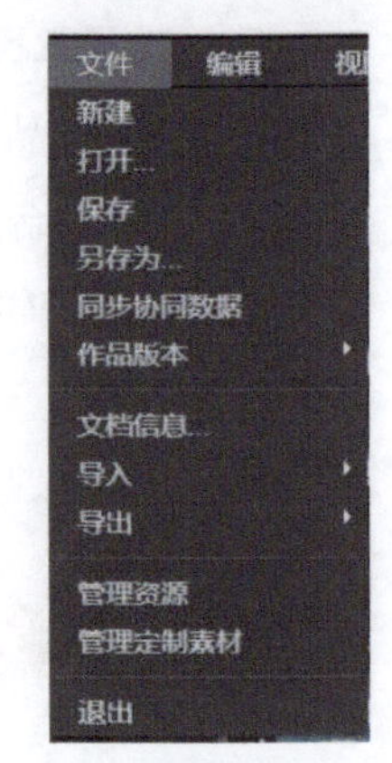

图 2.29

下面分别介绍【文件】菜单中的几项重要但多数用户不是特别熟悉的命令。

（1）作品版本

【作品版本】命令用于记录作品修改的情况，用户从作品版本中可以看到所有修改的版本。在菜单栏中执行【文件】/【作品版本】命令，会显示出最新版本信息，如图 2.30 所示。可以看出，该作品保存过两个版本，单击即可切换到相应的版本。

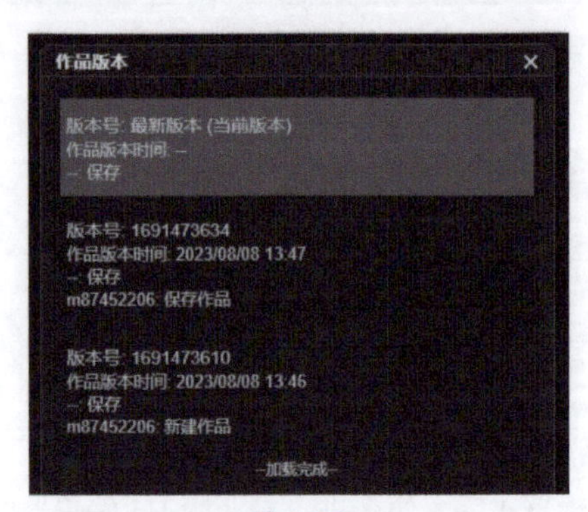

图 2.30

（2）文档信息

在菜单栏中执行【文件】/【文档信息】命令，弹出【文档信息选项】对话框。可在该对话框中设置信息分享、适配等。

① 设置文档信息。可设置的文档信息主要包括转发标题、转发描述、内容标题、预览图片，如图 2.31 所示。其中，建议导入大小为 128 像素 ×128 像素的预览图片。

文档信息设置完成后，单击图 2.31 所示的【编辑元信息】按钮，【编辑元信息】的填写内容被展开，向下拖曳对话框右侧的下拉条，显示出图 2.32 所示的信息设置项。这里的信息用于创作者后台管理分析，观看作品的用户是无法看到的。

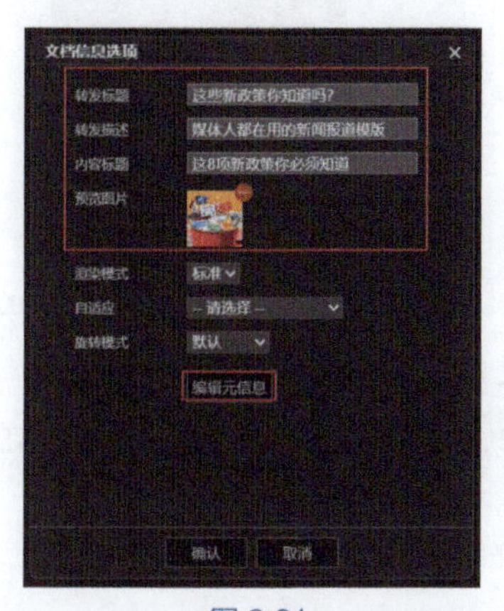

图 2.31

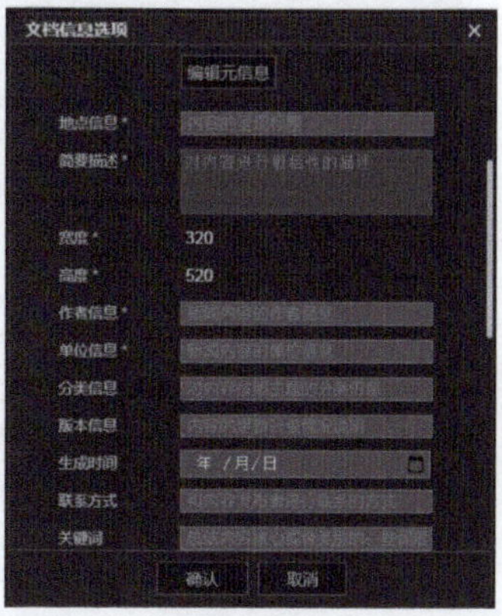

图 2.32

以将作品发布后转发到微信为例来讲解。当设置好文档信息后（见图 2.31），转发的作品显示的信息包括转发标题、转发描述和预览图片，如图 2.33 所示。微信用户点开作品后，即可看到内容标题和作品内容，如图 2.34 所示。

图 2.33

图 2.34

② 渲染模式设置。单击【渲染模式】选择框右侧的下拉按钮，弹出的下拉菜单中包含【标准】【嵌入】【内联】【弹出】这 4 种模式，如图 2.35 所示。在对 H5 作品的输出没有特殊要求的情况下，渲染模式一般默认设置为【标准】。

③ 自适应与屏幕适配设置。自适应与屏幕适配设置是指屏幕显示方式的设置，这部分内容将在 2.2.4 小节中介绍。

④ 旋转模式设置。该模式用于确定在移动端显示 H5 作品的方式。单击【旋转模式】选择框右侧的下拉按钮，弹出的下拉菜单中包含【默认】【自动适配】【强制横屏】【强制竖屏】这 4 种模式。旋转模式设置通常选择【默认】。

（3）导入

【导入】命令可将图片、视频、声音、脚本等素材，从素材库导入舞台，或从本地计算机中导入素材库。在菜单栏中执行【文件】/【导入】命令，弹出的下拉菜单如图 2.36 所示。

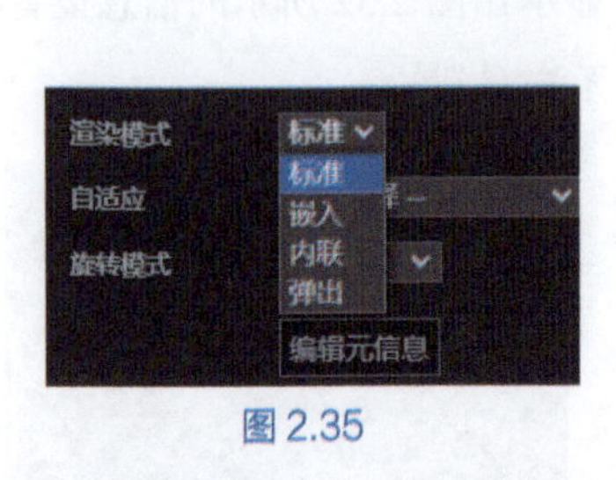

图 2.35

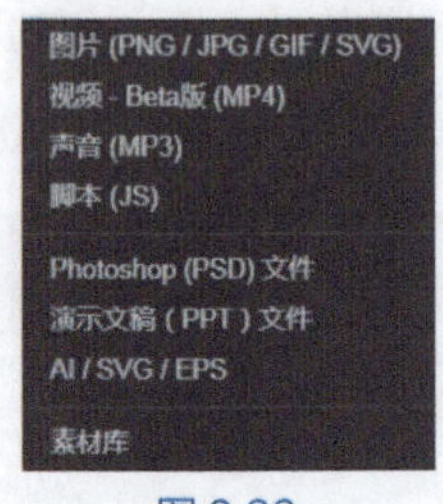

图 2.36

提示：导入任何类型素材的操作方法和过程都大致一样。将GIF文件导入舞台之后，其动态效果不会发生变化。但由于PSD文件具有图层，比较特殊，所以这里对导入PSD文件的操作进行介绍。

执行【导入】菜单中的【Photoshop（PSD）文件】命令，弹出【导入 Photoshop（PSD）素材】对话框，按对话框中的提示可将需要的 PSD 文件导入舞台，如图 2.37 所示。

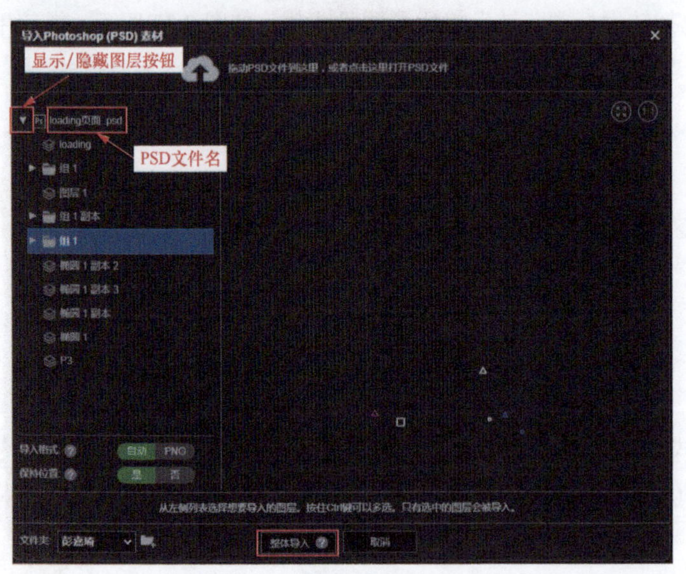

图 2.37

导入 PSD 文件的方式包括两种。一种是将 PSD 文件整体导入舞台，即将 PSD 文件中所有图层的内容全部导入舞台，操作方法为单击 PSD 文件名，再单击【整体导入】按钮。另一种是将 PSD 文件中部分图层的内容导入舞台，操作方法为先选择需要导入的图层，然后单击【整体导入】按钮。多图层选择的操作是按【Ctrl】+【Enter】组合键。

提示：专业版H5编辑器可以将导入舞台的PSD文件的图层保留。但是在简约版H5编辑器中，导入舞台的PSD文件内容将变成一张图片，不保留图层。

（4）导出

在菜单栏中执行【文件】/【导出】命令，弹出【导出】下拉菜单，如图 2.38 所示。常用命令的功能如下。

HTML动画包
GIF动画 (当前页)
视频 - Beta版
PNG (当前帧)
苹果图书插件 (iBooks Widget)...

图 2.38

①【GIF 动画（当前页）】命令能将当前页的帧动画生成为 GIF 格式动画文件。

②【视频 -Beta 版】命令能将当前作品的一页动画生成为 MP4 格式的视频文件。生成文件的文件名及文件存储路径，可由创作者根据提示自行确定。

③【PNG（当前帧）】命令能将当前页的当前帧生成为 PNG 格式的图像文件。

提示：使用不同的浏览器导出素材的方法略有区别。

（5）管理资源

通过【管理资源】命令，用户可以查看作品中资源使用的详细情况。在菜单栏中执行【文件】/【管理资源】命令，弹出【资源管理器】对话框。图 2.39 显示舞台上正在编辑的作品包括 2 个页面，资源管理器当前展开的是第 1 个页面的资源使用情况。单击图像右侧的【替换】按钮可以替换图片。

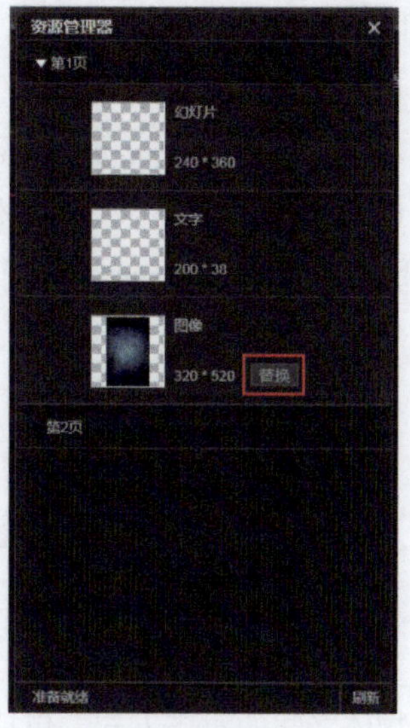

图 2.39

提示：资源管理器中只支持图像替换。

（6）同步协同数据

【同步协同数据】是为企业用户提供多用户共享作品及协同创作功能的操作命令。该功能需要与工具栏中的【内容共享】按钮配合使用。在工具栏中单击【内容共享】按钮，弹出图 2.40 所示的【内容共享】对话框。通过该对话框可设置同步协同数据，下面重点介绍【源文件共享】。【源文件共享】中的【共享源文件】与【协同共享】功能实现的基本思路是：假设某企业账号下有多个子账号，经共享操作后，使用子账号时，也有权在企业账号下共享作品及协同创作。

图 2.40

2. 【编辑】菜单

单击菜单栏中的【编辑】菜单，弹出图 2.41 所示的下拉菜单。下面重点介绍下拉菜单中几个比较特殊的命令。

（1）锁定物体

选中舞台上需锁定的物体（舞台上的图形、视频等元素的统称），执行【编辑】/【锁定物体】命令，即可将物体锁定。锁定物体后，不能对其进行位置、大小等属性的调整。执行【编辑】/【全部解锁】命令，可解锁舞台上所有被锁定的物体。

（2）排列

【排列】命令用于排列舞台上各个物体所在图层的顺序。例如，选中舞台上的某个物体，执行【编辑】/【排列】/【上移一层】命令，即可将该物体上移一层。

（3）对齐

对齐的作用是调整舞台上各物体之间的对齐方式，包括左对齐、右对

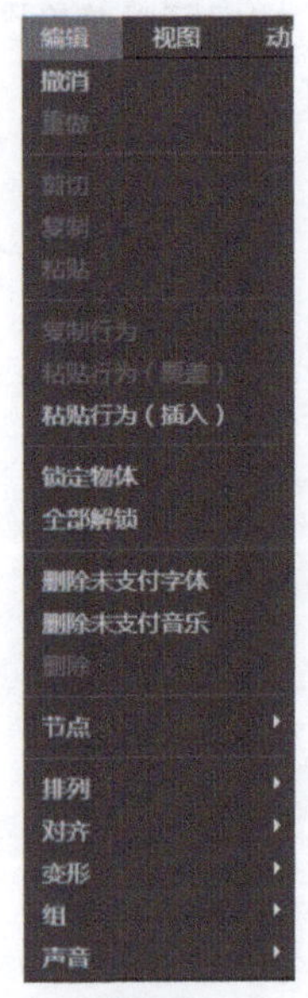

图 2.41

齐、上对齐、下对齐等。选中需对齐的所有物体，执行【编辑】/【对齐】/【右对齐】命令，即可实现物体在舞台上右对齐的效果。

提示：要选中多个物体，可单击选中的第一个物体，按住【Ctrl】键的同时单击选择其余需要选中的物体，全部选中后松开【Ctrl】键即可。

（4）变形

这里的变形实际上是指对物体进行翻转设置。【变形】命令提供左右翻转和上下翻转两种变形方式。选中需翻转的物体，执行【编辑】/【变形】/【左右翻转】命令，即可将物体进行左右翻转。

提示：排列、对齐、变形等操作也可通过在页面编辑区内单击鼠标右键，然后从弹出的快捷菜单中选择相应的命令实现，其操作方法为直接在舞台上选中物体，单击鼠标右键，在弹出的快捷菜单中执行相应的命令。

3. 【视图】菜单

单击菜单栏中的【视图】菜单，弹出图 2.42 所示的下拉菜单。【视图】下拉菜单中包括【工具条】【工具箱】【元件库】【属性】【脚本】【时间线】【页面】【标尺】等命令。需要在 H5 编辑界面中显示哪项命令就勾选哪项命令，未被勾选的命令将被隐藏。例如，图 2.42 中的【标尺】命令未被勾选，在 H5 编辑界面中则不会出现标尺，只有勾选了【标尺】命令后，舞台上才会出现标尺。

图 2.42

2.2.3 工具栏

木疙瘩的工具栏如图 2.43 所示。这里仅介绍几个比较常用的工具。

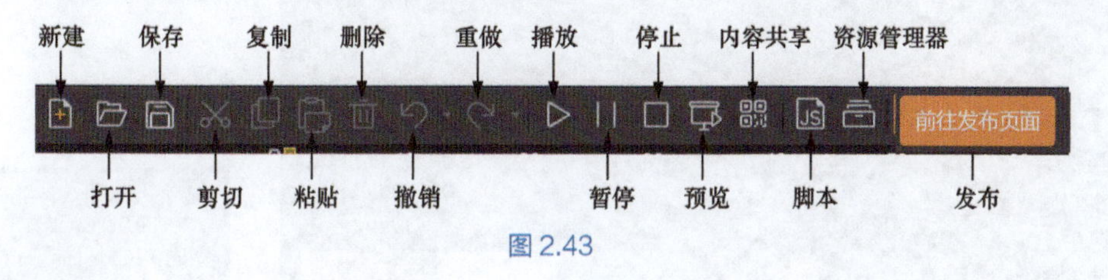

图 2.43

1. 新建

单击【新建】按钮，弹出图 2.44 所示的对话框。单击【离开】按钮，弹出图 2.45 所示的【新建】对话框，从中可选择用户终端（如手机屏幕）的显示方式。例如，此处单击选中【竖屏】选项，单击【确认】按钮，即可新建一个在手机端以竖屏方式显示的 H5 作品。

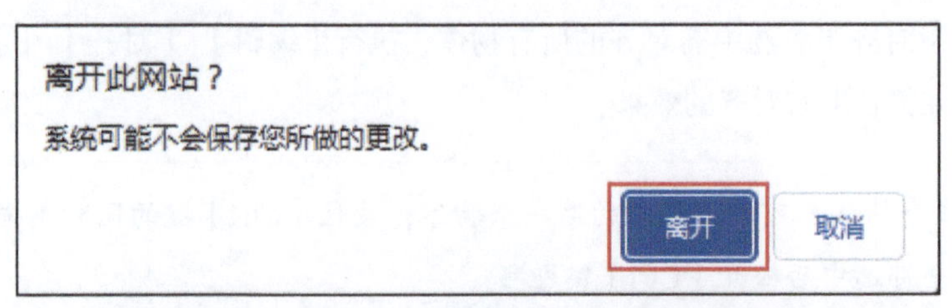

图 2.44

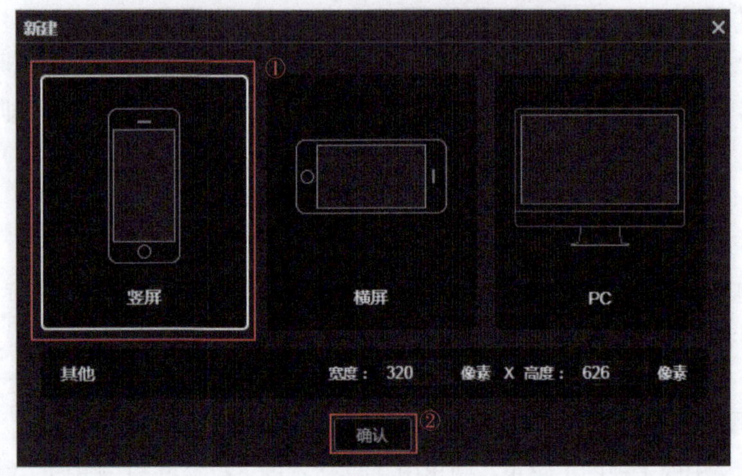

图 2.45

2. 打开

单击【打开】按钮，弹出图 2.46 所示的【打开内容库】对话框。在对话框中单击选择一个作品，该作品上会显示图 2.47 所示的按钮。单击【插入】按钮即可在舞台上打开选中的作品。

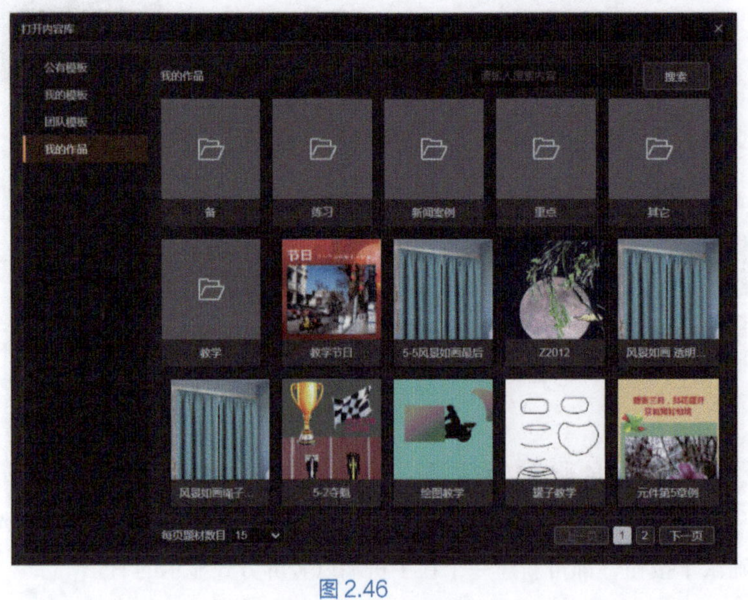

图 2.46

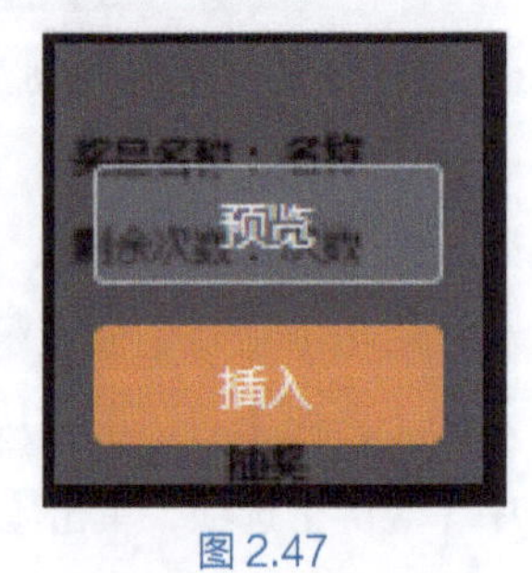

图 2.47

3. 内容共享

单击工具栏中的【内容共享】按钮，弹出【内容共享】对话框，如图 2.48 所示。

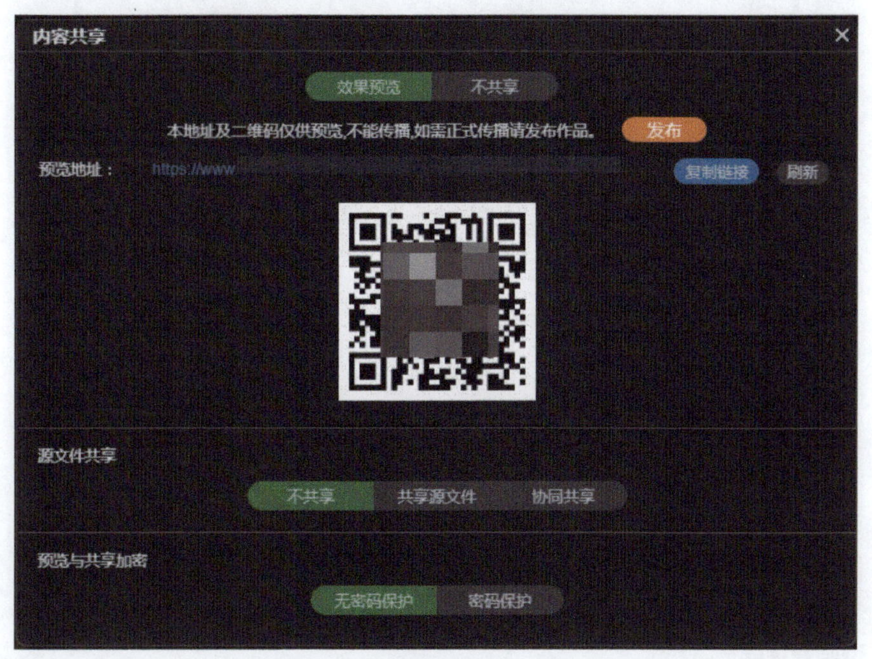

图 2.48

利用【内容共享】工具完成内容共享的操作方法和过程如下。

① 在【内容共享】对话框中单击【共享源文件】按钮。

② 单击预览地址右侧的【复制链接】按钮。

③ 将复制的链接地址转发给共享用户。

④ 共享用户登录自己的木疙瘩账户。

⑤ 共享用户将屏幕跳转到浏览器页面。

⑥ 在浏览器地址栏中粘贴复制的链接（可按【Ctrl】+【V】组合键）。

⑦ 共享文件的内容被导入舞台。用户可对其进行编辑，并保存为自己的作品。

提示：免费用户无法共享源文件。如果用户对文件进行了加密，系统会自动为文件分配一个提取码。在将复制的链接地址转发给共享用户的同时，还需要将提取码转发给共享用户，否则共享用户无法获取源文件。非共享用户可将图2.48中的预览地址复制并分发给用户，用户点开链接即可在浏览器中浏览作品。

---

4. 脚本

单击【脚本】按钮，弹出【脚本】对话框，如图 2.49 所示。在该对话框中可添加 JavaScript 脚本。对初学者来说，此功能暂时用不到。

图 2.49

5．资源管理器

工具栏中【资源管理器】的作用与【文件】菜单中【管理资源】命令的相同。

2.2.4 页面栏、页面编辑区和舞台

页面栏、页面编辑区和舞台如图 2.50 所示。

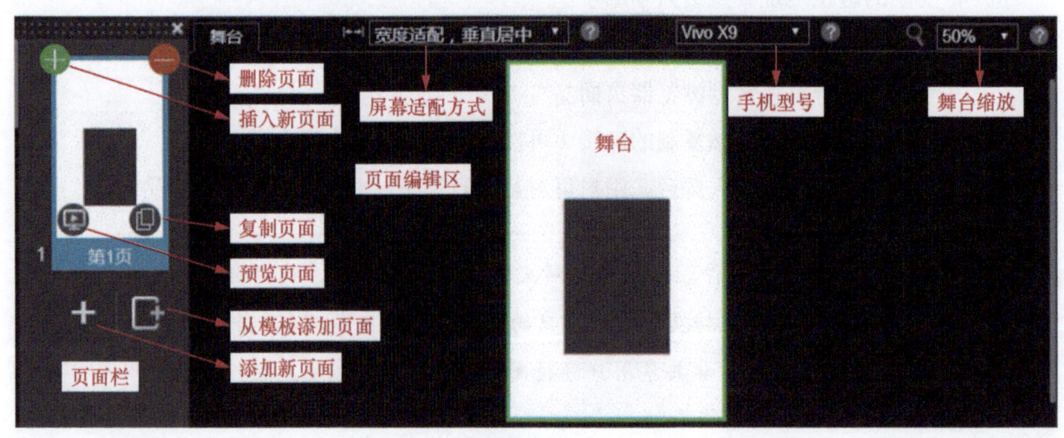

图 2.50

1．页面栏

页面栏是呈现 H5 作品各页面缩略图的地方，如图 2.50 的左侧所示。其相关操作包括：单击页面缩略图，舞台上即可呈现该页面，可方便创作者快速选择需要编辑的页面；在页面

缩略图上按住鼠标左键并拖曳，可以调整页面排序；单击页面缩略图左上角的按钮，可插入新页面；单击页面缩略图右上角的按钮，可删除当前页面；单击页面缩略图左下角的按钮，可预览当前页面；单击页面缩略图右下角的按钮，可复制当前页面；单击页面栏左下方的按钮，可添加新页面；单击页面栏右下方的按钮，可从模板添加页面。

2. 页面编辑区

页面编辑区位于页面栏和属性面板之间，页面编辑区中有屏幕适配方式选择框、手机型号选择框（选择好手机型号后，舞台上会出现对应的安全框）、舞台缩放选择框和舞台。

（1）手机型号选择框与安全框

不同款式的手机，屏幕比例往往是不一样的，这会使在舞台上编辑的内容有可能无法在手机屏幕上完整显示。通过在手机型号选择框中选择合适的手机型号，并设置安全框，可以确保在舞台上编辑的内容能够在手机屏幕上完整显示出来。安全框可以起到提示的作用，这对编辑页面来说十分重要。

单击手机型号选择框右侧的下拉按钮，将显示出各种常见的手机型号，选择手机型号后，舞台中会出现一个绿色矩形框，即安全框。

由于所选型号手机屏幕的高宽比例往往与舞台的高宽比例不一致，因此用户要根据制作需要设置手机安全框。在舞台尺寸不变的情况下，选择不同的手机型号，显示的效果会不同。例如，图 2.51 所选手机型号的屏幕高宽比例大于舞台的高宽比例，图 2.52 所选手机型号的屏幕高宽比例小于舞台的高宽比例，图 2.53 所选手机型号的屏幕高宽比例等于舞台的高宽比例。

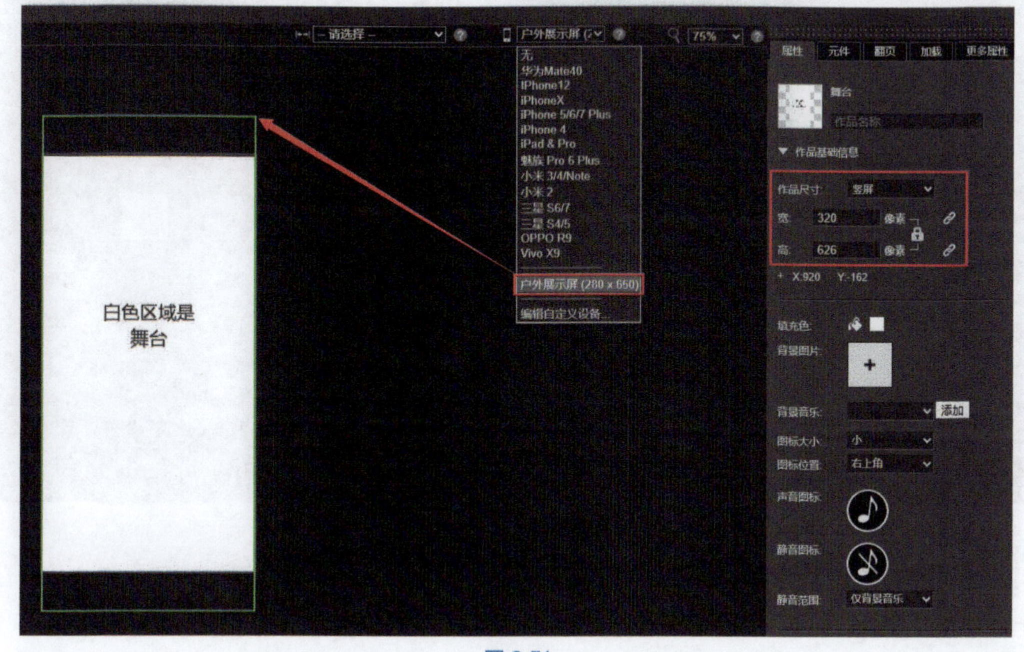

图 2.51

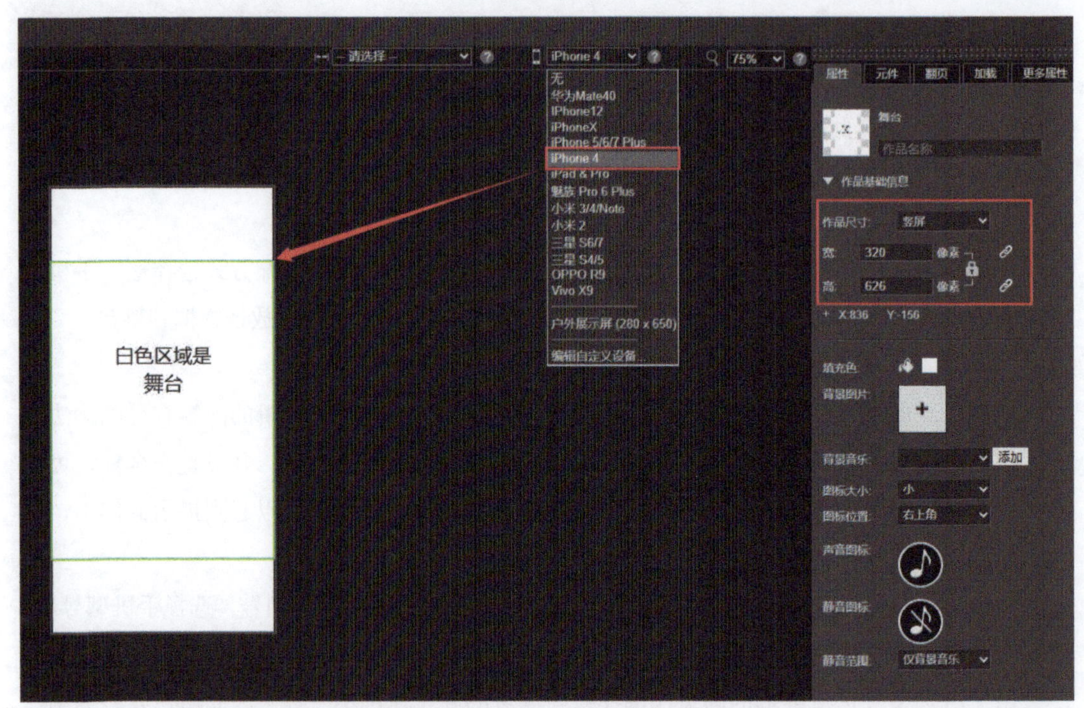

图 2.52

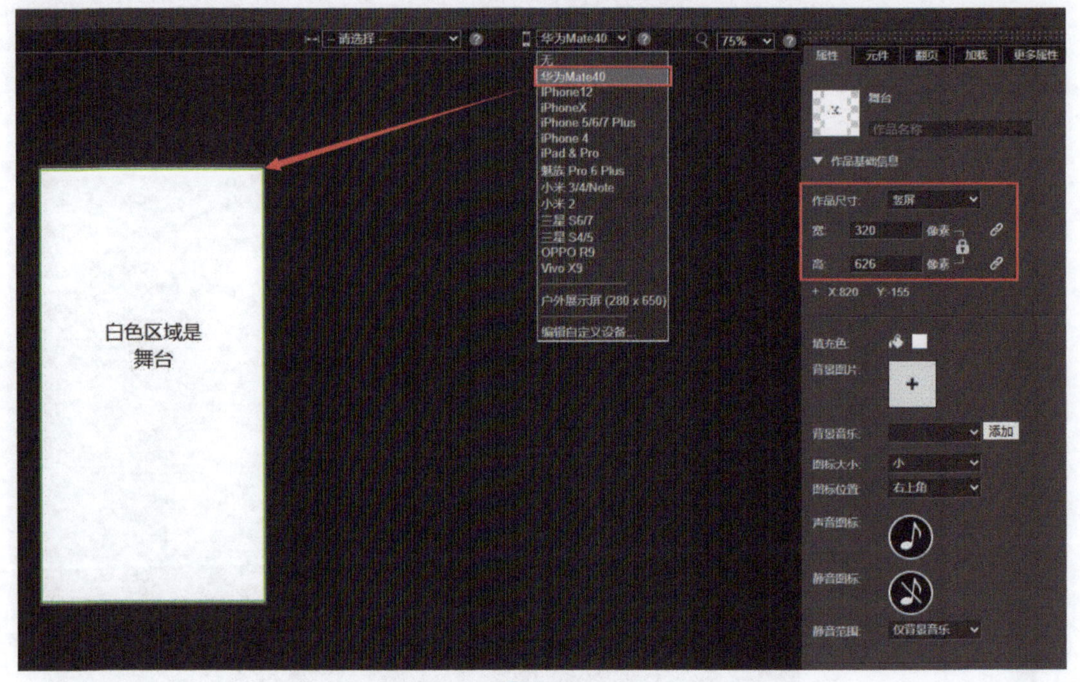

图 2.53

当舞台上的物体超出安全框范围后，安全框会由绿色变成红色。例如，图 2.54 中，舞台上的物体（“树枝与月亮”图片）超出了安全框范围，安全框变成了红色。

图 2.54

（2）屏幕适配

单击屏幕适配方式选择框右侧的下拉按钮，将显示出各种屏幕适配方式，如图 2.55 所示。

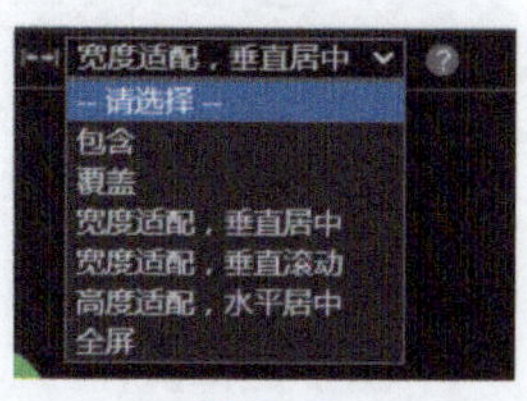

图 2.55

在屏幕适配方式中，常用的是【宽度适配，垂直居中】和【高度适配，水平居中】两种。

在屏幕适配方式中，比较难理解的是【包含】与【覆盖】两个选项。【包含】选项的功能是，对任何型号手机端的显示而言，不论设置的舞台大小是多少、比例如何，都会将作品不变形地在手机端全部显示出来。【覆盖】选项的功能是，对任何型号手机端的显示而言，作品都是以手机屏幕显示比例为标准来显示的，这会出现作品内容显示不完整或变形的现象。

3. 舞台

舞台处于整个界面的核心区域，是编辑、制作、显示页面内容和效果的“场所”。在舞台上的图形、图像、视频等所有元素都可以被称为“物体”。在制作 H5 页面的过程中，设置舞台属性，如宽度、高度、背景图片、背景颜色、背景音乐，都是对作品页面属性进行的设置。

提示：通过舞台缩放选择框，可对舞台在页面编辑区显示的大小进行调整，如图2.56所示，以便创作者在创作过程中观察作品的细节或查看作品的整体效果。

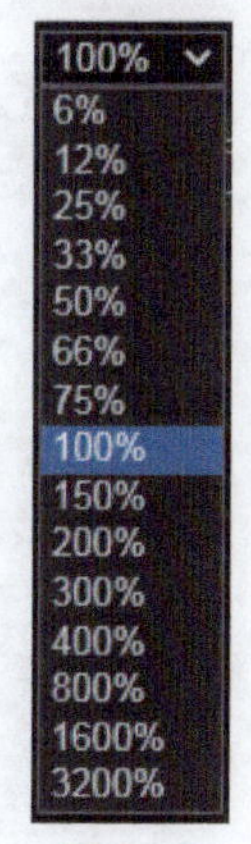

图 2.56

2.2.5　工具箱

工具箱将各种工具归纳整理为多个类别，包括选择、媒体、绘制、预置考题、控件、表单和微信。每个类别中都包含多个工具，图 2.57 所示的是工具箱中的部分工具。下面介绍一些常用工具的功能及应用方法。

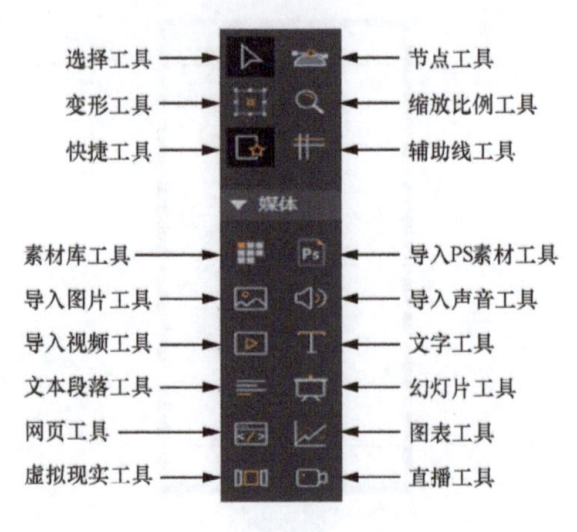

图 2.57

1. 选择工具与变形工具

在对作品中的物体，如文字、声音、图像、视频等进行编辑时，通常需要先使用选择工具将其选中，之后再进行相应的编辑操作。当作品中的某个物体需要进行变形处理时，就要用到变形工具。下面通过一个具体实例，来介绍选择工具和变形工具的使用方法和具体操作。

（1）选择操作

某作品的一个页面如图 2.58 所示。页面中的黑色部分是页面背景，图片是作品中的一个物体。单击选择工具之后单击图片，图片被选中。物体被选中的标志是其四周出现白色细虚线框，如图 2.59 所示。

（2）变形操作

单击变形工具，该图片四周出现有 8 个白色小方点的变形框，如图 2.60 所示。将鼠标指针移至变形框边上的小方点上，在鼠标指针变为双箭头时按住鼠标左键拖曳，可以调整图片的宽度或高度；将鼠标指针移至变形框角上的小方点上，鼠标指针变为双箭头时按住鼠标左键拖曳，可以调整图片的宽高比例并缩放图片；将鼠标指针移至变形框右上角的绿色小圆点上，在鼠标指针变为旋转图标时按住鼠标左键拖曳，可对图片进行旋转处理。

图 2.58

图 2.59

图 2.60

2. 快捷工具

快捷工具用于切换物体上快捷工具按钮的显示状态，即显示或隐藏物体右侧的快捷工具按钮。每单击一次快捷工具，可以切换一种显示状态。单击快捷工具，当快捷工具图标为时，被选中物体右侧的【添加 / 编辑行为】和【添加预置动画】的快捷工具按钮为显示状态；当快捷工具图标为时，被选中物体右侧的快捷工具图按钮为隐藏状态；当快捷工具图标为时，所有物体的快捷工具按钮均为显示状态。物体右侧的快捷工具按钮如图 2.61 所示。

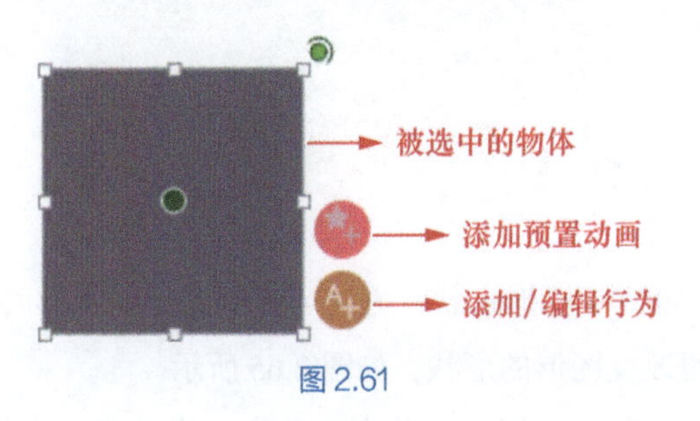

图 2.61

3. 节点工具

节点工具是非常重要的图形制作工具，利用它可以制作出各种图形。需要注意的是，节点工具只能对利用绘图工具绘制的图形进行编辑。下面通过实例介绍节点工具的使用方法。

① 绘制图形。在工具箱中单击矩形工具，在舞台中按住鼠标左键拖曳，绘制一个矩形，如图 2.62 所示。

图 2.62

② 选中图形，显示出节点。单击选择工具，单击选中矩形，单击节点工具，矩形上出现节点，如图 2.63 所示。

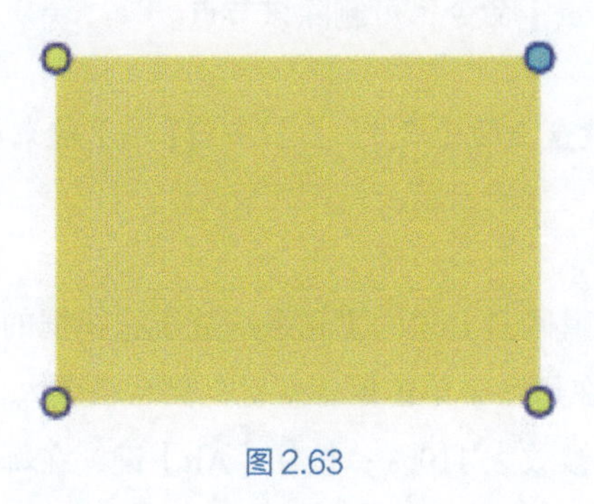

图 2.63

③ 选中节点。选中节点的操作，是将鼠标指针移至要选中的节点上，然后单击节点，被选中的节点颜色就会变为红色，如图 2.64 所示。

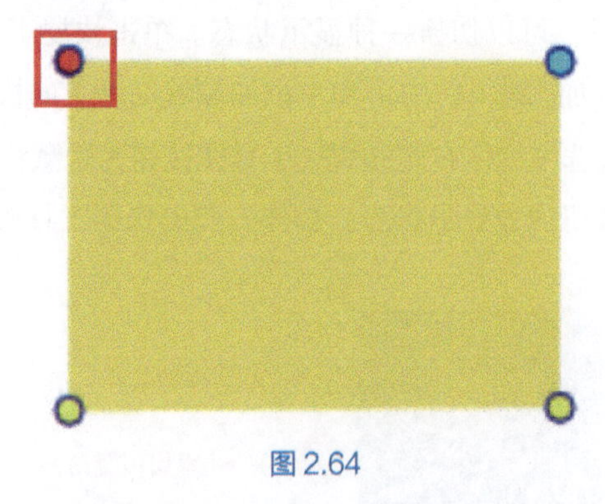

图 2.64

④ 变形。拖曳节点可改变图形形状，方法为在节点（图 2.64 中的红色节点）上单击并按住鼠标左键拖曳，即可改变图形的形状，如图 2.65 所示。

⑤ 重置选中节点，显示出拉杆。在节点上单击选中节点，在该节点上单击鼠标右键，在弹出的菜单中执行【节点】/【重置选中节点】命令，该节点上出现绿色拉杆，如图 2.66 所示，在拉杆两端的小圆点上单击并按住鼠标左键拖曳，可以改变图形的形状。

⑥ 添加节点。在节点上单击选中节点，再在该节点上单击鼠标右键，在弹出的菜单中执行【节点】/【添加节点（细分）】命令，可在图形上增加一个节点，如图 2.67 所示。

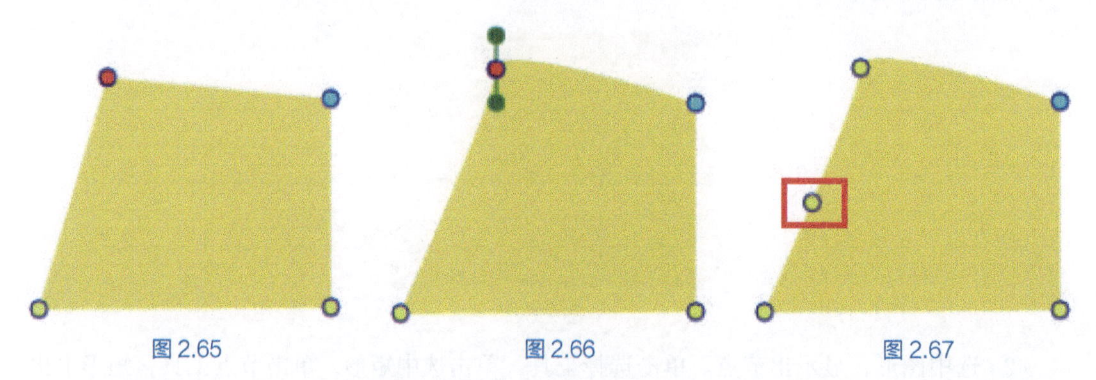

图 2.65　　图 2.66　　图 2.67

⑦ 删除节点。在节点上单击选中节点，再在该节点上单击鼠标右键，在弹出的菜单中执行【节点】/【删除选中节点】命令，可删除该节点。

提示：选中节点后，可利用键盘上的【↑】【↓】【←】【→】键来调整图形形状。

4. 缩放比例工具

缩放比例工具与页面编辑区右上角的【舞台缩放】选择框的功能相同。单击缩放比例工具（![]），进入缩放模式。在舞台中单击鼠标左键，舞台被放大 150%；按住【Ctrl】键，在舞台中单击鼠标左键，舞台被放大 110%；按住【Alt】键，在舞台中单击鼠标左键，舞台被缩小 150%；按住【Alt】+【Ctrl】组合键，在舞台中单击鼠标左键，舞台被缩小 110%；按住【Shift】键，在舞台中单击鼠标左键，舞台恢复到 100%。按住鼠标左键不放，上下移动鼠标可上下拖曳舞台。

5. 辅助线工具

当页面编辑区存在辅助线时，单击辅助线工具可切换显示 / 隐藏页面编辑区中的所有辅助线。

提示：只有在页面编辑区中存在辅助线时，此工具才可使用。

辅助线在对页面进行精准排版时有重要作用。可以在按住【Alt】键的同时按住鼠标左键，在页面编辑区横向 / 纵向拖曳鼠标，获取横向 / 纵向的辅助线，如图 2.68 所示。将鼠标指针移至辅助线上并拖曳鼠标，可移动辅助线的位置。将鼠标指针移至辅助线上，辅助线上出现图标时，单击该图标可删除该辅助线。

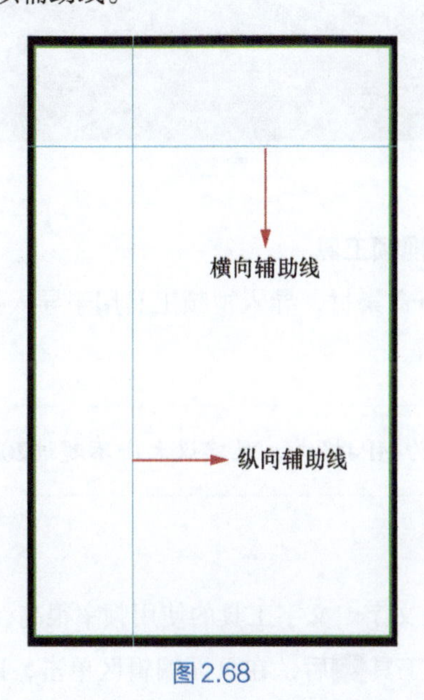

图 2.68

提示：隐藏辅助线与删除辅助线不同，辅助线被隐藏后，可通过单击辅助线工具将其再次显示，辅助线被删除后则是不可恢复的。此外，在页面编辑区中，可以设置多条横向辅助线和纵向辅助线。

---

6. 导入图片工具

导入图片工具用于导入图片素材。单击导入图片工具，打开【素材库】对话框，通过该对话框找到并选中需要导入的图片，单击【添加】按钮，即可导入图片，如图 2.69 所示。

图 2.69

7. 导入声音工具和导入视频工具

导入声音工具用于导入声音素材，导入视频工具用于导入视频素材，它们的操作方法与导入图片工具的相同。

提示：导入舞台的视频文件应为MP4格式，且建议大小不超过20MB。

---

8. 文字工具

文字工具用于输入和编辑文字。文字工具的使用频率很高，其用法如下。

① 输入文字。单击文字工具T后，在页面编辑区单击，即可建立文字输入框。在文字输入框中可输入和修改文字。在文字输入框外单击，即可退出文字输入框。

② 修改文字。在文字上双击鼠标左键，可再次进入文字输入状态，此时可输入或修改文字。

③ 移动文字位置。在文字输入状态，用鼠标选中需要移动的文字（一个或多个文字）后，按住鼠标左键拖曳，可移动文字在输入框中的位置。

④ 设置和修改文字属性。在文字输入状态，可在属性面板设置和修改文字属性，如文字的大小、字体、颜色等。

⑤ 删除文字框。选中文字框，单击鼠标右键，在弹出的菜单中执行【删除物体】命令，

可将该文字框删除。

⑥ 改变文字框尺寸。单击工具箱中的变形工具，单击文字会出现变形框，用鼠标拖曳变形框即可改变文字框尺寸。也可单击文字，在属性面板中修改参数，改变文字框尺寸。

2.2.6　属性面板

属性面板中包括【属性】【元件】【翻页】【加载】这 4 个选项卡。本小节重点介绍【属性】选项卡、【翻页】选项卡和【加载】选项卡的使用方法。

1. 【属性】选项卡

【属性】选项卡用于设置和修改舞台及舞台上物体的属性。不同物体 (如文字、图片、视频、动画等) 的属性是不同的。所以，在舞台上激活的物体不同，其在【属性】选项卡中显示的内容也是不同的。

【属性】选项卡中，【图像】左侧的图是被选中物体的缩略图，在【图像】下方的框内可以为选中的物体命名。【属性】选项卡中包括【基础属性】【高级属性】【专有属性】。图 2.70 所示的是图像基础属性部分。因为不同物体的属性不同，所以在此不对属性的具体设置展开讲解，相关操作和使用方法将在后续任务中用到时再详细介绍。

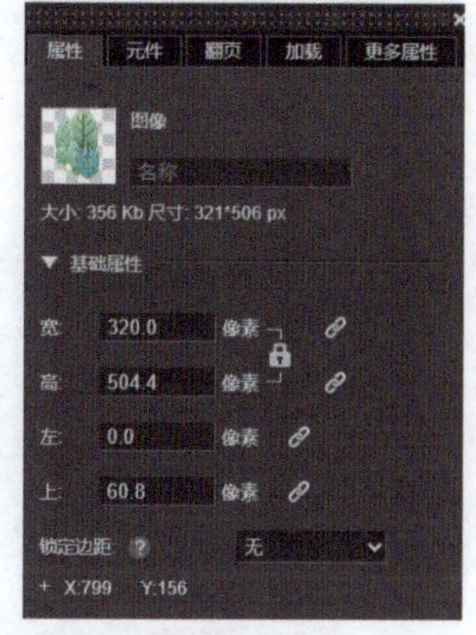

图 2.70

2. 【翻页】选项卡

【翻页】选项卡用于设置页面之间的切换方式，其中提供了多种页面切换方式。单击选中【翻页】选项卡，如图 2.71 所示。在【翻页】选项卡中可设置翻页效果、翻页方向、循环、翻页时间等。其中，翻页效果包括图 2.72 所示的多种效果，翻页方向包括图 2.73 所示的 3 种方向。

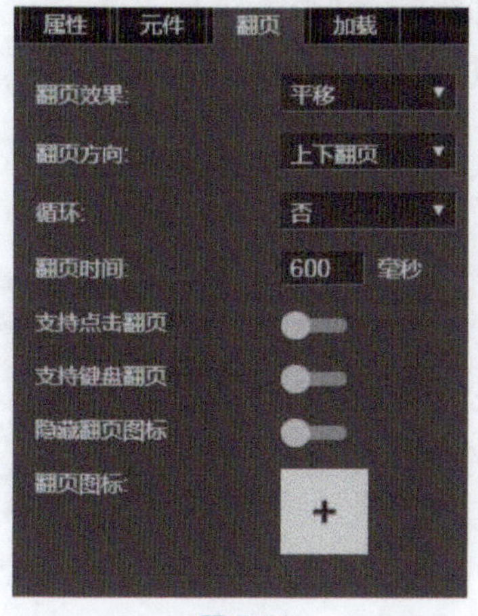

图 2.71

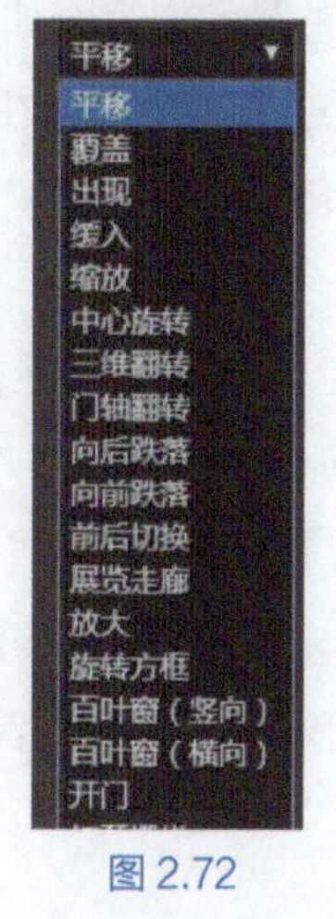

图 2.72

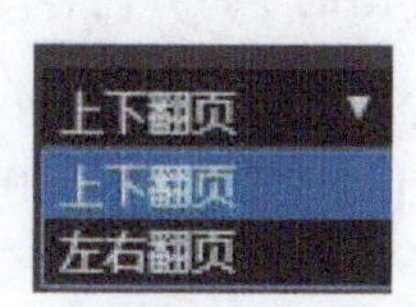

图 2.73

3. 【加载】选项卡

【加载】选项卡用于设置加载页。加载页可设置为默认方式、自创作方式或利用模板制作方式。

（1）默认方式

① 新建一个 H5 作品，在属性面板中单击【加载】选项卡。

② 选择加载样式。在【加载】选项卡中单击【样式】选择框右侧的下拉按钮，在弹出的下拉菜单中选择样式。这里选择的是【进度环】选项，如图 2.74 所示。

③ 其他属性设置。除了加载样式，加载页的属性设置还包括提示文字、文字大小、动态文字、文字颜色、进度颜色、进度背景、背景颜色、图片、前景图片等，如图 2.75 所示。在本例中，输入的提示文字是“加载中”。

④ 预览效果。设置完成后，在菜单栏单击预览按钮即可预览效果，效果如图 2.76 所示。

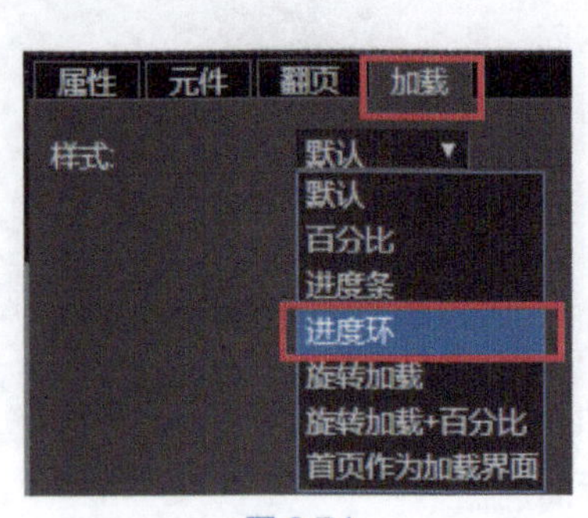

图 2.74

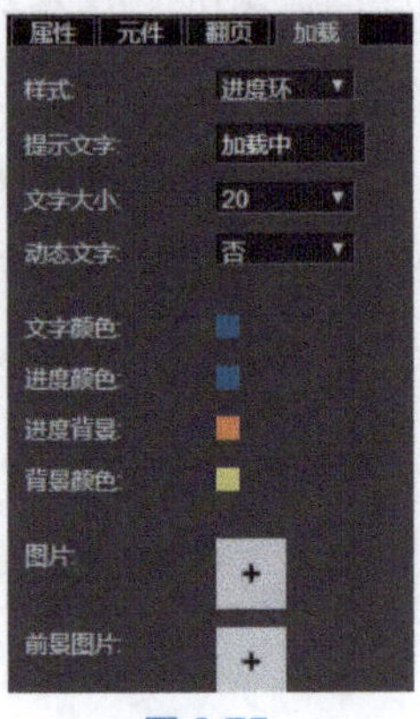

图 2.75

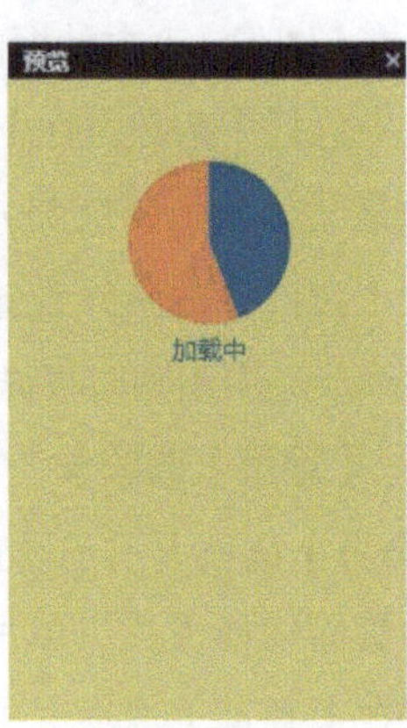

图 2.76

（2）自创作方式

① 在作品首页制作加载页的显示内容，如制作一个动画。

② 在属性面板中单击【加载】选项卡。在【样式】设置框中选择【首页作为加载界面】选项即可。

（3）利用模板制作方式

① 在 H5 编辑界面的页面栏中，单击页面缩略图右下方的【从模板添加】按钮，如图 2.77 所示。

② 在弹出的【打开内容库】对话框中的【公有模板】中单击【加载页】，打开图 2.78 所示的模板库。从列出的模板中选择一个模板，单击【插入】按钮，即可将其添加到作品中。

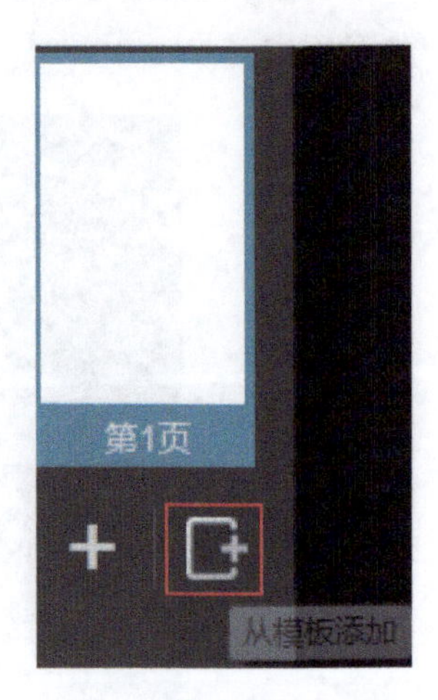

图 2.77

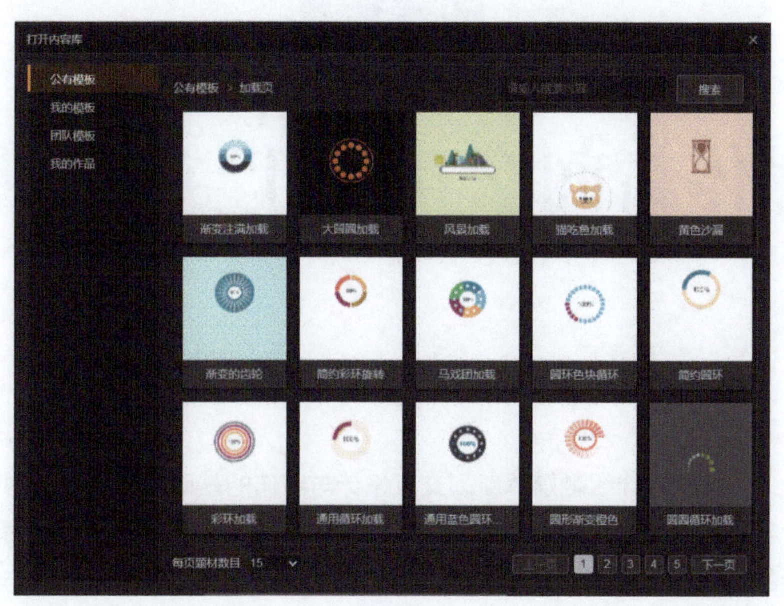

图 2.78

提示：加载页的设计要生动、有趣、简洁，并与作品内容关系密切。如果在加载页中使用动画效果，可为用户带来较好的“等待”体验。加载页的设计不可太过复杂，否则会占用较大的运行空间，影响加载速度，从而影响用户体验。此外，可以利用加载页来展示品牌或有趣的创意等。

第 3 章

融媒体新闻交互设计与制作基础

本章将介绍融媒体新闻交互设计与制作的基础知识，主要内容包括融媒体新闻页面设计规范、使用木疙瘩制作融媒体新闻页面的基本方法、预置动画和长图效果的制作方法，以及模板的应用与生成。

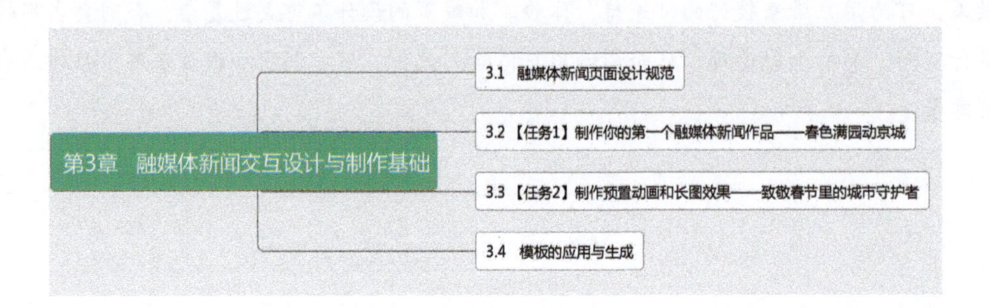

3.1　融媒体新闻页面设计规范

融媒体新闻页面设计要以用户体验为中心，旨在提供清晰、有吸引力和易于导航的页面，以满足用户对新闻内容的浏览和阅读需求。

3.1.1　页面内容设计规范

- **布局设计：**页面布局应以简洁、清晰为主，确保页面元素有良好的组织和结构，使用户能够轻松地浏览和阅读内容。建议采用辅助线或网格系统来安排页面元素，以保持一致性和整齐性。
- **导航设计：**导航应简洁明了，能够帮助用户快速浏览和导航到不同的新闻内容页面。
- **色彩选择与搭配：**应选择适合新闻内容的色彩和配色方案。一般情况下，应以中性色调为主，可以选择一些明亮的颜色来突出重要信息。同时，色彩的使用应符合品牌形象和风格。
- **字体设计：**应选择易于阅读的字体，确保文字清晰可见。建议将标题和正文使用不同的字体来区分，并使用不同的字号来提高可视性和阅读体验。
- **图片、视频和动效设计：**应以更好地展示新闻内容为中心，合理使用图片、视频和动效来增加页面的吸引力和互动性。图片和视频应具备一定的分辨率和质量，视频和动效还应播放流畅且具备一定的加载速度，以提供良好的观看体验。
- **交互设计：**页面应有良好的交互设计，包括最基本的加载速度快、合适大小的点击区域、友好的操作提示和错误提示等。同时，可以增加如点赞按钮、社交分享按钮和评论区域等内容，以促进用户的互动和参与。
- **合法合规：**所有内容应符合国家法律、法规，不侵犯他人的著作权、隐私权、肖像权、名誉权等合法权益，符合新闻发布平台的相关规定，并且使用规范用语等。

提示：新闻页面加载缓慢，甚至页面加载失败怎么办？

在网速正常的情况下，这类问题通常是素材处理不到位造成的，如素材文件过大。以 H5 新闻为例，由于 H5 多数的浏览终端是屏幕较小的移动终端，因此在进行 H5 页面的制作时，适当地将图片、视频、音频等文件进行压缩后使用，不仅不会影响显示效果，还可使页面的加载速度更快，从而提升用户体验。

3.1.2　页面尺寸与页面适配

1．页面尺寸

在进行页面设计时，需要根据用户终端的屏幕尺寸来考虑页面尺寸的设置。以手机端为例，手机型号不同，屏幕尺寸就可能不同。

例如 H5 新闻，由于其目前主要的浏览终端是智能手机，因此设计 H5 新闻页面普遍采用的尺寸是根据手机屏幕尺寸而来的，如在手机屏幕尺寸的基础上，减去微信或浏览器观看时导航栏和状态栏的尺寸，得到最终的 H5 页面尺寸。

提示：目前，H5页面尺寸的设置一般是根据华为Mate40、iPhone5/6/7Plus、iPhone 12等手机型号的屏幕尺寸，减去导航栏和状态栏的尺寸后确定的。

---

2. 页面适配

页面适配主要包括制作平台的自动适配和页面安全区的设置。以移动终端为例，为了满足页面能在不同屏幕尺寸的手机上实现页面的完美呈现，制作平台一般会提供自动适配功能。但因为各型号手机屏幕的宽高比例有差异，所以自动适配后还是有可能出现部分页面边缘区的信息无法完整显示的问题。因此，较为稳妥的处理方式是设置安全范围，即将页面背景设计得大一些，而将页面中的重要内容置于安全范围内。

提示：木疙瘩平台中关于页面适配的相关功能及设置方法，在本书2.2.4小节的“页面编辑区”中有详细介绍。

对于 H5 的制作来说，选择合适的浏览器非常重要，因为不同的浏览器对 H5 的支持与兼容程度不同。例如，IE 浏览器较早的版本对 H5 的兼容性就不太好，IE10 版本对 H5 的兼容性相对较好。目前，Google Chrome 浏览器和 360 浏览器能兼容大部分 H5。因此，建议制作 H5 时选用这两款浏览器。

3.2 【任务 1】制作你的第一个融媒体新闻作品——春色满园动京城

【任务描述】本任务是利用给定的图片素材、音乐素材和视频素材制作一款报道北京北海公园春季赏花的 H5 新闻。

扫码看案例演示

【目的和要求】根据任务描述制作 4 个页面，页面采用竖版。学习本任务需要重点掌握的技能：舞台属性设置、背景颜色或背景图片的设置、加载页设计与制作、声音的导入与声音图标设置、翻页设置、图片和视频的导入与属性设置、文字的输入与设置等。

3.2.1 规划与设计

1. 首页（封面页）

首页内容包括封面背景图、标题、副标题和报道内容文字。

标题：春色满园动京城

副标题：赏花季打卡北海公园

报道内容文字：四月的北海公园内，各类春花争相盛开，吸引了各方游客前来踏青赏花，合影留念。

首页的设计重点是要突出新闻主题，因此，要将新闻的标题文字作为本页的重点元素呈现，其次是新闻的副标题和报道内容文字。放在首页的背景图，需要选择能够很好地代表新闻报道地点北海公园的照片，因此，这里选择了北海公园的标志性景点白塔的照片。

2. 第 2 页和第 3 页

第 2 页展示出两张北海公园春景图，以及对每张风景图进行评述的文字。第 3 页展示出两张记录游客在北海公园进行留影拍摄的图片，以及简单的文字说明。

文字 1：湖边柳树抽出了嫩绿的枝芽，随风摇曳，迎接四方来客。

文字 2：春暖花开心欢畅，莺歌燕舞踏青忙；春花迎福喜开放，花开富贵幸福长！

文字 3：投入春天的怀抱，赴一场花事盛宴；感受美景，赏花拍照！

3. 第 4 页

第 4 页展示在游船上拍摄的北海公园春景视频，以及简单的文字说明。

文字：湖水荡着层层波浪，闪耀着点点春光！耳边响起了“让我们荡起双桨……”

所有页面的结构和制作效果如图 3.1 ～图 3.4 所示。

图 3.1

图 3.2

图 3.3

湖水荡着层层波浪，闪耀着点点春光！耳边响起了“让我们荡起双桨……”

文明旅游 微讲文明的游园人

图 3.4

3.2.2 素材准备与舞台设置

1．素材准备

本例需要准备的素材如图 3.5 所示。

图 3.5

2. 新建作品并设置舞台的基本属性

① 在工作台首页左侧单击【新建作品】按钮，在弹出的编辑器选择对话框中选择【H5（专业版编辑器）】，进入 H5 编辑界面。界面中会出现【新建】对话框，根据任务要求，选择【竖屏】新建文件，如图 3.6 所示。

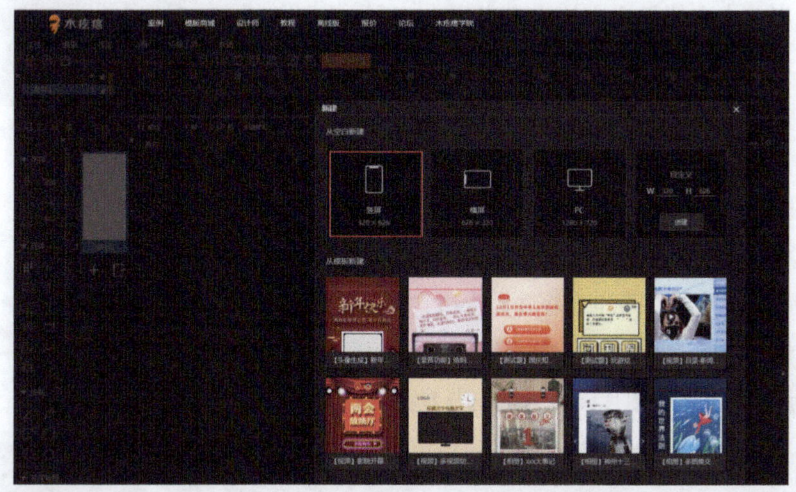

图 3.6

② 为舞台命名。在【属性】选项卡【舞台】选项的输入框中，输入舞台名称“春色满园动京城”，如图 3.7 所示。

③ 设置作品尺寸（作品尺寸就是指舞台的尺寸）。在【属性】选项卡中单击【作品尺寸】右侧的下拉按钮，在弹出的下拉菜单中选择【自定义】选项，系统默认尺寸为宽 320 像素、高 626 像素。重新设置舞台高度，设置效果如图 3.7 所示。

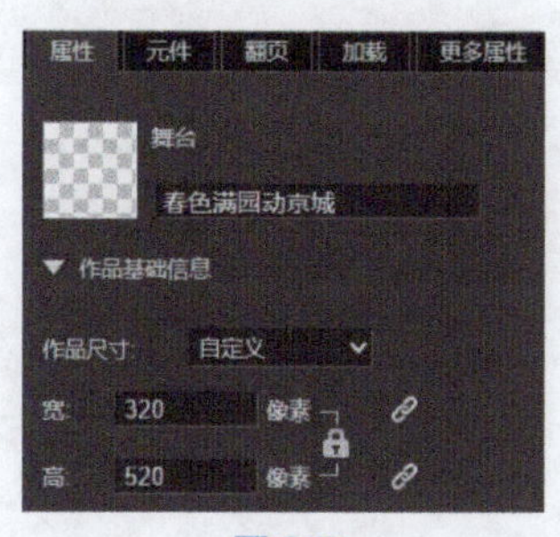

图 3.7

提示：【作品尺寸】下拉菜单中包括【竖屏】【横屏】【PC】【自定义】这4 个选项。其中，【竖屏】【横屏】选项主要是面向智能手机屏幕，【PC】选项是面向计算机屏幕，而【自定义】选项是供用户自行设置作品尺寸的选项。

用户进行自定义作品尺寸时应注意：当需要更改宽和高的比例时，须先单击宽、高输入框右侧的【锁定长宽比】按钮，使按钮图标变为开锁状态。

3. 为舞台添加背景色或背景图片和背景音乐

（1）为舞台添加背景色或背景图片

新建作品的舞台背景的默认颜色为白色，我们可以为舞台添加背景色，或添加背景图片。选中舞台，在【属性】选项卡中单击【填充色】右侧的小方块，弹出图 3.8 所示的调色板。在调色板中，R、G、B、A 值上滑动球的作用是调节色彩的色相，滑动滑动球，就可以选择不同的颜色。根据需要在调色板中点选和调整颜色后，小方框会显示当前所选的颜色。颜色确定后在调色板以外的地方单击即可返回。

图 3.8

若想为舞台添加背景图片，可选中舞台，在【属性】选项卡中单击【背景图片】右侧的图片添加按钮，弹出图片的【素材库】对话框。在该素材库中选中图片，单击【添加】按钮，如图 3.9 所示，即可将该图片设置为舞台背景图。

图 3.9

提示：图片被设置为舞台背景图后，会根据舞台的大小进行自动缩放，因此当图片的宽高比例与舞台的不一致时，图片就会变形。为避免图片变形，可预先将图片的宽高比例处理成与舞台的宽高比例相同或相近后，再将该图片上传至素材库中使用。

为舞台添加背景图后，【属性】选项卡中的添加按钮 + 将变为背景图片的缩略图。如果要将所添加的舞台背景图片删除，可单击该缩略图右上角的小图标。

（2）为舞台添加背景音乐

选中舞台，在【属性】选项卡中会出现【背景音乐】【图标大小】【图标位置】【声音图标】【静音图标】等与背景音乐设置有关的选项，如图 3.10 所示（其中，声音图标和静音图标是系统默认的图标）。

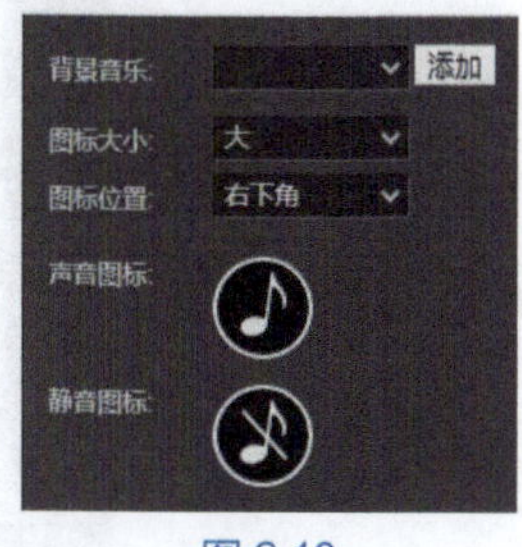

图 3.10

① 添加背景音乐。单击【背景音乐】选项右侧的【添加】按钮，弹出音频的【素材库】对话框，如图 3.11 所示。在【素材库】中选中合适的音乐，然后单击【添加】按钮，即可将该音乐设置为背景音乐。在【属性】选项卡中设置背景音乐，预览时默认的是自动播放。

② 更换音乐图标。单击【属性】选项卡中的【声音图标】按钮或【静音图标】按钮，弹出图片的【素材库】对话框。用户既可以在该素材库中找到合适的图标素材来替换声音图标或静音图标，也可自行制作图标导入素材库中替换使用。

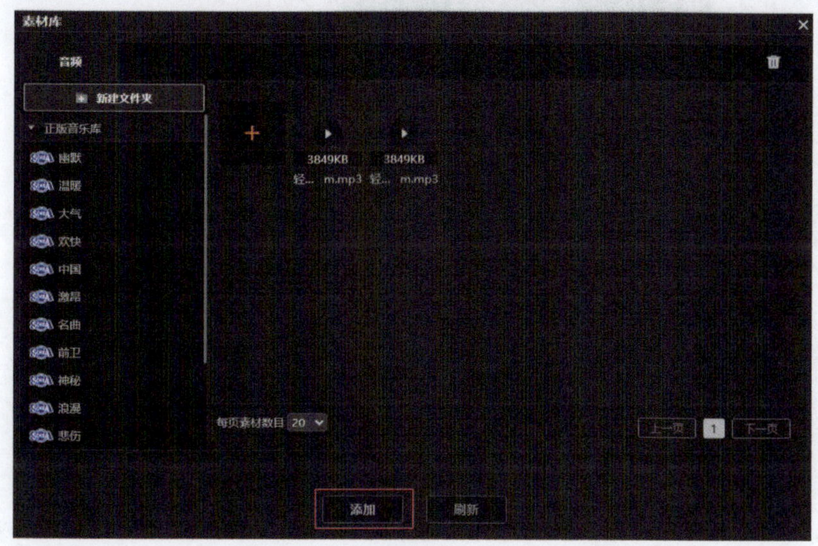

图 3.11

4. 加载页设置

在属性面板中单击【加载】选项卡，再单击【样式】设置框右侧的下拉按钮，选择加载样式，这里选【进度环】。然后，对该样式进行设置，其中【图片】和【前景图片】设置的是从素材库中选择的公有素材，设置内容和显示效果如图 3.12 所示。

5. 翻页设置

在属性面板中单击【翻页】选项卡，在选项卡中进行设置。其中，【翻页图标】设置的是从素材库中选择的公有素材。设置内容和显示效果如图 3.13 所示。

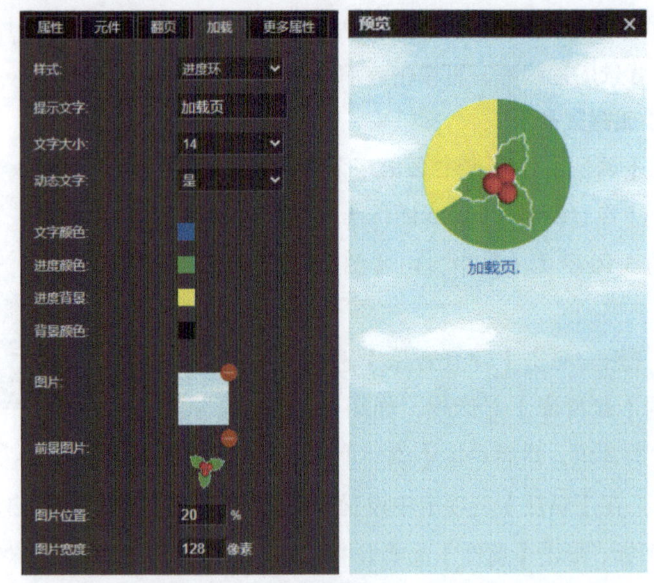

图 3.12

图 3.13

提示：预览设置的翻页效果时，至少需要有两个页面才能显示效果，所以这里可以在页面栏先添加一个新页面。

3.2.3 任务制作

1. 首页制作

（1）导入图片素材

① 单击工具箱中的导入图片工具，打开图片【素材库】对话框，找到并选中首页图片素材，单击【添加】按钮，即可将图片素材导入舞台。

提示：如果所需图片素材不在素材库中，需要先将图片从本地计算机导入素材库，操作步骤如下。

① 单击工具箱中的导入图片工具，打开图片【素材库】对话框，单击对话框中的添加图片按钮，弹出【上传文件】对话框，如图 3.14 所示。

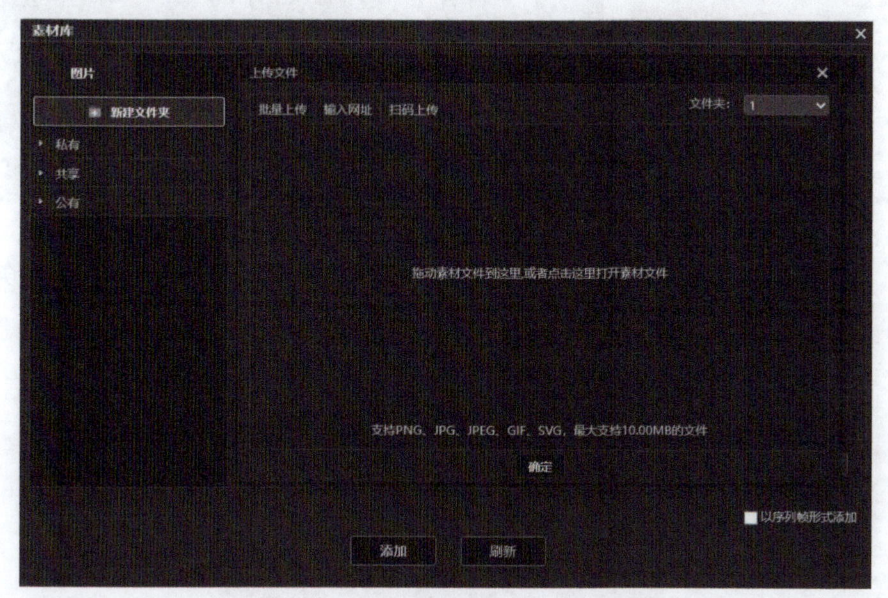

图 3.14

② 在【上传文件】对话框中的任意位置单击，弹出本地文件选择对话框，如图 3.15 所示（Windows 操作系统）。

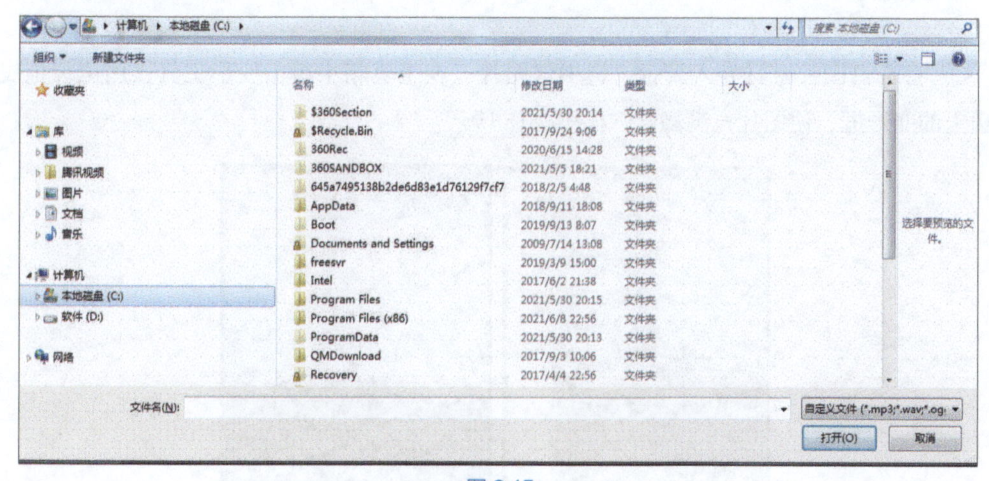

图 3.15

③ 在本地文件选择对话框中找到需要上传的图片文件，将其拖入【上传文件】对话框，或选中图片后单击【打开】按钮，如图 3.16 所示。

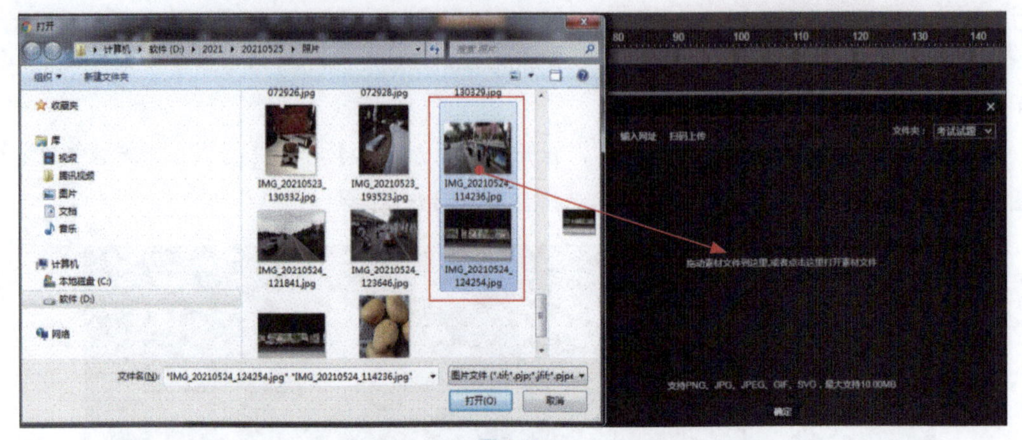

图 3.16

④ 拖入图片文件后，【上传文件】对话框中将显示出所上传的图片，如图 3.17 所示。单击【确定】按钮，图片素材文件即被添加到图片素材库。

图 3.17

---

② 将首页图片素材导入舞台，选中该图片，在工具箱中单击变形工具，用鼠标拖曳图片边上的变形框，使图片充满舞台，如图 3.18 所示。

图 3.18

提示：有时根据制作需要，我们要对图片进行透视旋转处理，这时可在属性面板中，对图片素材进行设置。

在【属性】选项卡中，有【透视度】【旋转】【X 轴旋转】【Y 轴旋转】几个设置项，制作作品过程中，可根据制作需要单独进行设置。但透视度的设置必须与 X 轴旋转和 Y 轴旋转相结合才能产生透视效果，即透视度 +X 轴旋转，或透视度 +Y 轴旋转，或透视度 +X 轴旋转 +Y 轴旋转。透视度、X 轴旋转、Y 轴旋转的设置适用于图形、图像、文字等物体。例如，对一个五角星图形进行透视度等设置后，效果如图 3.19 所示。

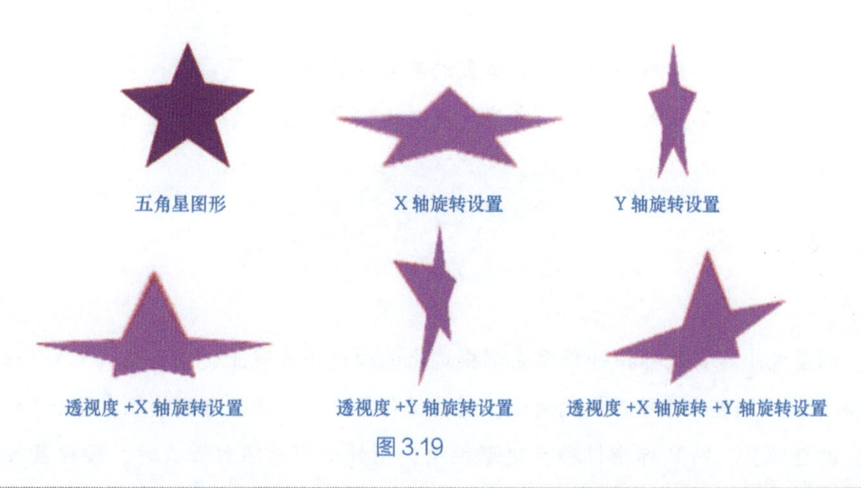

图 3.19

（2）输入文字并设置文字属性

首页中的文字包括标题、副标题和报道内容 3 部分文字。文字输入与属性设置的方法如下。

① 在工具箱中单击文字工具，然后将鼠标指针移到舞台上任意位置单击，舞台上则会出现一个文字输入框，如图 3.20 所示。

② 可在文字输入框中直接输入文字“春色满园动京城”，也可在【属性】选项卡的文字专有属性中的文字输入框中输入文字，如图 3.21 所示。然后，选中文字，在【属性】选项卡中设置文字的边框大小、填充色、字体、大小等属性，并调整文字在页面中的位置。

图 3.20

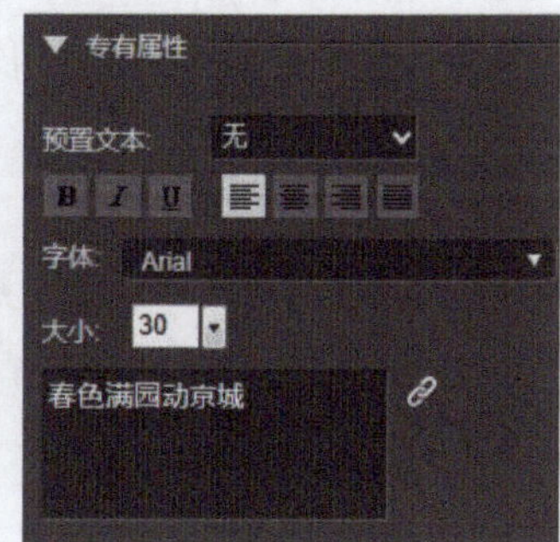

图 3.21

③ 用相同的方法输入副标题和报道内容文字，并设置文字属性和调整文字位置。首页文字属性的具体设置如表 3.1 所示。

表 3.1

文字	填充色	字体	大小（字号）	垂直对齐
标题	纯色	方正大黑简体	36	垂直居中
副标题	纯色	宋体	22	垂直居中
报道内容	纯色	宋体	14	垂直居中

提示：调整舞台上文字输入框的大小和位置的具体操作方法如下。

① 选中文字，单击变形工具，文字周围显示出变形框，如图 3.22 所示。

图 3.22

② 调整大小。将鼠标指针移至变形框边上的白色小方点上，指针变为双箭头时，按住鼠标左键拖曳，可调整文字输入框的大小。想要进行等比例缩放，可以按住【Shift】键拖曳鼠标。

③ 调整位置。将鼠标指针移至变形框中，指针变为十字形箭头时，按住鼠标左键拖曳，可调整文字输入框的位置。

④ 旋转。将鼠标指针移至变形框右上角的绿色圆点上，指针变为旋转箭头时，按住鼠标左键拖曳，可旋转文字输入框。

此外，在舞台上调整图片、图形、视频播放窗口、声音图标等的操作方法同上。

（3）绘制文字背景图形

在页面设计中，我们可以通过为文字绘制背景图形，使文字在背景图中呈现更好的显示效果，具体操作方法如下。

① 在工具箱中单击矩形工具，在标题文字上方绘制矩形图形。选中矩形图形，单击鼠标右键，在弹出的菜单中执行【排列】/【下移一层】命令，使矩形图形处于背景图之上、标题文字之下。

提示：若标题文字是在页面的顶层，那么执行一次【排列】/【下移一层】命令即可。但此处标题文字是最先输入的，不是在本页所有元素的顶层，因此需要执行多次命令，才可使矩形图形处于背景图之上、标题文字之下。

② 选中矩形图形，在【属性】选项卡中设置其属性，并调整其大小和位置。矩形图形属性的具体设置如表 3.2 所示。

表 3.2

基础属性	填充色	透明度/%
宽286像素，高116像素	纯色	15

2. 第 2 页和第 3 页制作

导入图片素材，输入文字，参照图 3.2 和图 3.3 所示的效果，调整图片、文字在舞台上的位置，并设置图片和文字的属性。具体参数设置略。

3. 第 4 页制作

第 4 页的制作内容包括导入视频和图片素材，输入介绍视频内容的文字。这里仅介绍导入视频和设置视频属性的具体操作方法。

（1）导入视频

在工具箱中单击导入视频工具，打开视频的【素材库】对话框，单击添加按钮上传视频素材，选中上传的视频素材，单击【添加】按钮，即可将视频素材导入舞台。

提示：视频素材与要求的格式或大小不同怎么办?

这时可以使用视频格式转换工具或视频压缩工具对视频进行处理。类似工具有很多，例如，安装了 WPS 后，就有自带的相关功能，打开存储视频素材的文件夹，在视频素材上单击鼠标右键即可看到相关功能的命令，执行【视频转换】或【视频压缩】命令，如图 3.23 所示，会分别弹出图 3.24 和图 3.25 所示的对话框，根据实际需要选择相应的选项进行转换即可。

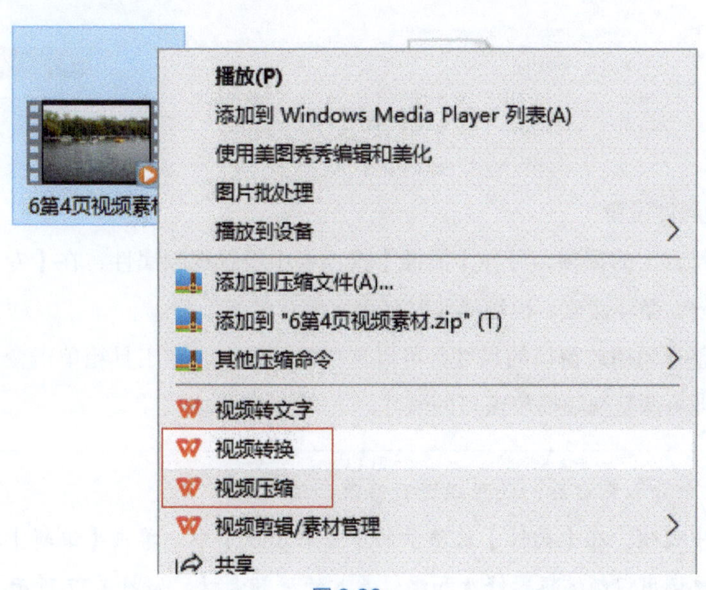

图 3.23

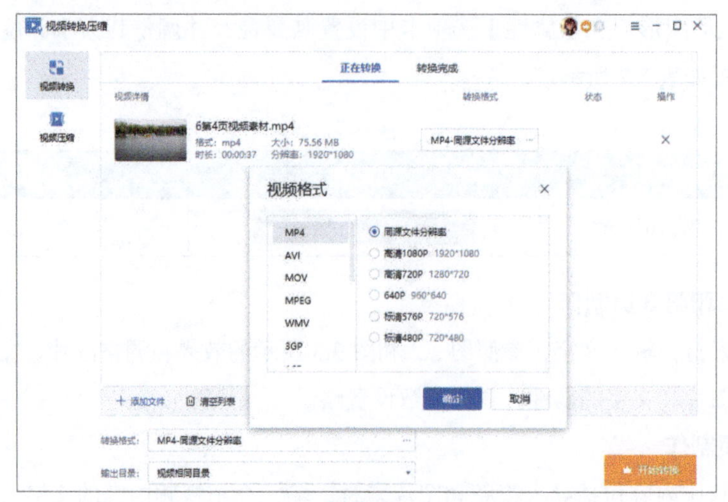

图 3.24

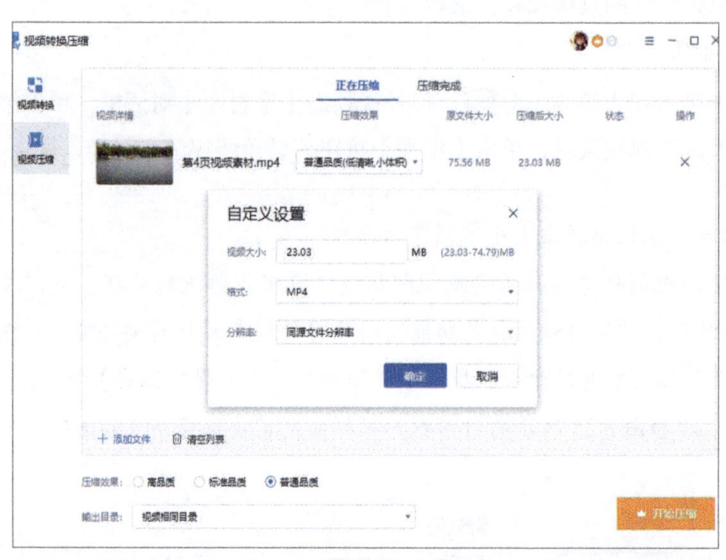

图 3.25

（2）视频属性设置

选中导入舞台上的视频，可在【属性】选项卡中设置视频属性，在【专有属性】中，可以设置自动播放、循环播放、视频播放时是否暂停背景音乐等。

如果想调整视频播放窗口的尺寸，可以选中视频素材，在工具箱单击变形工具，用鼠标拖曳变形框，即可调整视频播放窗口的尺寸。

提示：将视频素材导入舞台后，还可以进行修改和编辑吗？

可以。选中视频，在【属性】选项卡的【专有属性】中，单击【编辑】按钮，如图 3.26 所示，即可直接调用视频编辑器修改和编辑导入的视频素材，如图 3.27 所示。

图 3.26

图 3.27

4. 作品预览、保存、分享和发布

作品制作完成后，在工具栏中单击预览按钮，可预览作品效果；单击保存按钮，可保存作品；单击内容共享按钮，会弹出【内容共享】对话框，在对话框中自动生成了作品预览地址和二维码，便于用户将作品分享给他人预览作品效果，如图 3.28 所示。此外，在该对话框中，还可单击【前往发布页面】按钮，进入发布页面发布作品。

图 3.28

在工具栏中也有【前往发布页面】按钮，单击该按钮也可进入发布页面发布作品。作品的发布和作品管理的详细介绍在前面的 2.1.4 小节中有详细介绍，这里就不再赘述。

3.3 【任务 2】制作预置动画和长图效果——致敬春节里的城市守护者

扫码看案例演示

【任务描述】本任务是以“致敬春节里的城市守护者”为主题，制作一个融媒体新闻作品。作品需要使用图片、文字和视频等多种形式进行表现。

【目的和要求】学习本任务需要重点掌握的技能：预置动画，长图、翻页、拖曳等效果的设置与制作。

3.3.1 规划与设计

根据新闻主题，作品内容需要重点体现出春节和城市守护者两个要素。因此，可将作品内容规划为图 3.29 所示的结构。作品页面方向选择竖屏。结合春节节日背景，作品主色调选择代表传统节日喜庆寓意的红色。

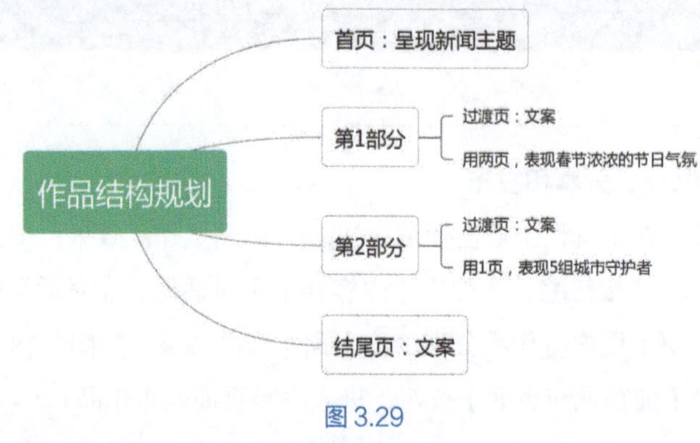

图 3.29

1. 首页（封面页）

首页内容包括封面背景图片和新闻标题文字。

标题：致敬春节里的城市守护者

2. 第 2 页

第 2 页是作品第 1 部分的过渡页，内容包括背景图片和文案。

文字：张灯结彩，浓浓的节日气息，热闹的集市，欢声笑语，寓意平安与喜乐的新年，已经到来！

3. 第 3～4 页

第 3 页用 4 张图片展示春节城市里热闹的景象，并为图片设置预置动画，使内容看起来更加生动。第 4 页用一个视频素材展示春节城市夜市的烟火气息，用一张长图展示节日活动的场景，这里需要为长图设置水平拖曳浏览的效果。

4. 第 5 页

第 5 页是作品第 2 部分的过渡页，内容包括背景图片和文案。

文字：在欢乐团聚的日子里，却总有那么一群人，在城市里各个被需要的地方，他们站好新年每一岗，将便利与安宁送进千家万户，守护每一位归家人！

5. 第 6 页

第 6 页用 5 张素材图片组合成长图，并配以文字，展示春节坚守在不同岗位的城市守护者们辛勤工作的场景。这里也需要为组合的长图设置水平拖曳浏览的效果。

文字 1：当人们还在睡梦中时，他们早已开启一天的工作，为城市的整洁默默付出

文字 2：他们用坚守与奉献诠释初心使命，为生命保驾护航，护佑百姓安康

文字 3：春节菜场“不打烊”，全力保障市民“菜篮子”，食安守护者奋斗在一线

文字 4：他们为民服务，用心又贴心，为群众们排忧解难

文字 5：举家欢乐之时，公安民警们 24 小时坚守岗位，守护城市和人民安全

6. 第 7 页

第 7 页是结尾页，内容包括背景图片和文案。

文字：他们都是平凡的存在，也有对家的思念，也会感到辛苦和遗憾，但正是因为这些平凡中的坚守，让温情更浓，让千家万户过上圆满的幸福年，感谢你们辛苦付出，每一位城市守护者！

3.3.2 任务制作

1. 基本页面设置

根据任务要求准备好素材后，新建一个 H5 作品，设置舞台尺寸为宽 320 像素、高 626 像素，在【翻页】选项卡中，将【翻页效果】设置为【三维翻转】，将【翻页方向】设置为【上下翻页】，并设置翻页图标，如图 3.30 所示。

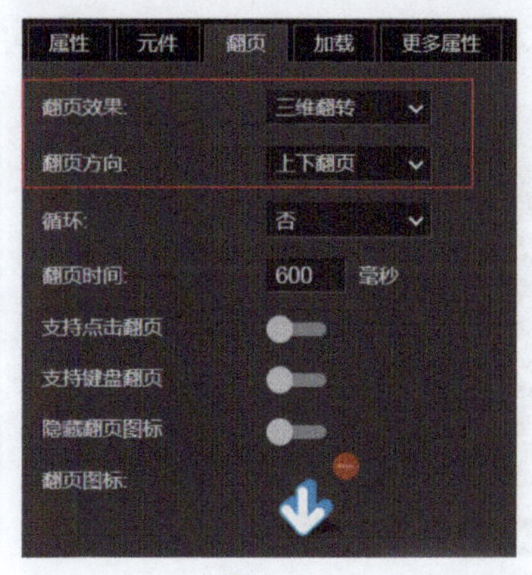

图 3.30

2. 首页与第 2 页制作

（1）新建文件，导入素材

在第 1 页和第 2 页导入背景图片，输入文字，并设置文字属性，效果如图 3.31 所示。这里需要将标题文字分成“致敬”“春节里的城市守护者”分别输入，方便下一步分别为它们设置不同的预置动画。

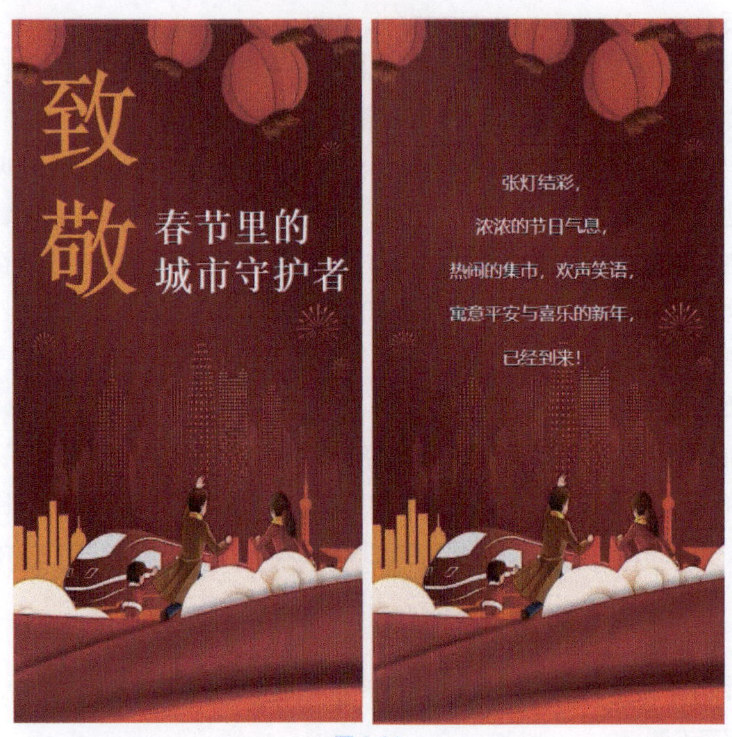

图 3.31

（2）为文字设置预置动画

① 选中文字“致敬”，单击文字框右下角的添加预置动画按钮，在弹出的对话框中可根据需要为文字选择合适的动画效果，这里选择【浮入】效果，如图 3.32 所示。之后，【属性】选项卡中就会出现预置动画的相关设置，这里使用默认设置即可，如图 3.33 所示。

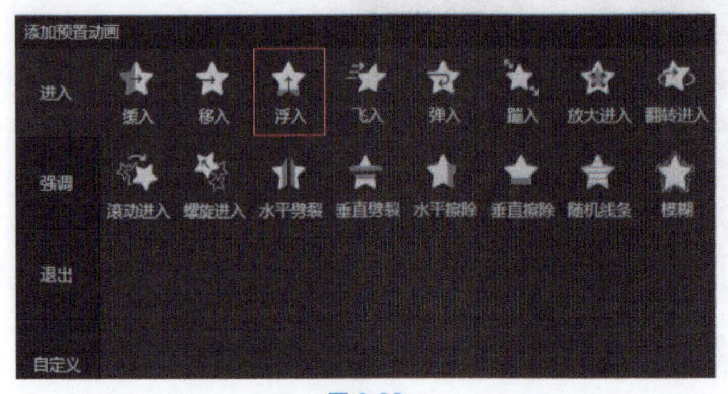

图 3.32

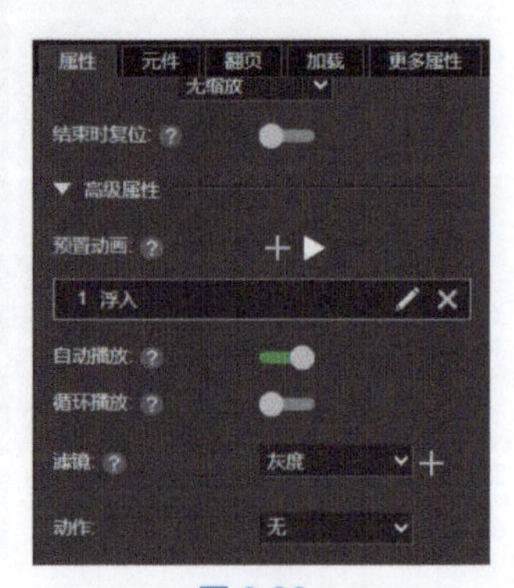

图 3.33

② 重复同样的操作，为文字“春节里的城市守护者”设置【放大进入】效果，如图 3.34 所示。这里要让文字的动画在“致敬”文字之后执行，可以在【属性】选项卡中【预置动画】处单击【动画选项】按钮，在弹出的对话框中将延迟设置为 1.5 秒即可，如图 3.35 所示，因为“致敬”文字的动画默认时长是 1.5 秒。

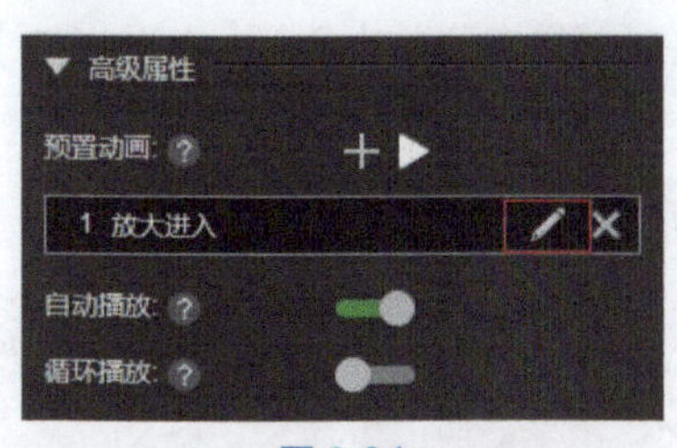

图 3.34

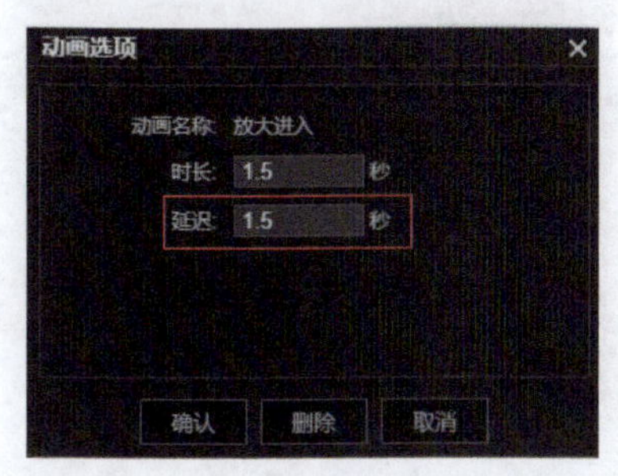

图 3.35

提示：①为物体设置完预置动画后，物体旁边会出现编辑预置动画按钮，单击该按钮可以修改动画选项。②再次单击添加预置动画按钮，还可以为该物体设置其他预置动画，每设置一个预置动画，物体旁边就会多一个编辑预置动画按钮。③若要删除预置动画，在【属性】选项卡中【预置动画】处单击删除按钮即可。

③ 重复同样的操作，为第 2 页的文字设置【浮入】效果。

3. 第 3 页和第 4 页制作

① 在第 3 页导入背景图，此处用的是平台公有素材（【素材库】/【公有】/【背景】/【中国风】/ 节日与腊梅 .png）。然后，导入 4 张图片素材，调整图片的尺寸和位置。分别为 4 张图片添加预置动画，具体参数设置如表 3.3 所示。

表 3.3

图片	预置动画	时长	延迟	方向
左上图	浮入	1.5秒	0秒	从左
右上图	浮入	1.5秒	1.5秒	从右
左下图	浮入	1.5秒	3秒	从左
右下图	浮入	1.5秒	4.5秒	从右

② 在第 4 页导入背景图（同第 3 页）。然后，导入视频素材，调整视频播放窗口的位置和大小。

③ 导入长图素材，调整图片大小，并调整图片的位置，使其左侧与视频播放窗口左对齐。在【属性】选项卡中，单击【拖动】选择框右侧的下拉按钮，在弹出菜单中选择【水平拖动】选项，如图 3.36 所示。

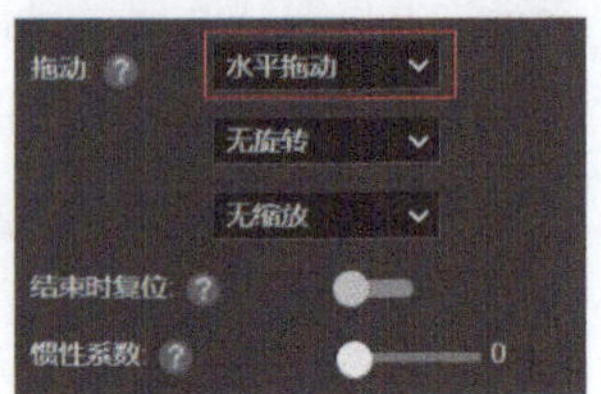

图 3.36

第 3 页和第 4 页制作完成后的效果如图 3.37 所示。

图 3.37

4. 第 5～7 页制作

① 第 5 页和第 7 页的制作方法同第 2 页，在此不再赘述。

② 在第 6 页导入背景图（同第 3 页）。然后，导入 5 张图片素材，调整图片大小，并调整图片的位置，将 5 张图片首尾相连排成一排，使 5 张图片的【高】参数相同，【上】参数相同。

③ 在每张图片下输入相应的说明文字，并设置文字属性。

④ 选中所有的图片和文字，单击鼠标右键，在弹出的菜单中执行【组】/【组合】命令，将所有的图片和文字组合成一个整体。

提示：按住【Ctrl】键，可用鼠标在舞台上同时选中多个物体。

---

⑤ 在【属性】选项卡中将组合后的图片设置为【水平拖动】。

提示：如果想将组合的长图限制在舞台内的一个区域中拖曳显示（即设置长图的播放窗口），可选中长图，在【专有属性】中，将【组类型】设置为【裁剪内容】，将【允许滚动】设置为【水平滚动】，如图3.38所示。然后，使用变形工具调整长图的宽度，并调整其在舞台上的位置，使其在舞台范围内可通过拖曳显示。需要注意的是，组合的图片之间必须无缝衔接，否则无法实现该效果。

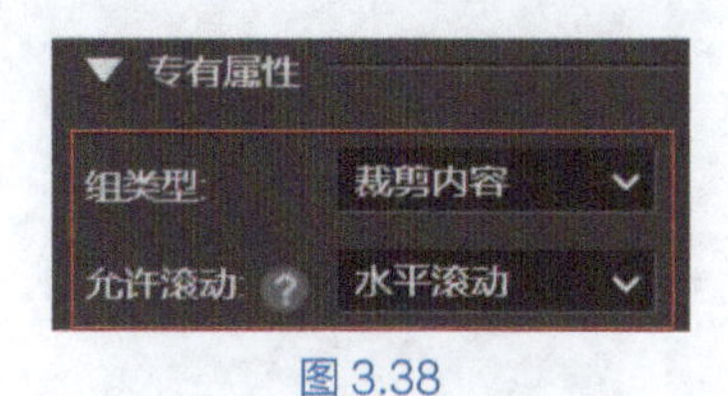

图 3.38

⑥ 导入骑行摩托车图片和车轮图片，调整图片的位置和尺寸，使车轮图片处于摩托车前轮位置。选中车轮图片，设置预置动画为【强调】/【旋转】效果，开启【自动播放】和【循环播放】（无限循环），并设置【动画选项】的参数，如图 3.39 所示。

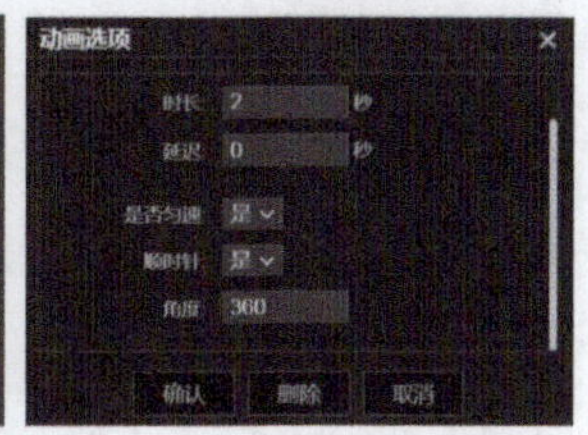

图 3.39

⑦ 使用矩形工具，在页面底部绘制一个矩形作为摩托车行驶的道路，调整矩形的位置和尺寸；设置【填充色】，如图 3.40 所示；设置预置动画为【强调】/【移动】效果，开启【自动播放】和【循环播放】（无限循环），并设置【动画选项】的参数，如图 3.41 所示。

图 3.40

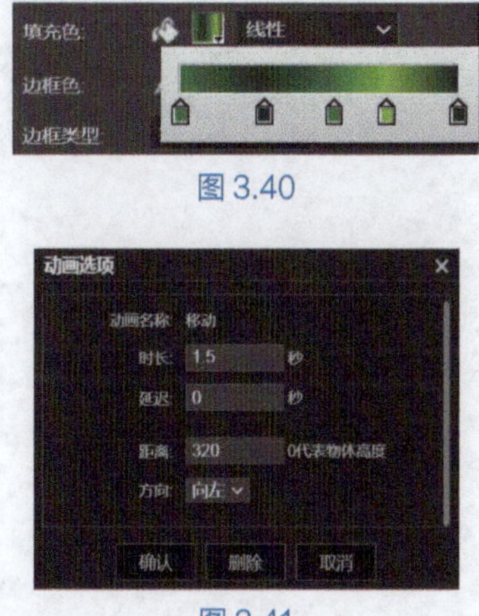

图 3.41

第 5 ～ 7 页制作完成后的效果如图 3.42 所示。

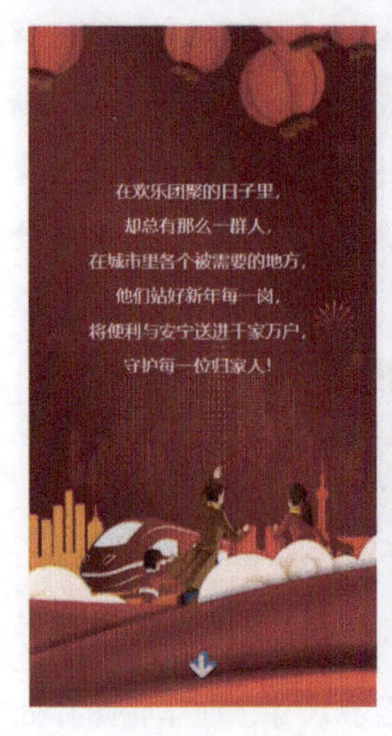

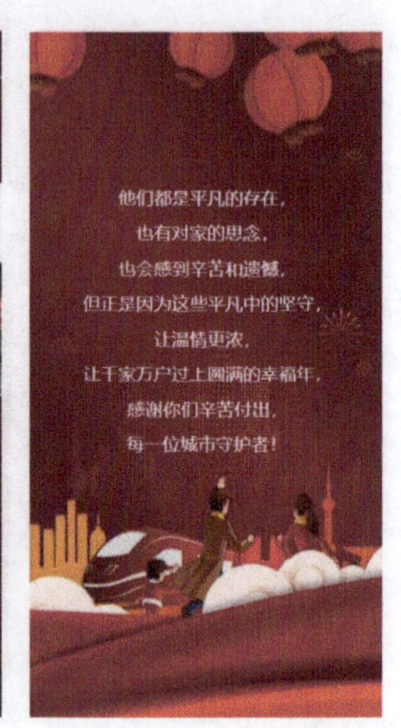

图 3.42

5．预览、保存和发布作品

预览效果，然后保存并发布作品。

3.4 模板的应用与生成

除了在 H5 专业版编辑器中，自己编辑和制作新闻内容外，还可以调用模板、购买模板、使用 H5 模板编辑器制作新闻内容。此外，还可以制作模板供后期复用。

1．调用模板

在编辑界面中页面栏最后一个页面的右下角单击从模板添加按钮，会弹出【打开内容库】对话框，通过该对话框可以调用各类模板，如图 3.43 所示。调用的模板可以直接编辑，进行二次创作。

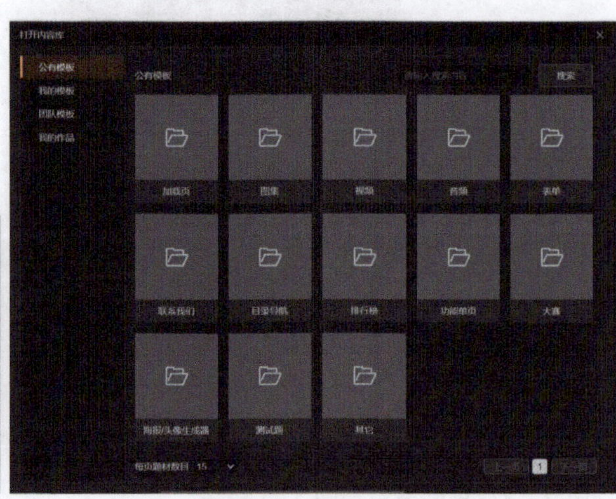

图 3.43

2. 购买模板

在木疙瘩平台首页上方的菜单栏单击【模板商城】，进入模板中心页面，可以选择和购买适合自己新闻主题的模板。我们可以对购买后的模板直接编辑、修改，进行二次创作。

3. 使用 H5 模板编辑器

除了使用 H5 专业版编辑器制作融媒体新闻作品，我们还可以使用 H5 模板编辑器制作。在 H5 模板编辑器中，有各类预置模板素材可直接选用和编辑，能满足快速生产融媒体新闻作品的需求。编辑后的模板可另存到自己的账号中。

4. 生成模板

我们可以将新闻制作中的一些通用内容制作成模板，这样可以方便在以后制作新闻作品时直接调用，提高新闻的生产效率。将作品转换为模板的具体操作方法，在 2.1.4 小节已详细介绍，这里就不再赘述。

第 4 章

交互页面设计与制作

交互设计是融媒体新闻交互设计中很重要的部分。本章主要介绍交互设计的基础知识，时间线、图层与帧，引导设计与按钮设计，以及交互页面的制作方法。

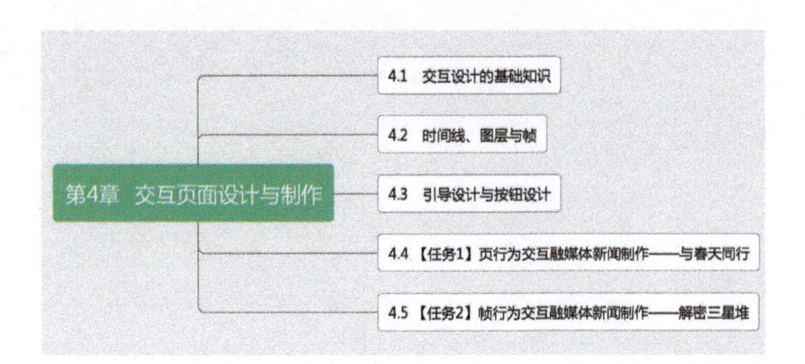

4.1　交互设计的基础知识

交互的目的是沟通，交互设计的目的是更好地沟通。交互设计是 H5 作品的重要特征之一。本节将对交互设计的概念、基本原则，以及交互过程进行介绍。

4.1.1　交互设计的概念

交互设计（Interaction Design）是指设计师通过创建用户与产品、服务或系统之间的互动方式，以达到更好的用户体验和用户满意度的一个过程。

交互设计定义了交流个体之间的内容和结构，使其相互配合，以达到需要实现的交互效果。在交互设计中，“构想”与“确定”是关键。“构想”是对未来的交互实现所进行的创造性想象，“确定”是对这一构想进行严格的审视与选择，最后用文字、符号或模型等将构想外化为一种定案的过程。由此可知，交互设计既是一种强调人的精神作用的创造性劳动，也是一种理性的科学行为。

交互设计的主要内容包括用户需求分析、任务流程设计、信息架构、界面设计等。设计师需要考虑用户的行为模式、心理需求、认知特点及使用环境等因素，以创建一个易于使用、具有吸引力、有意义的交互方式。

对于融媒体新闻作品来说，交互设计的内容不仅仅涉及作品页面的设计，也包括用户与作品之间各种交互方式的设计，如点击、滑动、拖拽、输入文字、语音识别等。通过合理的交互设计，可以帮助用户更方便地获取信息和完成任务，减少错误操作，提高效率，使用户在融媒体新闻作品中获得良好的阅读和互动体验。

4.1.2　交互设计的基本原则

交互设计的基本原则是为了确保用户与产品之间的互动能够简单、直观、有效，进而提供良好的用户体验。以下是一些常见的交互设计原则。

1．目标明确

交互设计的目标是通过提供确切的信息来引导用户的行为。因此，设计师要明确为什么需要进行交互设计、交互设计需要解决的问题是什么、交互起到的作用是什么。

通过交互设计，可以使交互双方建立起联系，使设计或改良的产品不仅实用、易用，而且易于学习掌握，帮助用户更好地达成目标，满足用户需求。因此，进行交互设计前需要了解目标用户的期望、使用心理及行为特点，并根据设计目标和要求，从人的感知、注意力、记忆、思维、动机等方面出发，剖析用户认知心理，用最佳的方式为用户提供服务。

例如，生活中常见的饮水机有两个出水操作按钮，设计师通常将热水口按钮设计成红色，将冷水口按钮设计成蓝色，如图 4.1 所示。设计师通过冷暖色来区分热水口和冷水口，使用户在心理上很容易接受和记忆，不容易出错。但是，如果不考虑交互双方的关系、行为和心理等因素，将两个出水口的操作按钮设计成了相同的颜色，或者将热水口按钮设计成冷色，将冷水口按钮设计成暖色，那么用户在使用过程中就很容易产生错误操作，导致被烫伤。

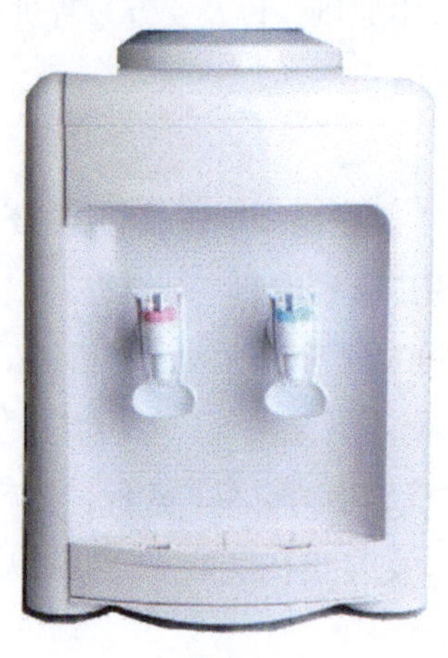

图 4.1

2. 易学易用性

在明确交互设计目标的基础上，设计应该追求简单明了，易于用户理解和学习，让用户能够迅速上手和快速掌握如何操作。

3. 交互逻辑清晰

交互逻辑清晰，才能有效引导用户正确操作，使用户获得顺畅的使用体验。清晰的交互逻辑在有效引导用户操作的同时，能够有效减少用户操作失误的概率。要使交互设计具备清晰的逻辑，应首先确保一致性。保持设计的一致性，使用户能够在不同环境下保持相同的交互方式和操作习惯。

4. 可视性

交互设计应使用户能清楚地知道界面上有哪些交互元素和功能，不应该有隐藏的或者难以被察觉的操作方式。

5. 可预测性和可控性

交互设计应考充分虑用户的期望和习惯，要能便于用户预测到产品的响应和结果。另外，交互设计还应确保用户有充分的控制权，使用户能够控制自己的交互过程，包括撤销、重做、暂停、停止等操作。

6. 有反馈机制

交互设计应有反馈机制，及时给予用户反馈，让用户明确了解自己的操作结果和当前状态。例如，在页面加载时，设计加载进度提示，使用户了解当前的加载状态。

7. 有容错机制

交互设计应有容错机制，提供合适的纠错提示，给用户尝试更正的机会，以避免用户因错误操作而受到严重影响。例如，选中文件名为“59729-PDF”的文件，然后进行删除操作，屏幕会弹出图 4.2 所示的对话框，提示用户确认删除此文件的操作，以避免用户误删文件。

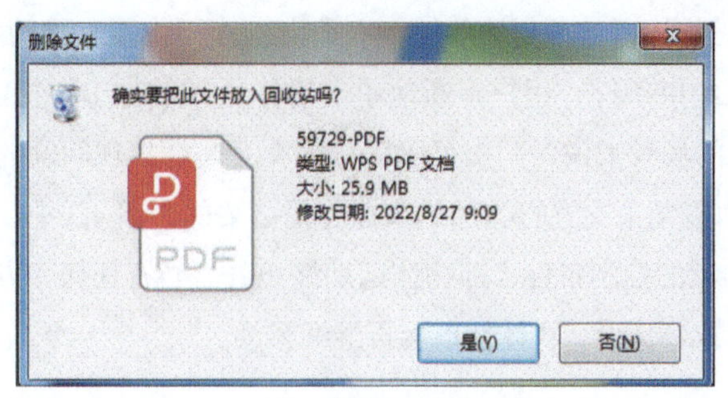

图 4.2

上述原则是在交互设计中应考虑的一些基本原则，具体的交互设计原则还会因不同的产品和用户群体而有所不同，但这些原则可以作为设计师的参考。总之，交互设计应当尽可能地替用户着想，提高用户操作效率，提升用户体验感，并尽可能避免错误操作的发生。

4.1.3 交互过程

1．控制与被控制

交互过程可以被理解为是交互双方控制与被控制的过程，也可以被理解为是主动与被动的过程。信息技术中，交互双方通常是用户通过显示屏与软件、应用程序等进行互动，来实现交互目标。因此，交互产品需要展现出很严谨的逻辑，这就要求设计师和制作者必须明确产品交互的逻辑和需要的交互效果是什么，明确交互过程中的控制者（主控）和被控制对象，即在交互中是谁控制谁。图 4.3 示意出了这样一个场景：一条水平线上有 30 格，水平线的两端，分别有 A、B 两个物体，其中物体 A 占用 3 格，物体 B 占用 4 格。

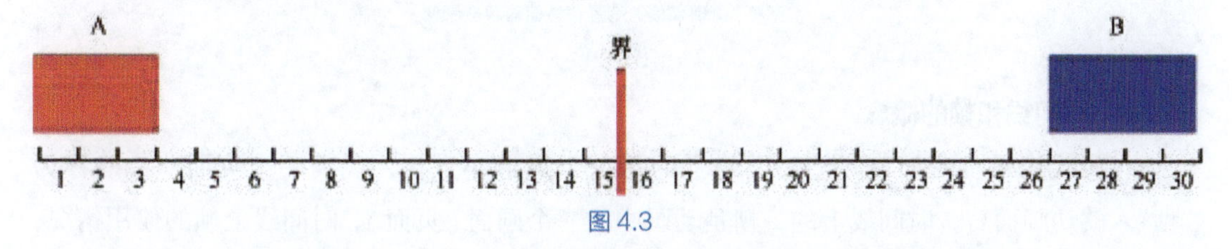

图 4.3

图 4.3 所示的场景中，如果 A、B 两个物体之间需要交互，就要明确物体 A 与物体 B 之间交互所产生的效果是什么，物体 A 与物体 B 在交互过程中是谁控制谁。

如果要求物体 A 与物体 B 要实现的交互效果是单击物体 A 一次（即对物体 A 发出一次指令），物体 A 向物体 B 的方向移动 2 格，同时物体 B 向物体 A 的方向也移动 2 格。那么，此交互行为是物体 A 控制物体 B。同理，如果单击物体 B 一次（即对物体 B 发出一次指令），物体 B 向物体 A 的方向移动 2 格，同时物体 A 向物体 B 的方向也移动 2 格，此交互行为就是物体 B 控制物体 A。

2. 交互控制条件分析

交互是一个行为过程，一定要有开始，有结束，并且通常开始和结束都要有约束条件。图 4.3 中，单击物体是物体运动的起始条件，也是物体 A 与物体 B 之间实现交互的约束条件。如果没有交互的结束约束条件，用户不断地单击物体 A 或物体 B，物体就会无休止地运动。对于有显示区域限制的场景来说，超出显示区域的交互是会出现问题的，有可能给系统带来“灾难”性后果。所以有结束交互行为的约束条件是必要的。图 4.3 中，中间的红色竖线位置（即“界”）就是其结束的控制条件，即物体运动终止处。当有任何一方到达该位置时，不论再单击多少次物体 A 或物体 B，物体都不会再继续移动。

4.2 时间线、图层与帧

本节将介绍时间线、图层和帧的概念，以及图层的操作，帮助大家了解帧的类型、特点及各类帧之间的关系。掌握各类帧的操作是制作交互产品的技术基础。

4.2.1 时间线、图层和帧的概念

时间线位于作品编辑界面的工具栏下面，其作用是进行页面编辑和动画编辑，如图 4.4 所示。

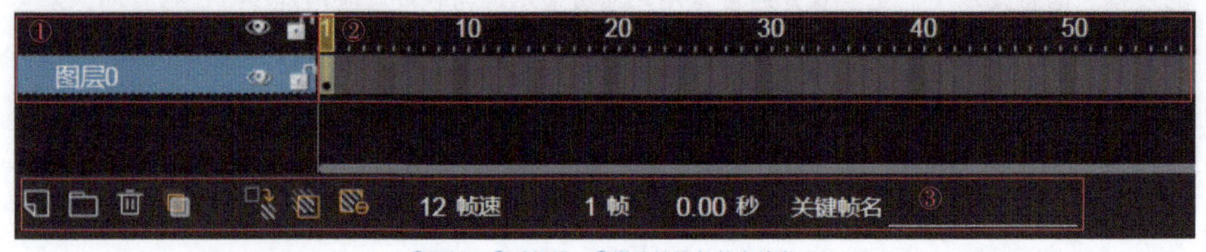

①图层 ②时间线 ③操作按钮与状态信息

图 4.4

1. 时间线和帧的概念

时间线表示的是时间段。时间线上的每一个矩形小方块，代表一个页面，一般称为“帧”。就动画而言，时间线上的一帧是动画中的一个画面（页面）。时间线上帧的使用情况，精确地反映出了动画播放时长、动画起始位置和终止位置等。制作动画时，往往以时间线为参考，来调整动画的播放时间、播放速度、播放顺序等。

2. 图层的概念

图层就像叠在一起的透明纸，每一张透明纸上有图像的地方是不透明的，没有图像的地方是透明的，上面图层的透明区域可以显示出下面图层的图像。因此，图层顺序体现着舞台上物体之间的叠加次序，其在某种程度上也决定了作品（包括动画和静止物体）在舞台上显示的最终效果。理论上，时间线上可以叠加无限个图层。

对于动画，图层的作用更加重要。如果在同时间段页面上需要呈现出多个动画效果，每个动画效果需要用一个图层制作。

4.2.2　图层及基本操作

图层的操作包括新建图层、删除图层、新建图层夹、展开图层夹、删除图层夹、锁定图层、显示图层内容和隐藏图层内容，以及调整图层顺序等操作。图层的各种状态如图 4.5 所示。

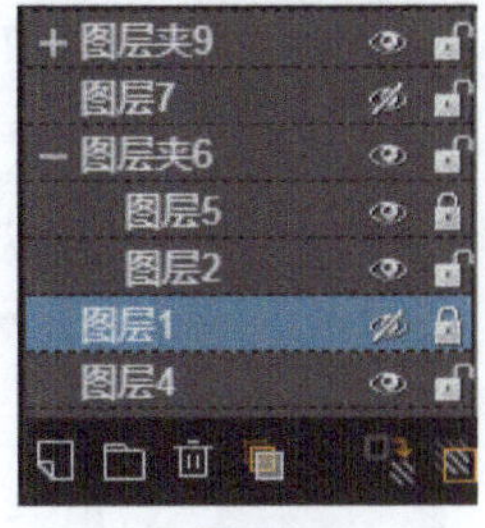

图 4.5

图 4.5 中，为待展开图层夹状态符，为展开图层夹状态符，为锁定图层状态符，为解锁图层状态符，为隐藏图层内容状态符，为显示图层内容状态符。为【新建图层】按钮，为【新建图层夹】按钮，为【删除图层】按钮。

1. 图层状态转换操作

单击图 4.5 中的状态符，可改变图层状态。其中，与为相对关系，与为相对关系，与为相对关系。

2. 删除图层夹操作

删除图层夹与删除图层的操作相同，但图层夹被删除后，图层夹中的图层被保留。

3. 图层展示操作

在图层比较多的情况下，需要展示所有图层或减少图层显示数量时，可将鼠标指针移至作品编辑区上边的界线处。当界线处出现调整图层显示数量的符号“↕”时，按住鼠标左键不放，上下移动鼠标指针可调整图层显示数量。

4. 调整图层顺序的操作

① 选中需要调整顺序的图层。

② 按住鼠标左键，将选中的图层拖曳至指定的图层位置。

4.2.3　帧类型及其基本操作

1. 帧的分类

在时间线上，帧主要有普通帧、关键帧和空帧这 3 种。图 4.6 所示的是只有一个图层的时间线。该时间线上灰色部分的帧（第 2 ～ 10、12 ～ 28、30 ～ 39、41 ～ 49 帧）是普通帧；带有小圆点的帧为关键帧，其中，黑点关键帧（第 1、29、40、50 帧）为非空关键帧，即在舞台上添加了物体的关键帧；白点关键帧（第 11 帧）为空关键帧，即在舞台上没有添加物体的关键帧；第 50 帧之后的帧为空帧，空帧是在时间线上还没有添加页面的帧。需要注意：在空关键帧之后至下一个关键帧之前的普通帧是空白普通帧（第 12 ～ 28 帧），这些帧页面上没有添加任何物体，也称空白帧。

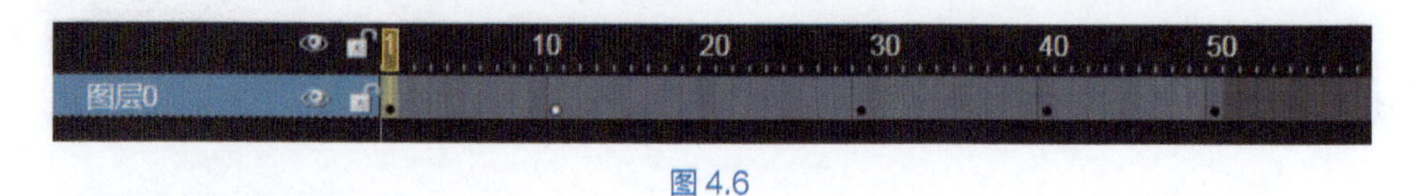

图 4.6

2. 各类帧的特点及相互关系

在图 4.6 所示的时间线上，各帧所对应的舞台页面效果分别如图 4.7 至图 4.12 所示。其中，图 4.7 对应第 1 ～ 10 帧，图 4.8 对应第 11 ～ 28 帧，图 4.9 对应第 29 ～ 39 帧，图 4.10 对应第 40 ～ 49 帧，图 4.11 对应第 50 帧，图 4.12 对应第 50 帧之后的所有帧。

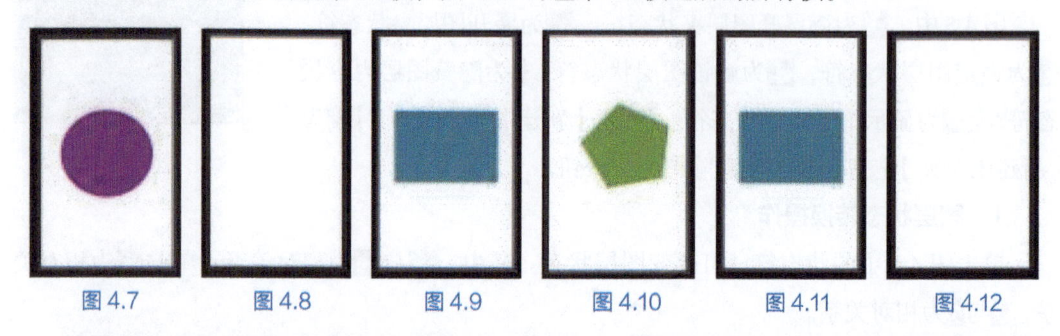

图 4.7　图 4.8　图 4.9　图 4.10　图 4.11　图 4.12

根据所列出的不同帧在舞台上的画面，可以看出不同帧具有的特点，以及帧与帧之间的关系。

① 关键帧是转换舞台画面的帧。在时间线上，出现一个关键帧就表明舞台上的画面在该关键帧及之后有可能发生变化。

② 如果关键帧位置上没有添加任何物体，那么，在下一个关键帧出现之前的所有帧（普通帧）上都不会有物体出现，舞台就成为了一个空舞台。

③ 如果将鼠标指针定位在一个空关键帧之后（下一个关键帧之前）任意帧位置，并在舞台上添加了物体，则空关键帧就会变成非空关键帧，此间的所有帧也从没有物体的普通帧（空白帧）变成有物体的普通帧。

提示：注意空白帧与空帧的区别。

---

3. 帧操作的先决条件

帧的操作都是在时间线上完成的。对所有帧进行操作的先决条件是要选中帧所在的图层，并解锁该图层和显示该图层的内容。

4. 定位帧和选择帧的操作

定位帧和选择帧的操作是对帧进行各种操作的基础，必须掌握好这两个操作。

① 定位帧操作：在时间线上，将鼠标指针移至指定帧的位置，并单击。

② 连续选择多帧的操作：将鼠标指针移至时间线的某一帧位置并单击，按住鼠标左键拖曳至另一帧的位置，松开鼠标左键。

5. 帧的编辑操作

（1）插入帧、删除帧操作

不论是插入帧操作，还是删除帧操作，都需要先确定帧的位置，选中帧（可多选），然后单击鼠标右键，在弹出的下拉菜单中执行相应的操作。下拉菜单如图 4.13 所示。

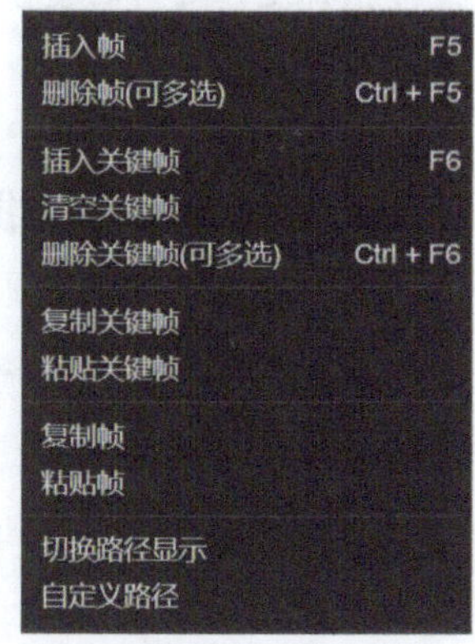

图 4.13

例如，在图 4.6 所示的时间线第 11 ～ 28 帧之间，添加 5 帧，则可以用鼠标在第 11 ～ 28 帧之间选中任意连续的 5 帧，然后单击鼠标右键，在弹出的下拉菜单中执行【插入帧】命令。

如果需要在空帧位置插入帧，则可直接将鼠标指针移至空帧位置，然后单击鼠标右键，在弹出的下拉菜单中执行【插入帧】命令。

（2）复制帧操作

图 4.14 所示的是时间线上的帧设置情况。

图 4.14

① 选中需要复制的帧。对于有关键帧的时间线来说，复制帧所选择的帧，必须包括起始关键帧在内的一段或多段完整的“帧区间”。图 4.15 所示的是选中了图 4.14 中包括关键帧在内的一个完整的区间（第 21 ～ 31 帧）。

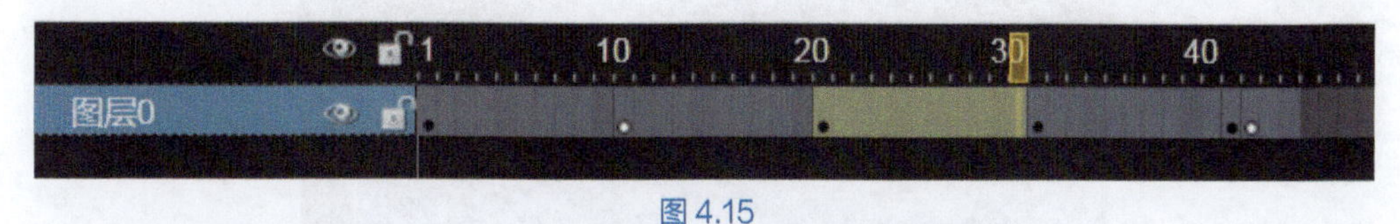

图 4.15

② 单击鼠标右键，在弹出的下拉菜单中执行【复制帧】命令。

③ 将鼠标指针移至时间线第 1 个空帧位置，如图 4.16 所示。

图 4.16

④ 单击鼠标右键，在弹出的下拉菜单中执行【粘贴帧】命令，效果如图 4.17 所示。

图 4.17

提示：如果鼠标指针移至时间线的空帧位置之前还有一些空帧，在执行【粘贴帧】命令后，鼠标指针定位之前的空帧会被自动添加上帧。如果仅复制关键帧，则只需选中需要复制的关键帧即可。

6. 洋葱皮的概念与操作

使用木疙瘩制作动画时，同一时间点只能显示动画序列中的一帧内容，但有时需要同时查看多个帧，这时就需要使用洋葱皮工具。激活洋葱皮工具前，舞台上当前在编动画的显示效果如图 4.18 所示；单击时间线下的【洋葱皮】按钮，激活洋葱皮工具，此时洋葱皮对应的帧显示区域的提示标识如图 4.19 所示，舞台上在编动画的显示效果如图 4.20 所示。

图 4.18

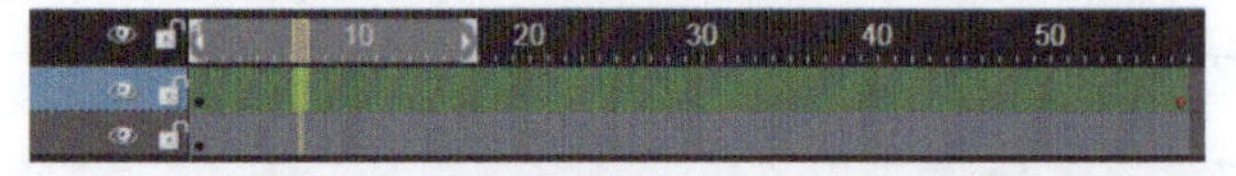

图 4.19

图 4.20

4.3 引导设计与按钮设计

引导设计与按钮设计是交互设计的重要内容，其对用户的操作体验感和作品的传播等有着重要的影响。

4.3.1 引导设计

引导设计（Onboarding Design）是指在用户初次使用产品或服务时，通过提供指导和提示等方式，帮助用户快速了解和掌握产品的功能和操作方法的设计过程。引导设计的目的是降低用户的学习难度，提供良好的用户体验，增加用户的参与度和留存率。在交互界面中，设计师可通过色彩、图形、图像、文字、视频、音频、动画等方式来实现引导设计。

这里，我们通过一些生活中常见的引导设计帮助大家理解引导设计的概念和目的。例如，图4.21所示的这些场景，就是通过文字、图形标识、装置等方式，来为人们提供相应的引导服务。

慢行提示

乘车线路和方向指引

护栏

盲道

购买介绍提示

分类指引

图4.21

引导设计需要结合产品的特点和用户需求来设计，既要提供足够的信息和指导，又要避免给用户带来烦琐或厌烦的体验。一个好的引导设计能够让用户尽快了解和掌握产品，减少用户的困惑和误解，提高用户的满意度和使用效果。了解以下原则，可以帮助我们做出好的引导设计。

- **简洁明了：**引导过程应该简洁明了，不要给用户带来过多的信息和步骤；尽量精练和概括关键信息，确保用户能够快速理解和掌握。
- **渐进式递进：**引导设计应该依次引导用户完成不同的步骤和操作，逐步递进，不能一次性给用户传递过多复杂的信息，而应该以渐进的方式引导用户完成任务。
- **衔接上下文：**引导设计应该衔接上下文，即根据用户的操作和情境，在用户最需要的时候提供指导和提示。
- **易跳过或取消：**引导设计应该允许用户自由选择是否参与引导，以及可以随时取消或跳过引导，确保用户有自主权和控制权。
- **提供示范：**合理利用示范或演示来展示产品的特性和使用方法，让用户可以通过示范来学习和模仿。
- **及时反馈：**在用户完成每个引导步骤后，及时给予反馈，使其掌握操作的进展。
- **个性化：**根据具体的产品、用户的个人特点和偏好，提供个性化的引导设计。例如，根据用户的身份或兴趣定制引导内容，以提高用户的参与度和体验感。
- **可追溯性：**为用户提供引导历史或回顾功能，让用户可以随时回顾之前的引导内容。

4.3.2 按钮设计

按钮是一种常见的交互元素，用户在界面上点击按钮，可以触发相应的操作或功能。按钮设计的目标是使用户能够直观、方便地理解和使用按钮，进而提供良好的交互体验。例如，电梯中的操作按钮，可以帮助乘客选择楼层、控制电梯门的开关等，当乘客按下楼层按钮后，按钮还有亮起的提示，如图 4.22 所示；银行取款机上也设置有许多按钮，来引导用户根据提示进行取款、查询余额、存款等操作，如图 4.23 所示。

图 4.22

图 4.23

按钮设计通常需要考虑以下几个方面。

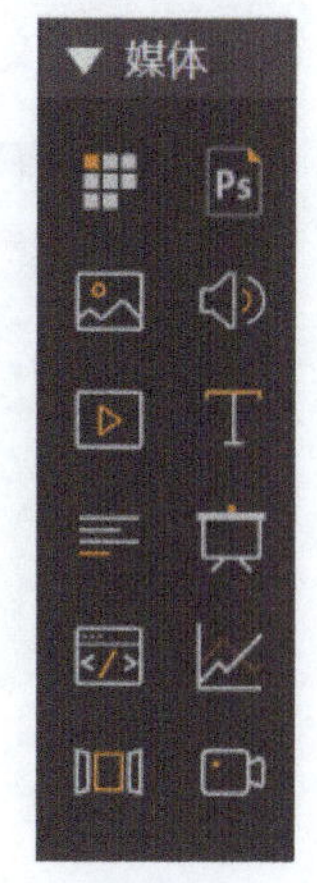

图 4.24

- **易识别性：**按钮设计应考虑用户的行为习惯和使用场景，应能与其他元素明显区分开来，具有辨识度，设计师可以使用不同的颜色、形状、图标等视觉元素来突出按钮的特点，同时还应保持设计的一致性。例如，木疙瘩平台中的工具按钮设计，既突出了每个按钮的特点，又兼顾了用户对类似功能按钮的接受习惯，还使用了统一的设计风格，使新用户能够很轻松地记忆和识别每个按钮的功能，如图 4.24 所示。
- **易点击性：**按钮的点击区域在适当范围内应该足够大，以便用户能够轻松点击，避免用户因点击难度大而错误操作，此外，按钮设计还需要考虑到界面大小，并且确保按钮间有足够的间距。
- **易理解性：**按钮应使用简洁明了的文字或图标，来清晰地表达其功能或操作，避免使用模糊、抽象或晦涩的表达方式。
- **反馈性：**按钮在被点击或对其有触发操作后，应该给予用户明确的反馈，以及能清晰地表明其当前的状态，如通过改变按钮的颜色、形状或边框来表示按钮的不同状态（如激活、禁用、选中等）。例如，图 4.25 所示的心形按钮，不仅通过实心和空心显示了是否点赞的状态，还在按钮上方显示了点赞的数量，给了用户明确的操作反馈；而图 4.26 所示的按钮设计就没有考虑到这两点。

图 4.25

图 4.26

在融媒体新闻作品中，按钮是用于实现交互的最重要的设计元素。常用的按钮交互类型有以下几种。

- **图形控制页面的操作按钮：**用户点击图 4.27 所示的叶片图形按钮，可跳转到另一个页面。
- **图形控制图形的操作按钮：**制作一个透明矩形（将矩形透明度设为 0），将其放在小猫的身体上，并将其与小猫的手臂进行关联，当用户点击小猫的身体（透明矩形区域），小猫前臂开始摇摆，再次点击小猫身体，小猫前臂停止摇摆，如图 4.28 所示；方向盘和红色的圆形图形都是操作按钮，转动方向盘，炮管向相应的方向转动，点击红色的圆形图形可以发射炮弹如图 4.29 所示。

文字控制页面的操作按钮：如图 4.30 所示，文字“昆明老街”和“重庆市井”是操作按钮，点击相应的文字将跳转到相应页面。

图 4.27

图 4.28

图 4.29

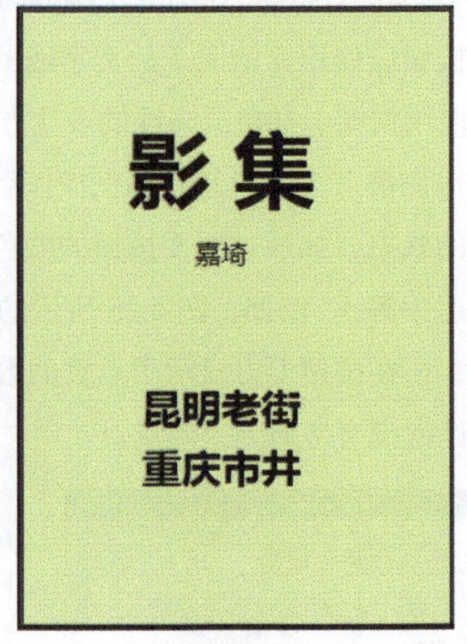

图 4.30

在木疙瘩平台 H5 编辑器图片素材库的【公有】/【图标】中，有大量的按钮素材可选择和使用，如图 4.31 所示。

图 4.31

4.3.3 帧行为与页行为设置

在木疙瘩平台，交互页面的制作主要是通过设置物体的行为和触发条件来实现的。因此，行为与触发条件及其参数的设置，是制作交互作品必须掌握的知识点。

1. 行为、触发条件和参数的概念

行为是一些链接功能的集合。在木疙瘩中，行为主要用于解决帧链接和页链接，以及物体和物体之间的交互问题（这里可以将交互理解为控制与应答），相当于帧的超链接、页面之间的超链接或物体之间的超链接。触发条件是激活行为的方式。参数用于对行为执行条件、行为对象属性等进行设置。

2. 行为设置

行为可以添加在舞台中任意物体（元素）上。例如，选中页面上的任意一个物体，在工具箱中快捷工具处于显示状态的情况下，该物体右下角会出现两个按钮，一个是【添加预置动画】按钮，另一个则是【添加/编辑行为】按钮。单击【添加/编辑行为】按钮，弹出【编辑行为】对话框，对话框中列出了包括【动画播放控制】【媒体播放控制】【属性控制】【微信定制】【手机功能】和【数据服务】等行为设置选项，如图 4.32 所示。单击行为设置选项之前的“+”，就会弹出具体的行为选项列表。

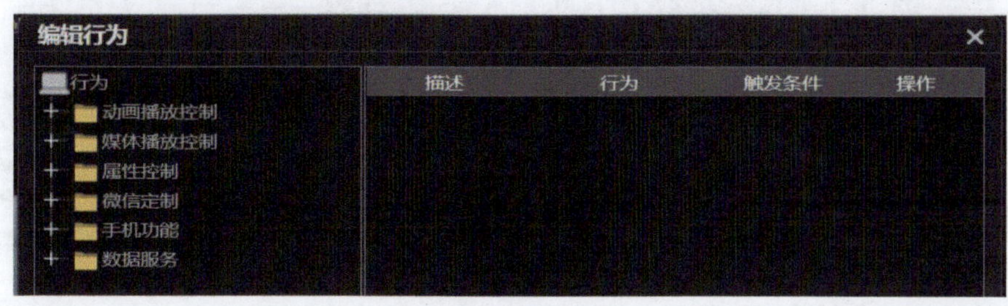

图 4.32

3. 触发条件设置

在【编辑行为】对话框中，选中某个具体行为后，单击【触发条件】下方触发条件选择框右侧的下拉按钮，将弹出【触发条件】列表。【触发条件】列表中，除包括【点击】【出现】【鼠标移入】【鼠标移出】【手指按下】【手指抬起】等触发条件外，还包括图 4.33 所列出的触发条件。深刻认识和理解触发条件的作用及其使用方法非常重要。

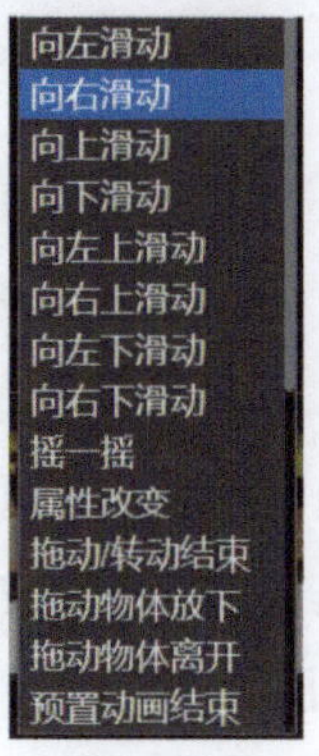

图 4.33

当作品中设置的行为较多时，应在【描述】下方的输入框中进行备注，以方便管理。

4. 参数设置

对物体进行行为和触发条件的设置后，往往还需要对所设置的行为和触发条件（行为方式）进行参数设置。

设置参数的方法是在设置完行为和触发条件后，单击【编辑】按钮，弹出对应的【参数】对话框，之后根据功能要求完成参数设置，输入内容信息。

提示：行为和触发条件的组合不同，【参数】对话框中所出现的参数项目、参数设置和需要输入的信息也会不同。

---

5. 删除行为操作

删除行为只需单击处于行为和触发条件所在行最右侧的【删除】按钮☒即可。

4.4 【任务 1】页行为交互融媒体新闻制作——与春天同行

扫码看案例演示

【任务描述】本任务以“与春天同行”为主题，利用页交换技术、按钮技术和给定的图片素材、音乐素材和视频素材制作一个报道春天，游客在公园游园的 H5 交互新闻。

【目的和要求】由于本任务主要是用于教学，因此制作作品时，仅以玉渊潭公园和奥林匹克森林公园为背景，并各选用两张照片进行创作。

根据任务描述制作 5 个页面，页面采用竖版。学习本任务需要重点掌握的技能：按钮设计与制作方法、利用按钮进行页跳转设置方法等。

4.4.1 规划与设计

作品结构规划如图 4.34 所示。

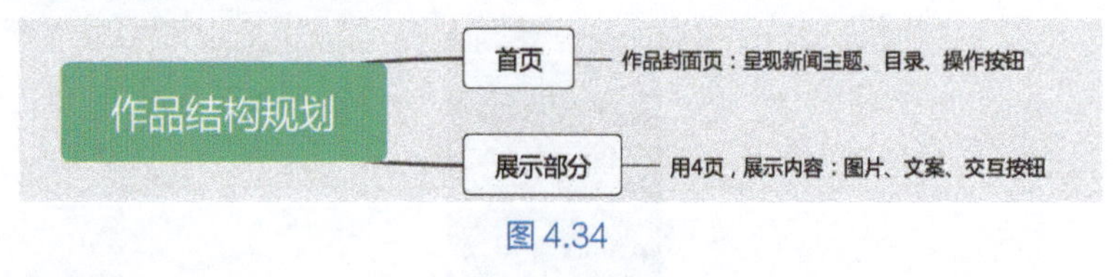

图 4.34

1. 首页（封面页）

首页内容包括封面背景图片、新闻标题和副标题文字、用于做玉渊潭公园和奥林匹克森林公园目录背景的图片、文字操作按钮。文字操作按钮设置有预置动画，以便用户识别和操作。单击操作按钮，进入相应的展示页面。

标题：与春天同行

副标题：暖春北京公园游园纪实

文字按钮文字：玉渊潭公园、奥林匹克森林公园

页面结构如图 4.35 所示。

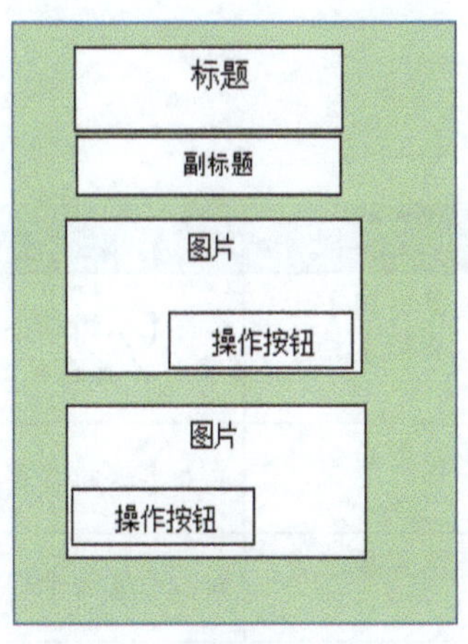

图 4.35

2. 第 2～3 页

第 2 页和第 3 页是展示玉渊潭公园春景页，内容包括玉渊潭公园春景图片、文字和跳转操作按钮，以及装饰动图。单击跳转操作按钮，跳转至相应的页面。

第 2 页文字：玉渊潭春色似江南水乡

第 3 页文字：玉渊潭花海

页面结构如图 4.36 所示。

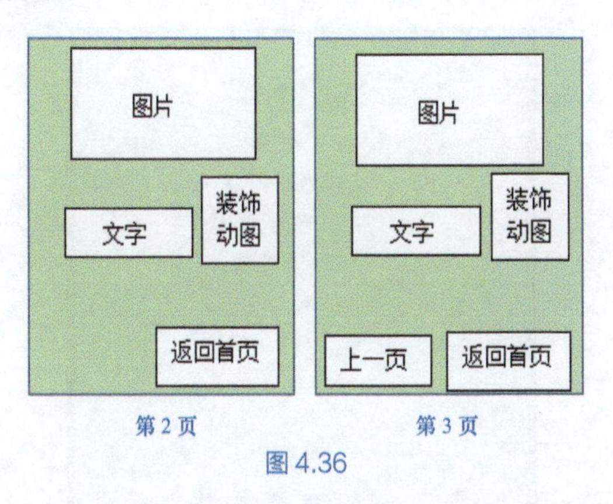

图 4.36

提示：本例中，翻页到下一页的操作按钮所利用的是系统默认的翻页设置。

3. 第 4～5 页

第 4 页和第 5 页是展示奥林匹克森林公园春景页，内容包括奥林匹克森林公园春景图片、文字和返回操作按钮，以及装饰动图。

第 4 页文字：奥林匹克森林公园春色

第 5 页文字：奥林匹克森林公园内游客戏水

第 4 页和第 5 页的页面结构分别与第 2 页和第 3 页的相同。

4. 跳转规划

页面跳转规划如表 4.1 所示。

表 4.1

页号	内容	设置要求
1	在影集封面上制作【玉渊潭公园】文字按钮和【奥林匹克森林公园】文字按钮	单击【玉渊潭公园】按钮，页面跳转到第2页；单击【奥林匹克森林公园】按钮，页面跳转到第3页
2	在玉渊潭公园春景图片展示页面制作【返回首页】按钮	单击【返回首页】按钮，页面跳转到首页
3	在奥林匹克森林公园春景图片展示页面制作【返回首页】按钮	单击【返回首页】按钮，页面跳转到首页
说明	木疙瘩自动提供【下一页】翻页功能，需要创作者在属性面板的【翻页】选项卡中隐藏翻页图标	

4.4.2 任务制作

1. 页面基本设置

① 新建一个 H5 作品，将舞台设置为宽 320 像素、高 520 像素。

② 添加页面背景图片，效果如图 4.37 所示。

图 4.37

2. 首页制作

① 在首页添加玉渊潭图片和奥林匹克森林公园图片，调整图片尺寸和位置；输入文字（“与春天同行”“暖春北京公园游园纪实”“玉渊潭公园”“奥林匹克森林公园”），调整文字的位置，设置文字属性（大小、字体、颜色）。

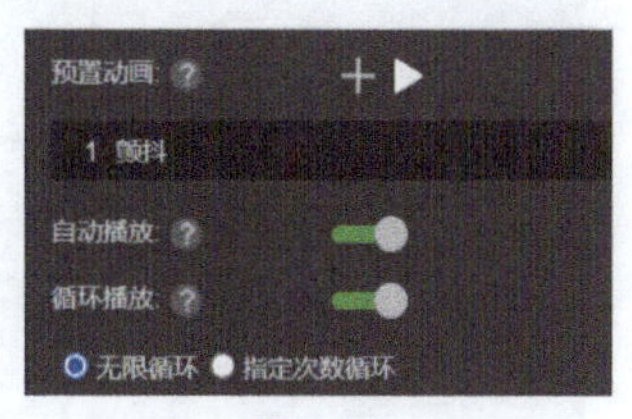

图 4.38

② 为文字“玉渊潭公园”和“奥林匹克森林公园”添加预置动画。设置效果如图 4.38 所示。

首页制作效果如图 4.39 所示。

图 4.39

3. 第 2 ～ 5 页制作

添加 4 个页面（第 2 ～ 5 页）。以制作第 2 页为例介绍图片显示页的制作过程。

① 导入一张玉渊潭春景图片，调整图片尺寸和位置。

② 在玉渊潭春景图片上绘制矩形图形，设置矩形图形填充色为绿色，调整矩形图形尺寸和位置，并将其排列设置为【移至底层】。

③ 导入美化页面动图，调整图片尺寸和位置。

④ 输入文字“返回首页”，调整文字位置，设置文字属性（大小、字体、颜色），并将其排列设置为【移至顶层】。

第 3 ～ 5 页的制作方法与第 2 页的相同，各页面制作效果如图 4.40 所示。

第 2 页

第 3 页

第 4 页

第 5 页

图 4.40

4. 页面跳转设置

下面以首页中的两个按钮为例，来介绍跳转设置的方法和过程。

（1）“玉渊潭公园”按钮的页跳转设置

① 选中首页中的文字“玉渊潭公园”。

② 单击文字右下角的添加 / 编辑行为按钮，在弹出的【编辑行为】对话框中选择【动画播放控制】/【下一页】，如图 4.41 所示。

③ 单击【触发条件】的下拉按钮，在弹出菜单中选择【点击】选项，如图 4.42 所示。

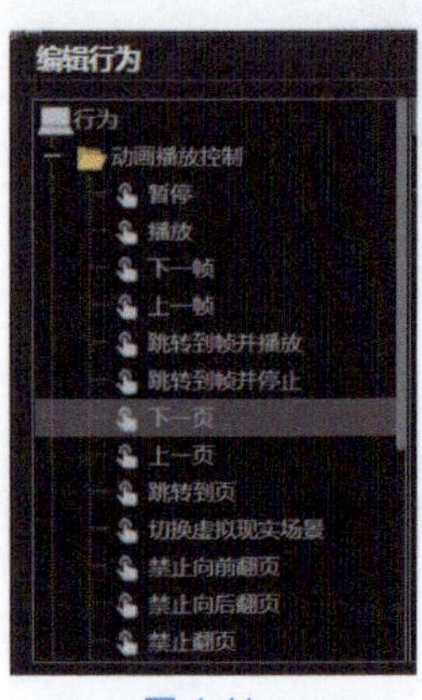

图 4.41

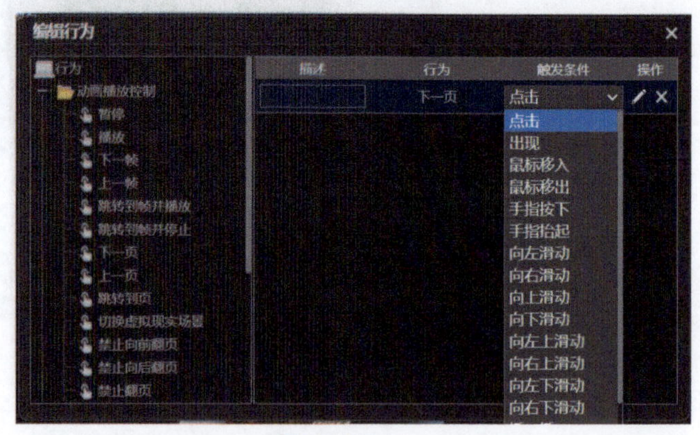

图 4.42

（2）“奥林匹克森林公园”按钮的页跳转设置

① 选中首页中的文字“奥林匹克森林公园”。

② 单击文字右下角的【添加 / 编辑行为】按钮，在弹出的【编辑行为】对话框中选择【动画播放控制】/【跳转到页】。

③ 单击【触发条件】的下拉按钮，在弹出菜单中选择【点击】选项。

④ 单击【点击】选项右侧的编辑按钮，在弹出的【参数】对话框中选择或输入相应的参数，如图 4.43 所示。

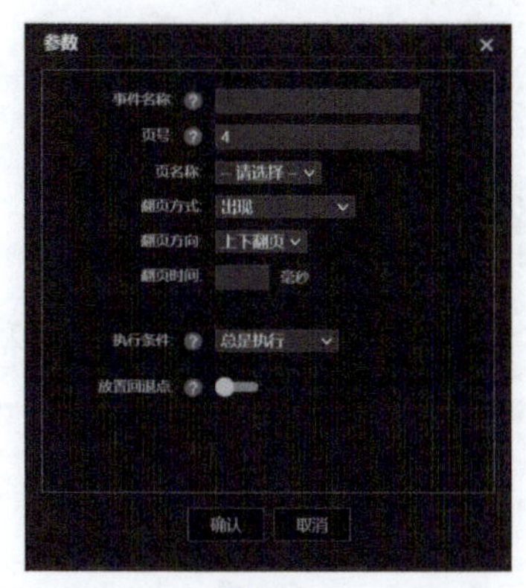

图 4.43

本例其他按钮的页面跳转设置方法同上，所有按钮的设置参数如表 4.2 所示。

表 4.2

页号	页行为设置			
	按钮	行为	触发条件	参数
1	玉渊潭公园	下一页	点击	
	奥林匹克森林公园	跳转到页	点击	3
2	返回首页	上一页	点击	
3	返回首页	跳转到页	点击	1

提示：本任务采用跳转页的方式进行制作，建议用户再尝试使用跳转帧的方式进行制作，以加深对跳转帧的认识和理解。

4.5 【任务 2】帧行为交互融媒体新闻制作——解密三星堆

【任务描述】本任务是以“解密三星堆”为主题，制作一个竞猜类型的融媒体新闻作品。作品提供谜题、谜底输入窗口，以及提交谜底后谜底是否正确的提示，还提供查看谜底和继续猜谜等功能。

扫码看案例演示

【目的和要求】学习本任务需要重点掌握的技能：设计制作竞猜类作品的基本方法和过程；利用帧的特性创作交互作品的方法和过程；表单输入框的使用，逻辑判断的基本规范和使用等。通过学习本任务加深用户对帧、时间线的认识和理解。

4.5.1 规划与设计

根据新闻主题，作品内容需要重点体现猜谜的过程。因此，可将作品规划为图 4.44 所示结构。作品页面方向选择竖屏。

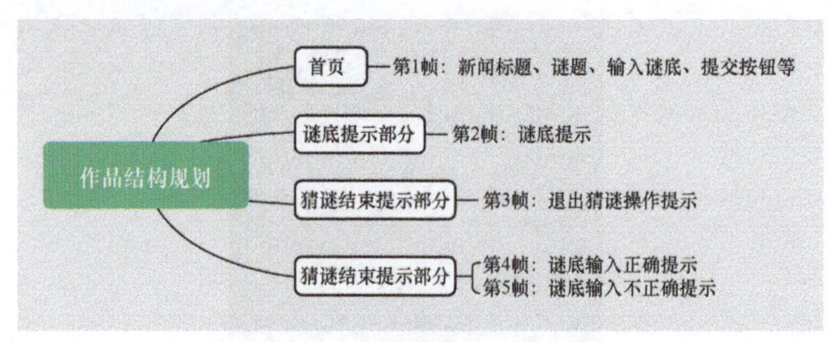

图 4.44

1．首页

首页（第 1 帧）内容包括新闻标题文字、谜题文字及图片、谜底输入框、【提交答案】按钮、【退出猜谜】按钮和【查看谜底】按钮，以及中国文化遗产标志图片。

2．第 2 页

第 2 页是谜底提示页（第 2 帧），内容包括谜底文字、【继续猜谜】和【退出猜谜】按钮。

3．第 3 页

第 3 页是猜谜结束提示页（第 3 帧），内容包括“结束”提示文字和中国文化遗产标志图片。

4．第 4 页

第 4 页是谜底输入正确提示页（第 4 帧），内容包括“谜底输入正确”提示文字和中国文化遗产标志图片。

5．第 5 页

第 5 页是谜底输入不正确提示页（第 5 帧），内容包括“谜底输入不正确”提示文字和【继续猜谜】和【退出猜谜】按钮。

各页面结构和制作完成的效果如图 4.45 所示。

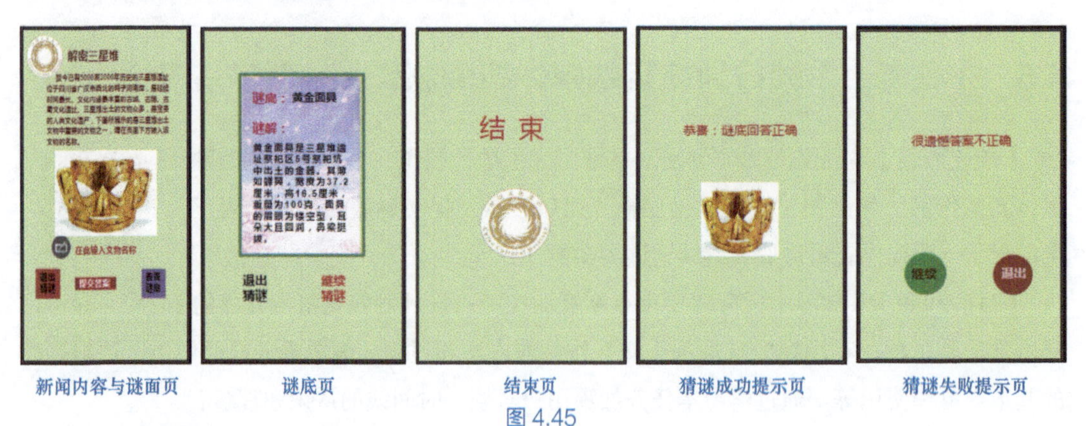

新闻内容与谜面页　谜底页　结束页　猜谜成功提示页　猜谜失败提示页

图 4.45

4.5.2 任务制作

1．页面基本设置

① 新建一个 H5 作品，设置舞台并添加页面背景颜色，设置效果如图 4.46 所示。

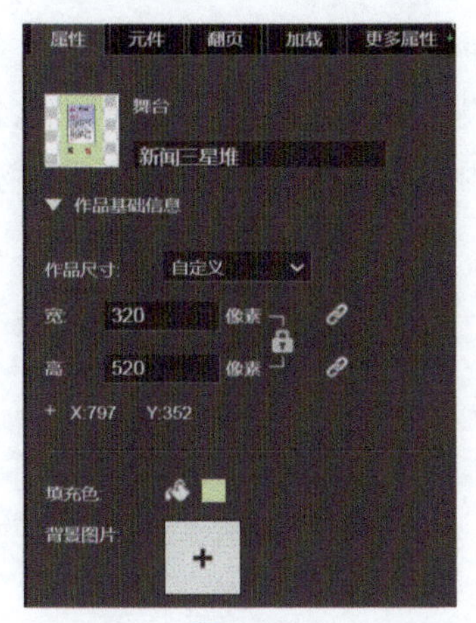

图4.46

② 建立和安排页面图层。建立"交互按钮层"和"谜题谜底层"两个图层。"交互按钮层"为上层，"谜题谜底层"为下层，如图4.47所示。这样分层的好处在于方便制作、检查与编辑。

图4.47

③ 插入关键帧。在谜题谜底层的第2～5帧位置，分别插入关键帧(第1帧，系统默认为关键帧)。在"交互按钮层"的第2、3、5帧位置，分别插入关键帧。

提示：插入关键帧的操作是将鼠标指针移至时间线需要插入关键帧的帧位置上，单击鼠标右键，在弹出的菜单中执行【插入关键帧】命令。

第3页和第4页上都不存在交互按钮，但为什么在交互按钮层的第3帧位置还要插入关键帧呢？这是因为，如果在此不插入一个关键帧，该图层第2帧上的按钮会继续在第3帧页面上出现。从这一点上，读者可以认真体会一下前面所介绍的普通帧、关键帧的特性。

2. 首页谜面制作

首页内容的图层分配如表4.3所示。

表4.3

图层	页面内容
交互按钮层	【提交答案】按钮、【退出猜谜】按钮、【查看谜底】按钮
谜题谜底层	新闻标题文字、谜题文字及图片、谜底输入框、中国文化遗产标志图片

① 选中谜题谜底层，输入新闻标题文字和谜题文字，设置文字属性，调整文字位置；导入谜题图片（黄金面具图片）和中国文化遗产标志图片，调整图片的尺寸和位置。

② 在工具箱的【表单】中单击输入框工具，如图 4.48 所示，鼠标指针变成“+”，然后按住鼠标左键在舞台上拖曳绘制答案输入框，并将其命名为“输入谜底”。之后，调整输入框的尺寸和位置，在输入框内输入提示文字“在此输入文物名称”。

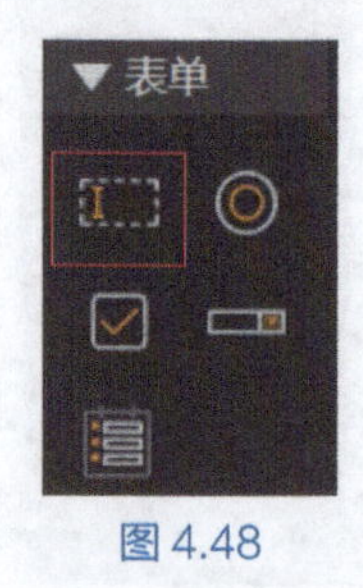

图 4.48

③ 选中交互按钮层，制作【提交答案】【退出猜谜】按钮和【查看谜底】按钮。

提示：制作按钮时，可以先制作出按钮图片，再将按钮图片导入舞台，也可以直接用文字做按钮。本例中按钮制作包括两个步骤：先制作出按钮背景图形(矩形、圆形等)，然后用文字工具输入文字。其中的重点是文字的排列要处于背景图形(或图片)层的上层。按钮的制作方法有很多，在后续的章节中也会采用多种方式制作按钮。

---

④【提交答案】按钮行为设置。【提交答案】按钮包括两个行为设置，如图 4.49 所示。

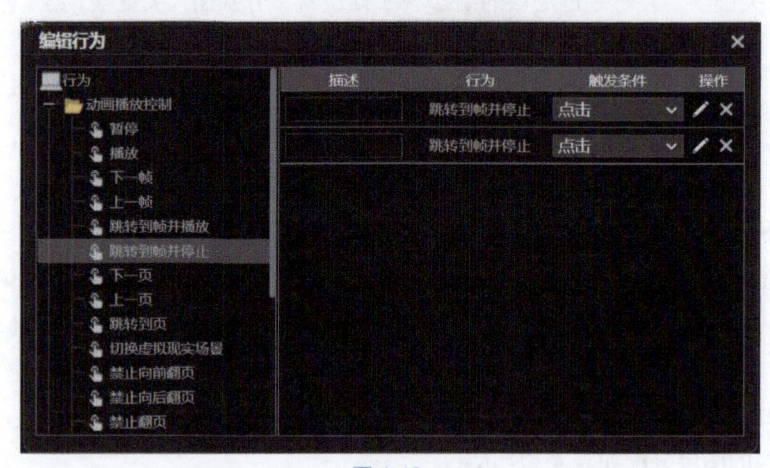

图 4.49

第 1 个行为 (第 1 行) 是针对用户回答正确时的设置，其参数设置中，【作用对象】设置为【舞台】，执行跳转的目标帧号是【4】(第 4 帧)，执行页面跳转到第 4 帧的条件是回答的答案与谜底相同。参数设置效果如图 4.50 所示。

第 2 个行为 (第 2 行) 是针对用户猜谜失败时的设置，其参数设置中，【作用对象】设置为【舞台】，执行跳转的目标帧号设置为【5】(第 5 帧)，执行页面跳转到第 5 帧的条件是回答的答案与谜底不同。参数设置效果如图 4.51 所示。

图 4.50

图 4.51

⑤ 其他按钮的行为与参数设置如表 4.4 所示。

表 4.4

按钮	行为	触发条件	跳转至帧号
【继续猜谜】按钮	跳转到帧并停止	点击	1
【退出猜谜】按钮			3
【查看谜底】按钮			2

⑥ 暂停设置。如果想让用户在打开作品后，能够让作品根据需要跳转，在没有相应操作的情况下能够停留在当前帧页面上，则需要在作品的每一页上都设置一个“暂停装置”。

在舞台外任意位置，绘制一个图形（或导入一张图片），然后进行行为设置。本任务中，第一帧的暂停设置是在中国文化遗产标志图片上，如图 4.52 所示。

提示：其他各帧的暂停设置是绘制了一个矩形图形，第2帧的暂停设置如图4.53 所示。

图 4.52

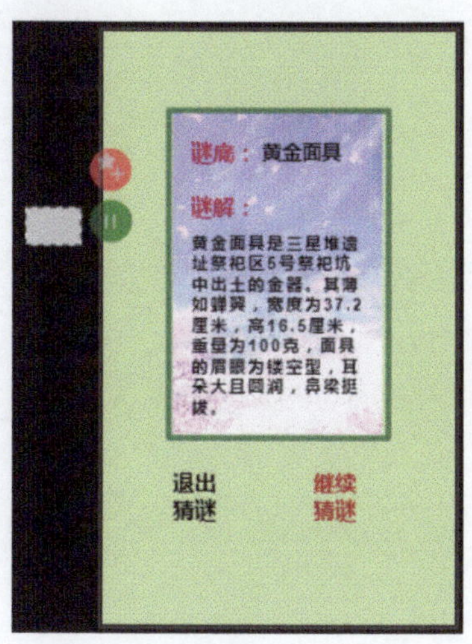

图 4.53

⑦ 为暂停装置（绘制的图形或导入的图片）添加行为，如图 4.54 所示。

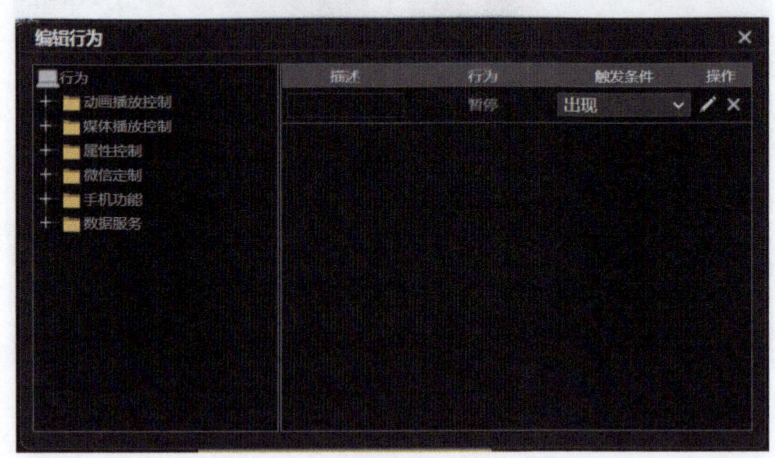

图 4.54

⑧ 预置动画设置。第 3 页和第 4 页中，为中国文化遗产标志图片和黄金面具图片设置了预置动画，设置的类型都是【强调】，设置的效果分别是【放大进入】和【循环播放】。

第 5 章

交互动画设计与制作

虽然预置动画的操作比较简单，但是灵活性不强，无法满足更细致、更复杂的创作需求。利用帧动画、进度动画、路径动画等动画制作技术则可以创作出丰富多样的动画效果。因此，本章将介绍在新闻中制作这些类型的交互动画的方法，进而提高新闻的观赏性和吸引力。

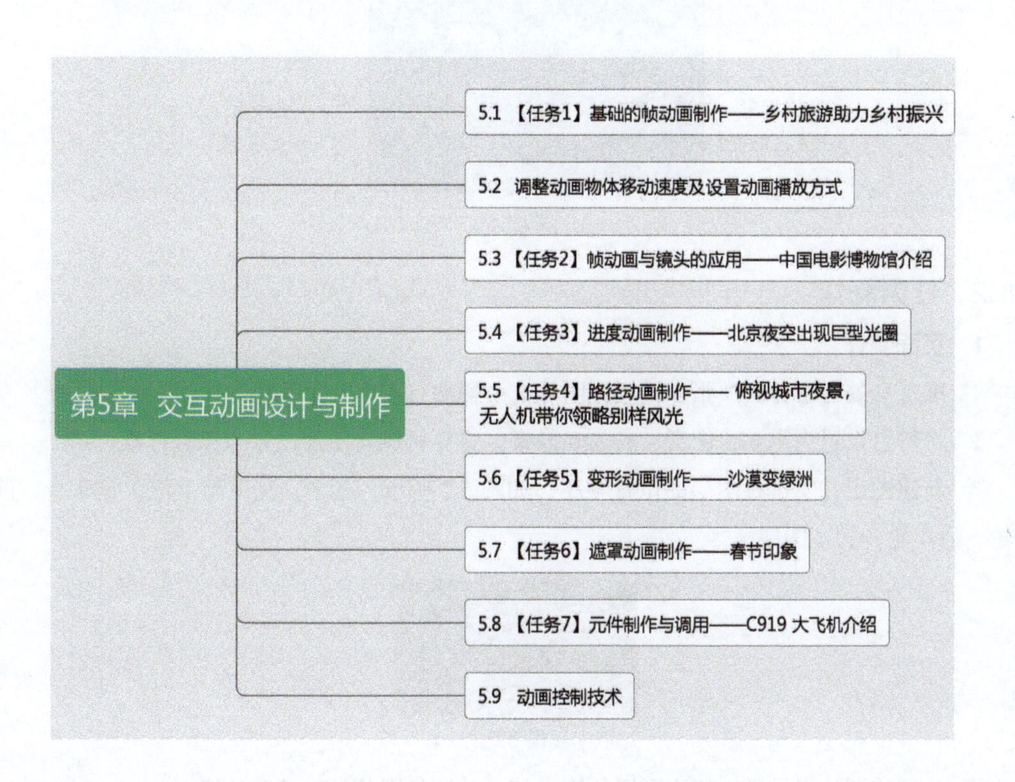

5.1 【任务 1】基础的帧动画制作——乡村旅游助力乡村振兴

帧动画是一种通过连续播放一系列独立的图片来产生动态感的技术。帧动画中，时间线上的每一帧代表动画中的一张图，它们按特定的顺序及时间间隔连续播放。

扫码看案例演示

5.1.1 任务要求

用一幅乡村美丽的风光图片作为页面背景，在页面中间展示新闻的文字内容，在页面下方制作出旅行车水平移动的帧动画。

新闻主题：乡村旅游助力乡村振兴

新闻内容文字：受生活观念及出游观念改变的影响，都市的人们对回归自然，在郊外赏景、采摘、野餐、露营，体验乡村生活的度假方式越来越青睐。

观光车图片动画状态：观光车图片动画在页面下方水平运动，起始位置和终止位置如图 5.1 所示。其中旅行车车轮为转动状态。

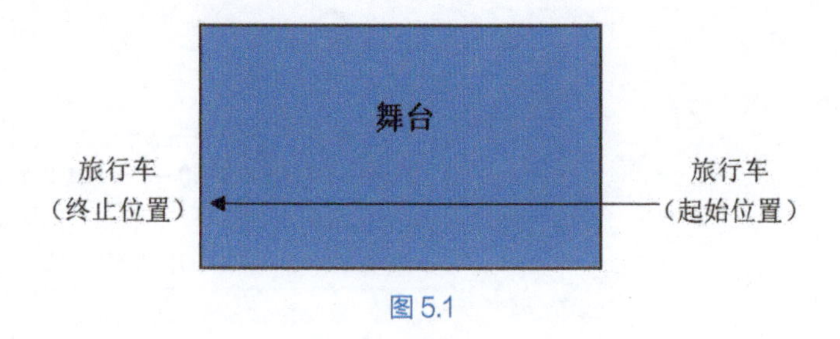

图 5.1

5.1.2 任务制作

1．页面制作

① 准备和处理素材：一张乡村风光图片、一辆旅行车、一个车轮。

② 将舞台设置为宽 625 像素、高 320 像素。将乡村风光图片设置为舞台背景。

③ 新建图层并安排各图层的位置顺序，如图 5.2 所示。其中，从下至上依次是车身、前车轮、后车轮、文字图层。

图 5.2

④ 分别将图片素材导入相应图层的第 1 帧，并调整图片的尺寸和位置。

⑤ 输入主题文字和新闻内容文字，设置文字属性，调整文字位置。

页面中第 1 帧制作完成的效果如图 5.3 所示。

图 5.3

⑥ 在【属性】选项卡【帧速】右侧的输入框中，设置舞台的播放帧速为 6 帧 / 秒，目的是减少动画帧的占用量，控制帧动画的播放速度。

2. 旅行车移动帧动画制作

① 选中“车身”图层，将鼠标指针移至该图层第 1 帧位置。

② 选中“车身”图层，将鼠标指针移至该图层的第 60 帧位置，单击菜单栏中的【动画】选项，在弹出的菜单中执行【插入关键帧动画】命令。

③ 调整旅行车图片到动画终止位置，效果如图 5.4 所示。图 5.3 中旅行车的位置是旅行车帧动画的起始位置。

图 5.4

3. 前车轮、后车轮帧动画制作

按照制作“旅行车”帧动画的方法制作前车轮、后车轮即可。特别要强调的是，为了使旅行车的前车轮与后车轮都能旋转，在“前车轮”及“后车轮”的帧动画制作完成后，要分别在帧动画的结束帧位置（第 60 帧位置）选中车轮，然后在【属性】选项卡的【旋转】输入框中输入“-3000”，即表示使车轮在移动过程中逆时针旋转 3000 圈，如图 5.5 所示。

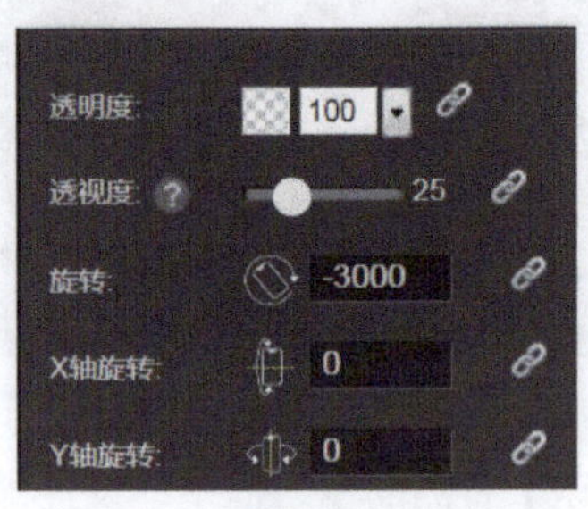

图 5.5

4. 帧动画循环播放设置

单击菜单栏中的【动画】选项，在弹出的菜单中执行【循环】命令。

5. “文字”图层补帧

选中“文字”图层，将鼠标指针移至该图层第 60 帧位置，单击菜单栏中的【动画】选项，在弹出的菜单中执行【插入帧】命令。

6. 预览、保存和发布作品

任务制作完成，如图 5.6 所示。预览动画效果，然后保存并发布作品。

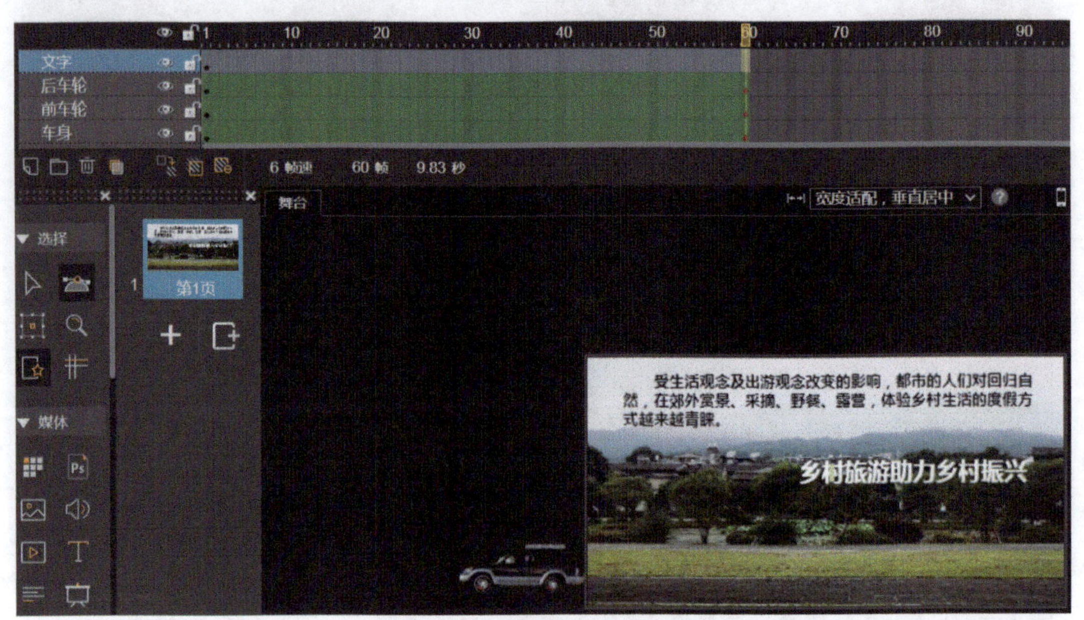

图 5.6

5.2　调整动画物体移动速度及设置动画播放方式

本节将介绍调整帧动画中物体移动的速度，使帧动画中物体的移动速度变快或变慢的方法，以及设置动画播放方式的方法。

5.2.1　利用删除帧操作提高动画物体的移动速度

帧动画中，在物体移动距离不变的情况下，提高物体的移动速度可通过删除物体的动画帧数来完成。例如，将图 5.4 中车身移动速度提高一倍的操作过程如下。

① 打开作品，选中“车身”图层。

② 将鼠标指针移至该图层第 1 ～ 60 帧的任意位置。

③ 选中其中的 30 帧，单击鼠标右键，在弹出的菜单中执行【删除帧】命令。

提示：选中图层帧的操作方法是选中物体所在的图层，在物体移动的起始帧与终止帧之间的任意位置，按住鼠标左键向左或向右拖曳选中的帧，当选中的帧数达到所需的数量时，松开鼠标左键，被选中的帧的颜色会变成黄绿色。图5.7所示界面显示选中30帧。在作品帧动画制作完成后，需要提高车速，可同时选中“车身”“前车轮”“后车轮”“文字”图层，如图5.8所示。之后进行删除操作。

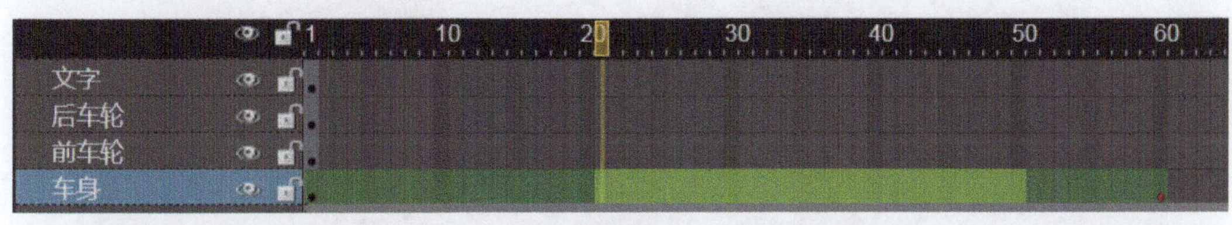

图 5.7

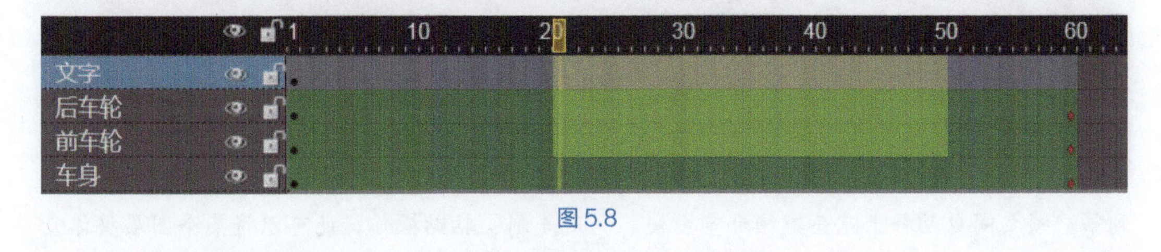

图 5.8

5.2.2　利用插入帧操作放慢动画物体的移动速度

放慢动画物体的移动速度的操作步骤和过程与提高动画物体的移动速度的操作步骤和过程基本一致。在物体动画帧之间选中所需的帧数后，单击鼠标右键，在弹出的菜单中执行【插入帧】命令即可。

5.2.3 帧动画重复播放设置操作

限定动画重复播放次数的常见应用有行走、表情变化、机械运动等。利用复制帧、粘贴帧的操作，可快速实现限定动画重复播放次数的效果。具体操作过程如下。

① 全选动画帧。在时间线上选中动画的所有帧，如图 5.9 所示。

② 复制帧操作。在选中的帧上单击鼠标右键，在弹出的菜单中执行【复制帧】命令。

③ 确定复制动画的起始位置。将鼠标指针移至动画重复播放起始位置的帧上，单击鼠标将其选中，如图 5.10 所示。

④ 粘贴帧操作。在选中的起始帧上单击鼠标右键，在弹出的菜单中执行【粘贴帧】命令，效果如图 5.11 所示。

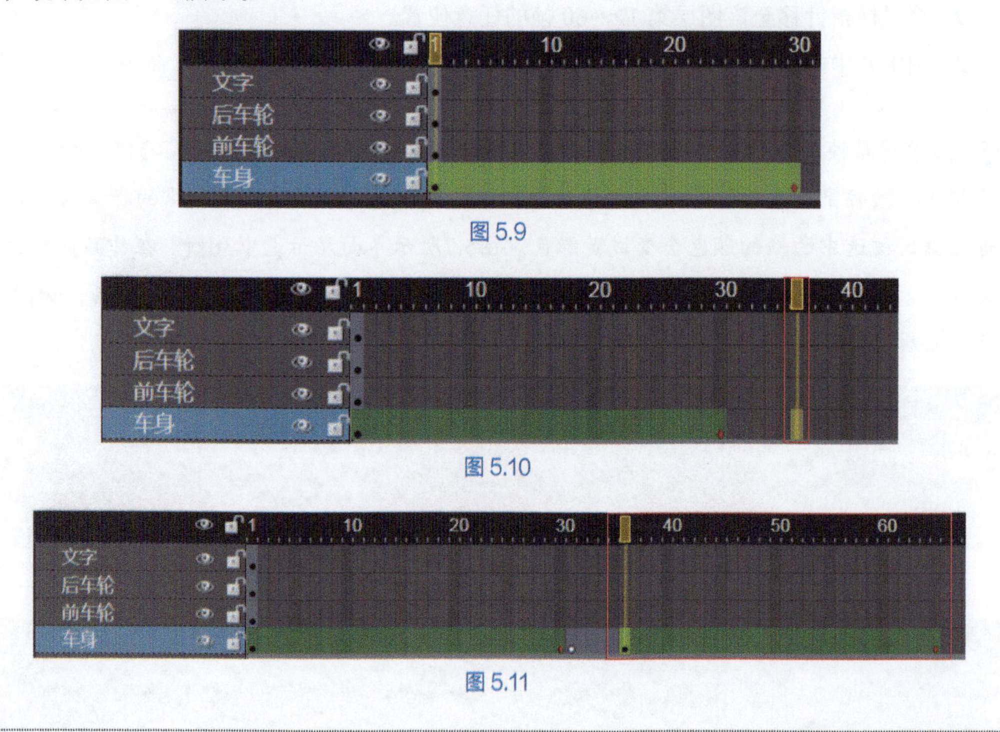

图 5.9

图 5.10

图 5.11

提示：在图5.11中，复制的动画起始位置没有与被复制的动画结束帧位置相邻，因此在第31帧到第35帧之间自动补上空关键帧和空白帧。利用复制、粘贴操作，还可以将某个图层整体复制到同一个页面或另一个页面的某个图层上。

5.2.4 动画循环播放设置与移动帧

（1）动画循环播放设置

帧动画制作完成后，在菜单栏中选中【动画】选项，在弹出的菜单中执行【循环】命令。

（2）移动帧

① 拖曳帧动画起始帧。选中帧动画起始帧，拖曳鼠标，物体帧动画的起始帧位置被改变，但物体在页面中的起始位置不会发生变化。

② 整体移动动画帧。全选物体动画帧，拖曳鼠标，物体动画帧整体位置被改变，但动画效果不会发生变化。需要注意的是，物体动画帧只能移至空帧位置。

5.3　【任务 2】帧动画与镜头的应用——中国电影博物馆介绍

帧动画和镜头之间有着密切的联系。镜头是动画制作中非常重要的元素之一，它可以通过不同的角度、景别、速度和运动方式来表现动画的情节和情感。动画制作中利用不同镜头来表现动画内容，能够让观众更加深入地了解故事情节、感受角色的情感以及更加真实地感受动画的氛围。在动画制作中，镜头主要包括移镜头、跟镜头、推镜头、拉镜头、摇镜头等。

扫码看案例演示

5.3.1　任务要求

通过移镜头、跟镜头、推镜头、拉镜头、摇镜头等运动效果，结合 4 页内容介绍中国电影博物馆。

1．首页制作要求

首页用推镜头表现。画面从博物馆的正门全景聚焦到博物馆的大门。在这个过程中，弹出文字“走进中国电影博物馆”。动画播放结束后，博物馆大门变成了“进入博物馆”的按钮。点击该按钮，则跳转到第 2 页。

2．第 2 页制作要求

第 2 页用摇镜头介绍博物馆大厅。大厅画面从舞台右侧向左侧移动。同时，在舞台上半部分用移镜头展示博物馆的文字介绍动画。文字也是从舞台右侧向左侧移动。在文字介绍动画播放结束后，弹出跳转到电影洗印设备长廊页面和跳转到主题电影展示墙页面的操作按钮。点击相应的按钮，则跳转到相应的页面。

提示：摇镜头涉及视角问题，所以在制作动画时要处理好图片初始状态和终止状态的关系。

3．第 3 页制作要求

第 3 页用拉镜头介绍电影洗印设备长廊。画面首先聚焦在图片文字“电影洗印设备”处，之后画面范围逐渐扩大，直至将长廊比较完整地展示出来。当动画播放结束后，弹出跳转页面按钮，点击该按钮，即可跳转到第 2 页。

4. 第 4 页制作要求

第 4 页用移镜头介绍主题电影展示墙。画面从舞台左侧向右侧移动，并伴有跳转页面按钮，点击该按钮，即可跳转到第 2 页。

提示：跟镜头是指摄像机始终跟随运动对象拍摄，连续而详尽地表现其运动状态或运动细节。在主题电影展示墙动画中，如果画面中有一位观众在边走边观赏展示画面，则制作帧动画时，用户看到的效果是，观众在走动，电影墙画面也在移动。但在实际页面中，观众的位置并不发生变化。这种效果就是跟镜头效果，跟的对象是动画中的“观众”。

5.3.2 任务制作

新建一个 H5 作品，将舞台设置为宽 320 像素、高 626 像素，帧速设置为 5 帧 / 秒。

1. 首页制作

首页的图层及时间线的使用情况如图 5.12 所示。页面中舞台与各关键帧图片、文字的关系如图 5.13 所示，图中红色矩形框为舞台。

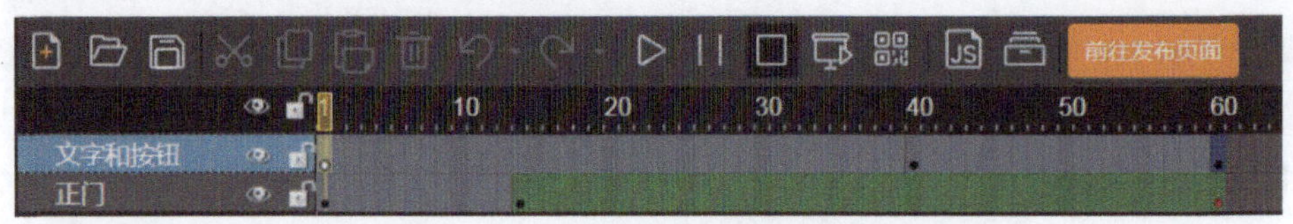

图 5.12

第 1 帧和第 14 帧页面效果

第 40 帧页面效果

第 60 帧页面效果

图 5.13

① “文字和按钮”图层制作。在图 5.12 中，“文字和按钮”图层的第 1 ～ 39 帧为空白帧，在第 40 帧输入文字“走进中国电影博物馆”，在第 60 帧添加跳转按钮（博物馆大门处的红色三角形，添加有预置动画）。为跳转按钮添加的行为和触发条件是“跳转到下一页、点击”。

② 推镜头效果制作。在“正门”图层的第 1 帧，导入博物馆正门的全景图片。在第 14 帧插入一个关键帧，并将其作为帧动画的起始帧，将第 60 帧作为帧动画的结束帧。

2. 第 2 页制作

第 2 页的图层及时间线的使用情况如图 5.14 所示。第 1 帧、第 5 帧、第 88 帧、第 89 帧的制作效果分别如图 5.15 至图 5.18 所示。图中红色矩形框为舞台。

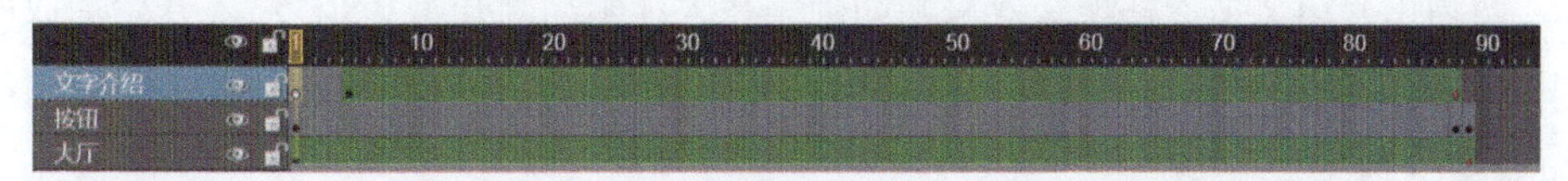

图 5.14

图 5.15

图 5.16

图 5.17

图 5.18

① 博物馆介绍文字的移镜头效果帧动画是在大厅帧动画开始 0.8 秒后才开始播放的。这样制作的好处是给用户留出反应时间。博物馆介绍文字动画的起始帧和结束帧在时间线上的位置如图 5.14 所示。

在“按钮”图层中，在舞台上方绘制了一个横贯舞台的白色矩形，其衬于文字下方，以便用户阅读文字。在博物馆介绍文字的最后一个字离开舞台的同时，白色矩形也从舞台上消失。

② “按钮”图层共有 89 帧，比博物馆介绍文字的帧动画多一帧，第 89 帧是新插入的关键帧，在该帧上不存在白色矩形，只有两个按钮及相应的提示文字，如图 5.18 所示。这是为了实现在博物馆介绍文字离开舞台后白色矩形消失并弹出跳转按钮的效果。将两个按钮的行为和触发条件都设置为“跳转到页、点击”，参数设置分别为“3”和“4”，即跳转到第 3 页和第 4 页。

③ 博物馆大厅摇镜头效果帧动画在“大厅”图层上制作，起始帧为第 1 帧，终止帧为第 89 帧，它们在时间线上的位置如图 5.14 所示。

3. 第 3 页制作

第 3 页的图层及时间线的使用情况如图 5.19 所示。

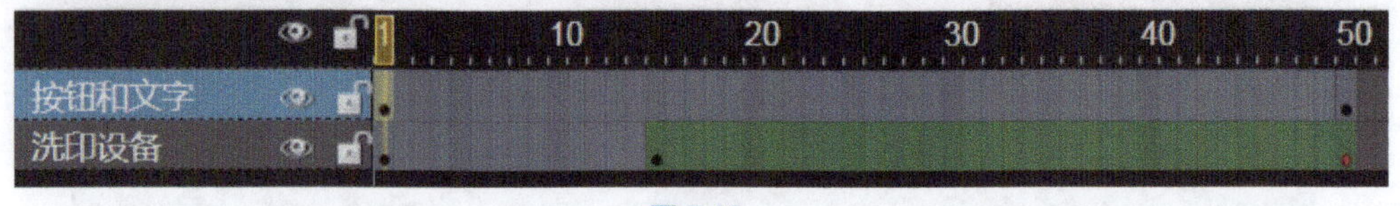

图 5.19

电影洗印设备长廊拉镜头效果的帧动画在舞台上的起始画面和终止画面分别如图 5.20 和图 5.21 所示。图中的红色矩形框为舞台。

图 5.21 右上角出现的按钮是返回第 2 页的操作按钮。按钮制作在“按钮和文字”图层的第 60 帧上，其行为和触发条件的设置是“跳转到页、点击”，参数设置为“2”（跳转到第 2 页）。

图 5.20

图 5.21

4. 第 4 页制作

第 4 页的图层及时间线的使用情况如图 5.22 所示。第 4 页中的按钮制作在“按钮”图层的第 1 帧上。

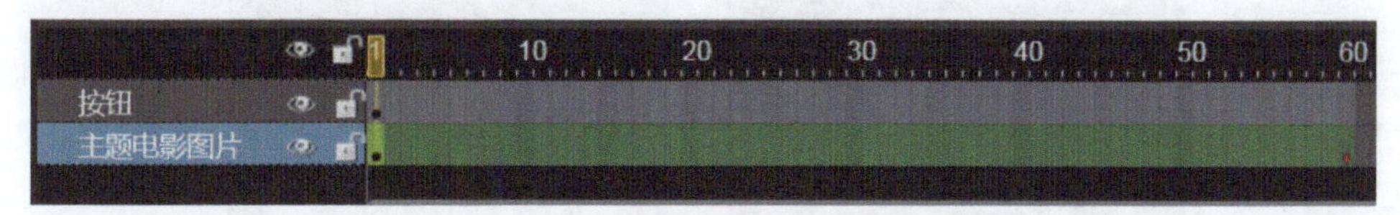

图 5.22

主题电影展示墙移镜头效果帧动画的制作方法与博物馆介绍文字移镜头效果的制作方法相同，这里不再介绍。

提示：本任务中，在第2～4页底部的文字都处于“按钮”图层中。

5.4 【任务 3】进度动画制作——北京夜空出现巨型光圈

进度动画是用于呈现图形和文字形成过程的动画。

扫码看案例演示

5.4.1 任务要求

制作新闻文字和提示巨型光圈的椭圆图形的进度动画。进度动画播出顺序是新闻文字内容、提示巨型光圈的椭圆图形。

5.4.2 任务制作

1. 页面基本制作

① 新建一个 H5 作品，将舞台设置为宽 320 像素、高 520 像素。

② 为舞台添加背景图片，效果如图 5.23 所示。

③ 设置舞台动画播放速度为 6 帧 / 秒。

2. 绘制矩形和椭圆图形，输入文字

① 选中图层 0 的第 1 帧。

② 绘制矩形图形，将填充色设置为白色、边框颜色设置为红色、边框宽度设置为 4。

③ 绘制椭圆图形，将填充色设置为无色、边框颜色设置为红色，边框宽度设置为 1。

④ 分别输入新闻标题和新闻文字内容，设置新闻标题文字和新闻文字内容的字体、大小和颜色。

页面制作效果如图 5.24 所示。

图 5.23

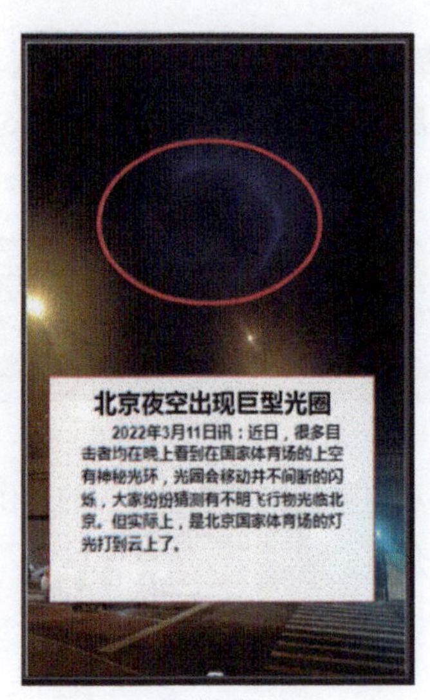

图 5.24

提示：将填充色设置为无色的操作，是将调色板中的调色球滑动到滑杆的最左端，如图5.25所示。

图 5.25

3. 添加进度动画

将鼠标指针移至图层 0 时间线的第 90 帧位置，单击鼠标右键，在弹出的菜单中执行【插入进度动画】命令，效果如图 5.26 所示。

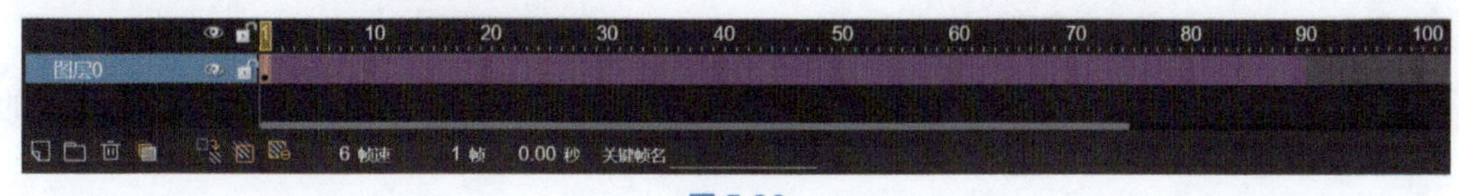

图 5.26

提示：包含多个物体的进度动画，遵循先制作先播出的原则。另外，制作进度动画时，需要掌控好动画播放速度，播放速度受动画帧数和舞台帧速的影响。如果需要循环播放，可进行循环播放设置。单击菜单栏中的【动画】选项，在弹出的菜单中执行【循环】命令。

4. 预览、保存和发布作品

预览动画效果，然后保存并发布作品。

5.5 【任务 4】路径动画制作——俯视城市夜景，无人机带你领略别样风光

路径动画指物体沿指定的运动路径运动的动画。利用路径动画技术为帧动画运动物体设置运动路径，使运动的物体能够根据制作要求，沿为其设置的运动路径运动。路径动画本质上还是帧动画。

扫码看案例演示

5.5.1 任务要求

夜间无人机在城市上空飞行的路径动画的制作要求：舞台设置为宽 520 像素、高 320 像素；以提供的城市图片（见图 5.27）作为舞台背景；将提供的无人机图片（见图 5.28）导入舞台，制作无人机飞行的路径动画，使无人机从右上角进入页面，然后在页面上半部分盘旋，之后从页面底部离开。

图 5.27

图 5.28

5.5.2 任务制作

1. 页面基本制作

① 新建一个 H5 作品，将舞台设置为横屏（宽 520 像素、高 320 像素）。

② 将城市图片设置为舞台背景。

③ 输入新闻标题和新闻内容文字，设置标题和内容文字的属性，调整其在舞台上的位置。

2. 制作无人机直线飞行帧动画

将无人机图片导入舞台，然后制作无人机直线飞行的帧动画。将帧动画设置为 60 帧，起始帧为第 1 帧，终止帧为第 60 帧。无人机直线飞行帧动画在舞台上的起始位置如图 5.29 所示，终止位置如图 5.30 所示。

图 5.29

图 5.30

3. 设置路径变化节点

完成上一步操作后，预览的动画效果是无人机从画面的右上角飞入，然后直线飞至画面正下方，而后飞出画面。由任务要求可知，无人机的飞行路径是曲线型的，因此需要在帧动画直线运动的基础上制作无人机曲线飞行的效果，这就要设置路径变化节点，即在时间线的第 1 帧（起始帧）至第 60 帧（终止帧）之间插入关键帧（此案例中设置了 5 个路径变化节点，插入了 5 个关键帧），效果如图 5.31 所示。

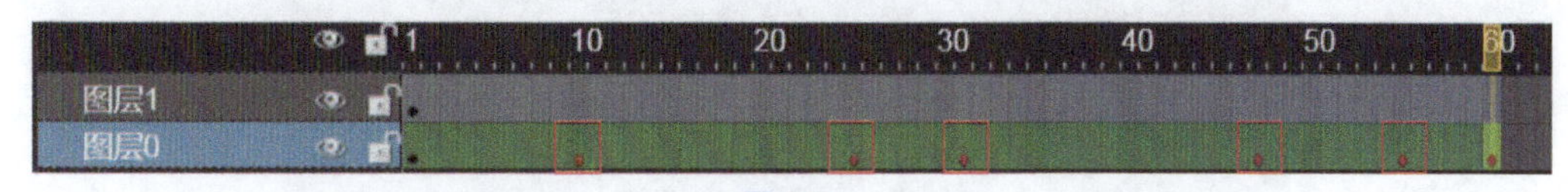

图 5.31

4. 自定义路径

在时间线的第 1 帧至第 60 帧之间的任意一帧上单击鼠标右键，在弹出的菜单中执行【自定义路径】命令，舞台上将显示出动画的运动路径，注意执行该命令后显示的动画路径为直线。要想制作出无人机曲线飞行的效果需要对图 5.31 中所添加的关键帧进行相应的操作才能实现。调整路径的方法有以下两种。

① 拖曳物体。在时间线上分别选中每个关键帧，在舞台上拖曳物体（无人机），移动其位置，即可改变物体（无人机）的运动路径，如图 5.32 所示。

图 5.32

② 利用节点工具。在工具箱中单击节点工具，然后在舞台上用鼠标框选整个路径，可以看到路径上显示出前面设置的路径变化节点，调整这些节点即可改变物体（无人机）的运动路径。

提示：在时间线上的任意一个动画帧上单击鼠标右键，在弹出的菜单中执行【切换路径显示】命令，即可显示/隐藏动画路径。

5. 调整无人机的大小、形状和角度

① 显示帧动画路径后，单击工具箱中的变形工具 / 节点工具，然后在动画路径中的任意位置单击，动画路径上将显示出关键帧节点（黄色圆点），如图 5.33 所示。

图 5.33

② 单击选中需要调整的关键帧节点，该节点的两端会弹出调节拉杆，如图 5.34 所示。

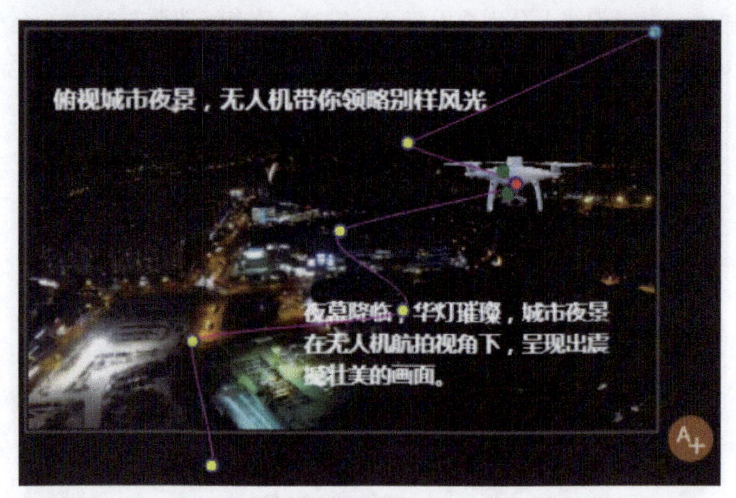

图 5.34

③ 拖曳调节拉杆端头上的小圆球，调整无人机的大小、形状和角度。

本任务制作的效果是无人机从画面的右上角飞入，由远到近飞至画面正下方后飞出画面。表现远距离时需要将无人机调小。

提示：下面来分析能否利用路径动画技术制作汽车弯道行驶的效果。

表现汽车弯道行驶的视角不同，视觉图也不同。其中，俯视汽车弯道行驶的视觉图如图 5.35 所示，平视汽车弯道行驶的视觉图如图 5.36 所示。

图 5.35　　　　图 5.36

从图 5.35 中可以确定，俯视汽车弯道行驶完全可以利用路径动画技术制作完成。对于平视汽车弯道行驶（见图 5.36）的效果是无法利用路径动画技术制作完成的，因为路径动画无法制作车辆“变形”的效果，制作前需要先准备好车辆转弯分解图，然后利用帧动画进行分段制作。分解图越多，分解得越细，制作出的动画效果越好。

5.6　【任务 5】变形动画制作——沙漠变绿洲

扫码看案例演示

变形动画是指将一个图形变成另一个图形的动画。

5.6.1　任务要求

默认舞台设置，利用绘制工具在舞台上绘制一个水滴，水滴滴到沙漠上就被沙漠吸收（水滴变形），水滴不断地滴到沙漠上，沙漠渐渐变成绿洲（矩形图形变形，并由黄色变为绿色）。

5.6.2　任务制作

1. 新建作品，进行舞台设置

① 新建一个 H5 作品，将舞台设置为竖屏（宽 320 像素、高 520 像素），将一张干旱图片设置为舞台背景，如图 5.37 所示。

图 5.37

② 图层设置。添加图层，并为各图层命名，效果如图 5.38 所示。

图 5.38

③ 设置动画播放速度为 6 帧 / 秒。

2. 第 1 帧制作

① 在“文字内容”图层输入新闻文字，调整文字位置，设置文字属性。

② 在“标题文字”图层输入新闻标题，调整标题文字位置，设置文字属性。

③ 在“水滴帧动画”图层绘制水滴图形。

制作效果如图 5.39 所示。

3. 第 15 帧及第 16 帧制作

① 第 15 帧制作。在“水滴变形动画”图层第 15 帧绘制水滴图形，使水滴图形与第 1 帧中所绘制的水滴图形尺寸一致，位置为水滴帧动画结束位置，如图 5.40 所示。

② 第 16 帧制作。在“不规则图形变形”图层第 16 帧绘制变形图形，图形填充色接近于白色，如图 5.41 所示。

图 5.39

图 5.40

图 5.41

4. 页面动画制作

在“水滴帧动画”图层制作水滴帧动画，在“水滴变形动画”图层制作水滴变形动画，在“标题文字”图层制作新闻标题变形动画，在“不规则图形变形”图层制作从白灰色变为绿色的图形变动动画。各图层占用时间线状态如图 5.42 所示。图 5.42 中，时间线上的绿色帧段为帧动画，黄色帧段为变形动画。

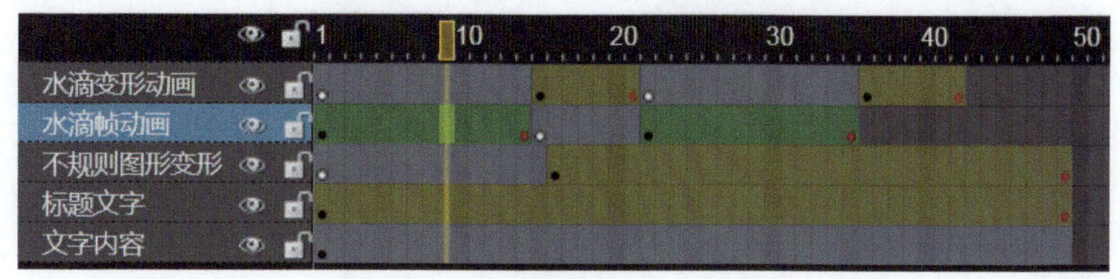

图 5.42

① 标题文字变形动画制作。第 1 帧为变形动画的起始帧号，文字颜色为黄色，第 49 帧为变形动画的终止帧号，文字颜色变为绿色。

② 不规则图形变形动画制作。“不规则图形变形”图层第 16 帧为不规则图形变形动画的起始帧号，图形填充色接近于白色，边框颜色与填充色颜色相同。第 49 帧为变形动画的终止帧号，图形颜色变为绿色。第 16 帧和第 49 帧不规则图形制作效果如图 5.43 所示。

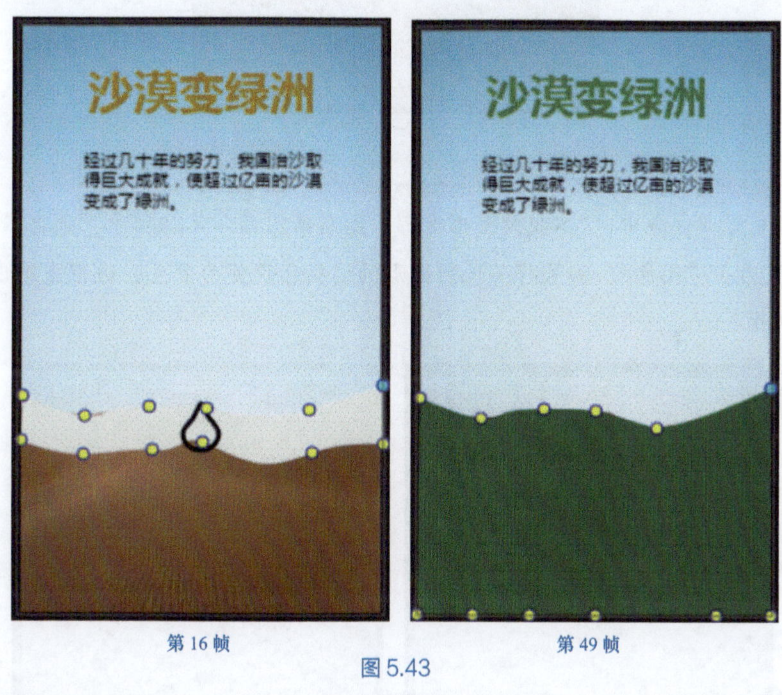

第 16 帧　　第 49 帧

图 5.43

③ 水滴帧动画制作。第 1 帧为水滴帧动画的起始帧号，图形填充色为无色，边框色为黑色，第 14 帧为帧动画的终止帧号。帧动画只发生了位置变化，水滴图形保持不变。该图层第 22 帧到第 35 帧，是复制了一遍该图层前面制作的帧动画。

④ 水滴变形动画制作。第 15 帧为水滴变形动画的起始帧号，图形填充色为无色，边框色为黑色，第 21 帧为该变形动画的终止帧号。该变形动画起始帧的水滴图形与“水滴帧动画”图层第 14 帧中水滴图形的尺寸和位置相同。该图层第 36 帧到第 42 帧，是复制了一遍该图层前面制作的变形动画。水滴变形动画第 21 帧制作效果如图 5.44 所示。

图 5.44

提示：在沙漠变绿洲任务中，“不规则图形变形”图层第21帧和第49帧中，是将不规则图形中的边框色设置为了“无色”。如果将不规则图形的边框色设置为黑色，边框宽度设置为2，效果如图5.45所示。

第 21 帧

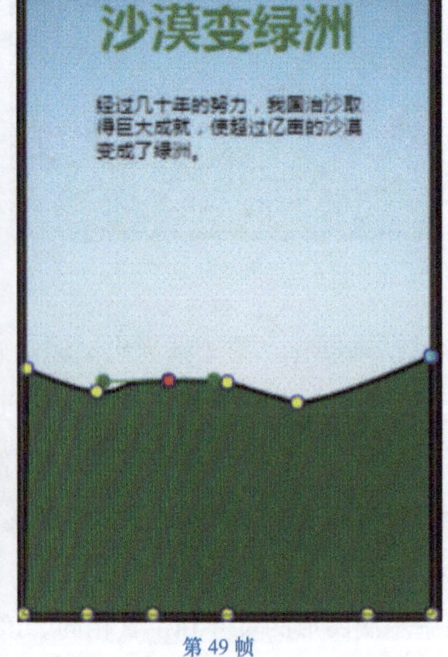

第 49 帧

图 5.45

5.6.3 变形动画的制作方法

下面，以在图层0上制作将五角星变换成轿车的动画为例，进一步讲解变形动画的具体制作方法。

① 单击图层0的第1帧，然后使用绘制工具在舞台中绘制一个五边形，如图5.46所示。

② 单击工具箱中的变形工具，弹出物体转换提示对话框，单击【确定】按钮，如图5.47所示。

③ 单击工具箱中的节点工具，五边形上会出现节点，拖曳这些节点，将五边形调整成五角星，并设置五角星的颜色和边框宽度，效果如图5.48所示。

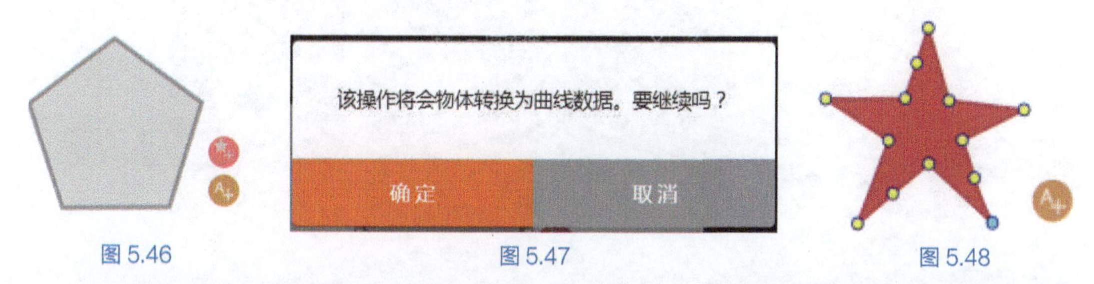

图5.46　　图5.47　　图5.48

④ 在图层0的第60帧上单击鼠标右键，在弹出的菜单中执行【插入变形动画】命令，效果如图5.49所示。

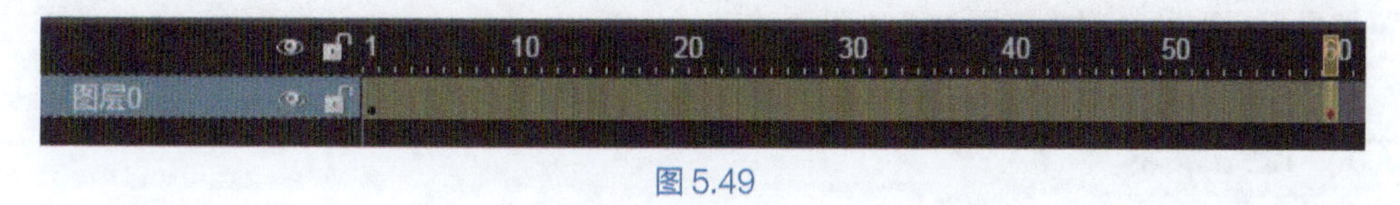

图5.49

⑤ 单击五角星，选中并拖曳五角星上的节点，将五角星调整为汽车图形，并填充颜色，如图5.50所示。

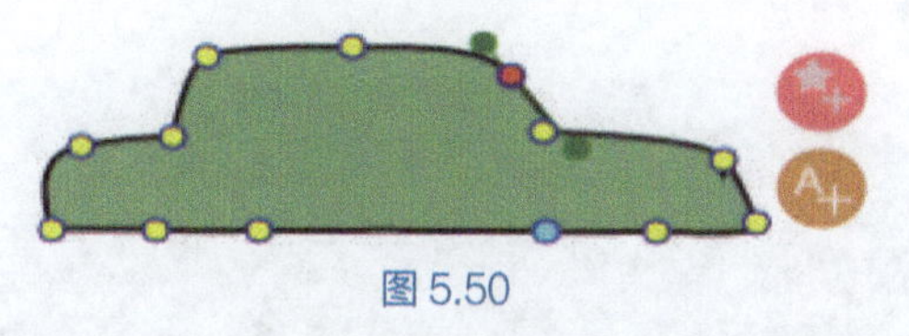

图5.50

⑥ 为汽车添加车窗和车轮。新建图层1，在图层1的第60帧上单击鼠标右键，在弹出的菜单中执行【插入关键帧】命令。然后绘制汽车的车窗和车轮，并为其填充颜色，完成后的汽车如图5.51所示。

图5.51

5.7 【任务 6】遮罩动画制作——春节印象

扫码看案例演示

遮罩，简单来说，就是在一个图层（被遮罩层）上盖一个盖子（即遮罩层），盖子上有“窗口”，通过“窗口”看被盖层的内容。当被盖层内容为动画时，就被称为遮罩动画。例如，有两张扑克牌（见图 5.52 左一、左二），在左二扑克牌上开了一个“窗口”，如图 5.52 左三所示。然后将左三盖在左一的上面，这样就可透过左三上的“窗口”看到左一中的内容，如图 5.52 左四所示。

图 5.52

因此，制作遮罩效果至少需要两个图层。遮罩层在上方，被遮罩层在下方。遮罩层只需提供“窗口”。也就是说，制作遮罩就是制作用于显示被遮罩层“窗口”范围内的内容。制作遮罩效果最重要的是明确遮罩与被遮罩的关系。

5.7.1 任务要求

利用提供的素材（见图 5.53）及音乐素材（音乐可选用木疙瘩平台提供的公有素材）制作新闻。新闻页面上需要用遮罩技术制作“视频”播放窗口。其中，将长图制作成水平移动的帧动画以模仿视频效果。

长图

背景图片

图 5.53

5.7.2　任务制作

1. 基础页面制作

① 新建一个H5作品，将舞台设置为宽530像素、高320像素。

② 添加3个图层，图层分配效果如图5.54所示。

图5.54

③ 添加背景音乐，并导入舞台背景图片。

④ 选中"文字"图层，分别输入标题文字和文字内容，设置文字属性，调整文字位置。

基础页面制作效果如图5.55所示。

图5.55

2. 制作帧动画

在"被遮罩动画"图层制作"长图"从舞台右端向左端水平移动的帧动画。

① 导入长图。

② 制作帧动画。动画的起始帧为第1帧，结束帧为第80帧，效果分别如图5.56和图5.57所示。

图5.56

图 5.57

3. 制作遮罩

① 制作遮罩窗口。在“遮罩层”图层的第 1 帧中绘制白色矩形，即制作遮罩层显示区域，效果如图 5.58 所示。

图 5.58

② 遮罩图层设置。选中“遮罩层”图层，单击【转为遮罩层】按钮，“被遮罩动画”图层变为被遮罩层，如图 5.59 所示。

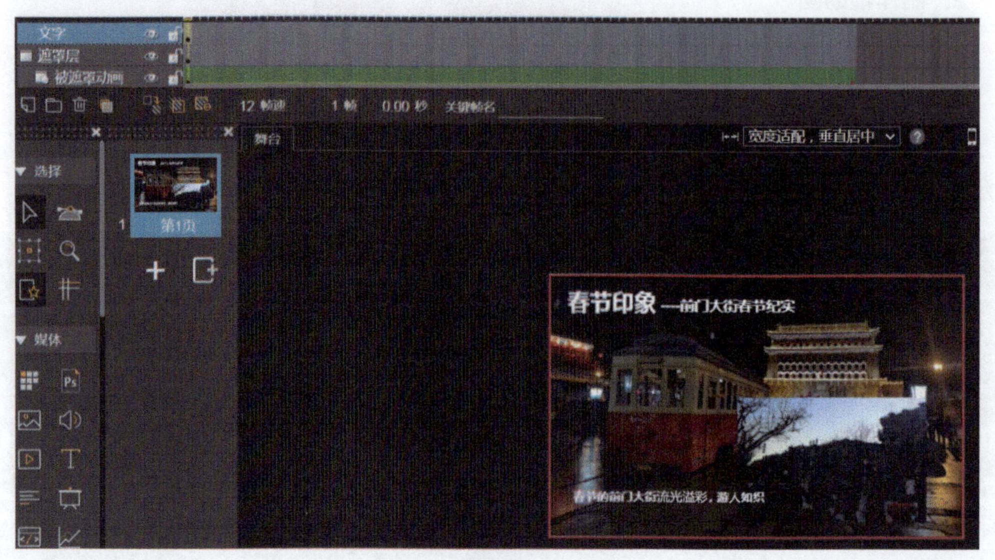

图 5.59

5.8　【任务 7】元件制作与调用——C919 大飞机介绍

扫码看案例演示

元件是作品中独立的活动单元，可以是图片、动画、音乐等。学习制作元件可以大大提高 H5 作品的制作效率。这是因为在创作 H5 作品的过程中，经常会遇到需要重复使用某一个或某几个素材的情况，为了避免重复制作，可将那些在作品中会重复用到的素材制作成元件，这样在使用时直接调用即可。在动画控制等一些应用中，经常会利用元件来提高制作效率。

5.8.1　任务要求

本任务的要求是将舞台设置为宽 320 像素、高 520 像素。页面版式的要求是上半部分呈现 C919 大飞机在一个窗口中进行曲线飞行的场景，下半部分显示介绍 C919 大飞机的文字。制作要求是用元件制作飞机曲线飞行的动画，用遮罩制作飞机飞行的显示窗口，并为窗口添加装饰框。

本任务提供的素材如图 5.60 所示。

图 5.60

5.8.2　任务制作

1．导入飞机图片，并将其转换为元件

① 新建一个 H5 作品，将舞台设置为宽 320 像素、高 520 像素。在舞台上导入图 5.60 中的舞台背景图片和飞机图片，调整图片的尺寸。

② 选中飞机图片，单击鼠标右键，在弹出的菜单中执行【转换为元件】命令。

③ 在舞台上双击飞机图片，进入元件状态（这一步非常重要）。

④ 在属性面板中单击【元件】选项卡。在【元件】选项卡中将元件名改为“飞机”，如图 5.61 所示。

图 5.61

2. 制作飞机飞行的动画

（1）制作飞机飞行的帧动画

在元件状态下制作飞机从左向右飞行的帧动画。动画起始帧为第 1 帧，选中飞机图片，在【属性】选项卡中将飞机设置为旋转 5 度，效果如图 5.62 所示。动画结束帧为第 48 帧，选中飞机图片，在【属性】选项卡中将飞机设置为旋转 35 度，效果如图 5.63 所示。

图 5.62

图 5.63

（2）调整飞行路径

利用路径动画技术，调整飞机飞行路径动画效果如图 5.64 所示。

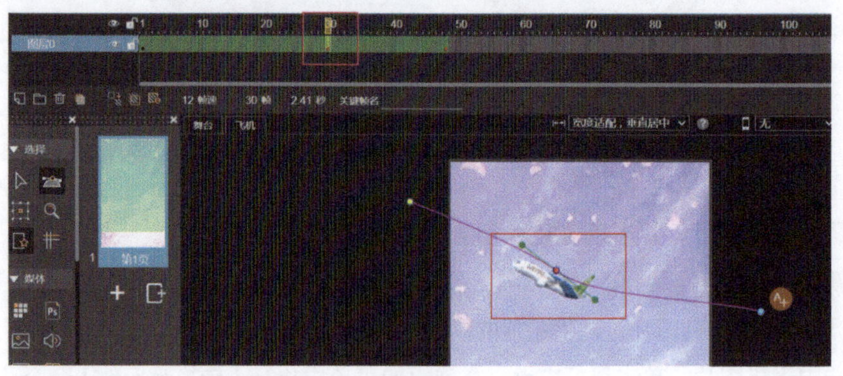

图 5.64

3. 退出元件状态并新建图层

① 单击页面栏，退出元件状态，回到舞台状态。

② 新建图层，如图 5.65 所示。

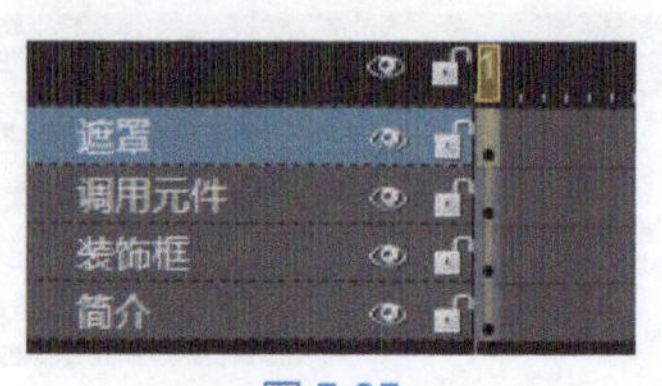

图 5.65

4. 页面制作

导入图片素材，输入文字，并进行排版，确定装饰框背景和边框的前后顺序，效果如图 5.66 所示。

图 5.66

5. 调用元件

① 选中“调用元件”图层，在属性面板中单击【元件】选项卡，选中“飞机”元件。

② 按住鼠标左键将“飞机”元件前端的按钮拖曳到舞台。

③ 在舞台上调整“飞机”元件的位置和尺寸，效果如图 5.67 所示。

图 5.67

提示：调用元件后，系统默认的是循环播放元件动画。如果希望控制元件动画的播放次数，则需要对导入舞台的元件动画进行行为设置，或在舞台上通过添加物体、设置物体行为来实现。对元件播放进行控制的设计是非常灵活的，需要根据任务要求来规划设计。另外，也可以在元件内部完成对元件播放控制的设置。

6. 绘制遮罩显示窗口，设置遮罩

① 选中“遮罩”图层，在“遮罩”图层绘制矩形遮罩显示窗口，本任务中为矩形遮罩显示窗口设置了粉色填充色，效果如图 5.68 所示。

② 设置遮罩。选中“遮罩”图层，单击【转为遮罩层】按钮，效果如图 5.69 所示。

图 5.68

图 5.69

提示：在属性面板中单击【元件】选项卡，选项卡底部提供了图5.70所示的9个按钮。

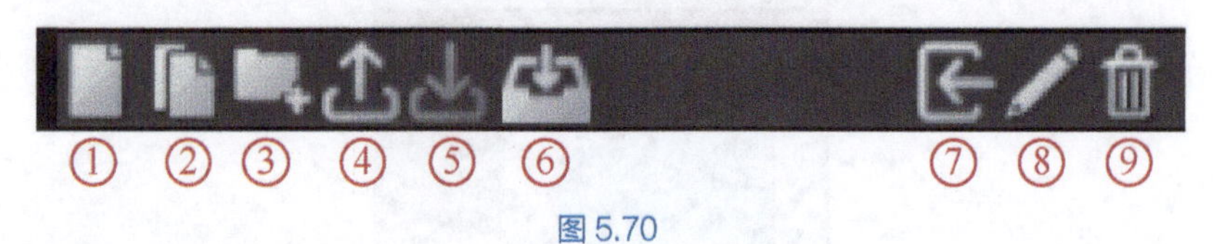

图 5.70

①【新建元件】按钮

②【复制元件】按钮

③【新建文件夹】按钮（用于对元件进行分类管理）

④【导出】按钮（将其他任务中的作品转换成元件）

⑤【导入】按钮（将导出的元件导入本任务）

⑥【导出至元件库】按钮

⑦【添加到绘画板】按钮

⑧【编辑元件】按钮

⑨【删除元件】按钮（删除任务中没有使用过的元件，可以节省存储空间）

其中，导出和导入元件的操作是先将一个作品中的元件导出，然后再导入另一个作品，使导出的元件变成另一个作品的元件。例如，将 A 作品中名为“飞机飞行”的元件导入 B 作品。导出与导入“飞机飞行”元件的方法和过程如下。

① 将 A 作品导入舞台。

② 在属性面板中单击【元件】选项卡，在元件列表中单击选中“飞机飞行”元件，然后单击【元件】选项卡底部的【导出】按钮。

③ 将 B 作品导入舞台。

④ 单击【元件】选项卡底部的【导入】按钮。

至此，A 作品中的“飞机飞行”元件就被导入 B 作品的元件库。

5.9　动画控制技术

动画控制一般是利用控制按钮来控制动画行为的。本节将给出两个实例让读者体会动画控制。由于所有相关操作，在前面已经介绍过，所以在这里只介绍实现过程。动画控制是交互动画新闻中常用的交互方式。

5.9.1　双按钮动画控制技术

制作双按钮，分别控制动画暂停与播放，制作效果如图 5.71 所示。下面介绍制作方法和过程。

扫码看案例演示

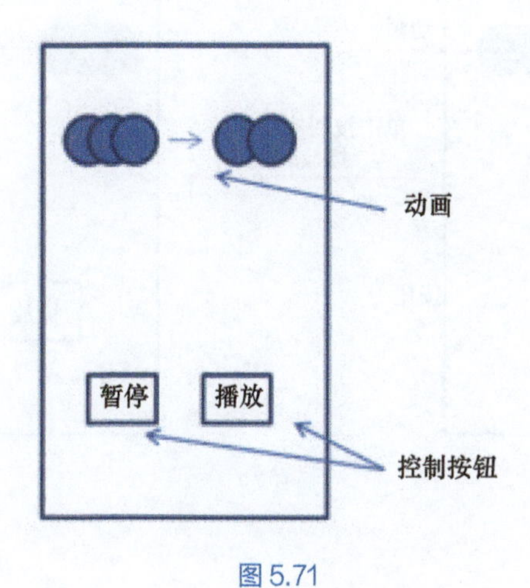

图 5.71

1. 双按钮动画制作

① 动画制作。在图层 0 制作一个帧动画，如图 5.71 所示。

② 控制按钮制作。新建一个图层，在新建图层上绘制两个按钮，将暂停按钮行为设置为“暂停、点击”，将播放按钮行为设置为“播放、点击”。

③ 保存、预览作品。预览作品时可以发现动画只播放一次。

2. 循环播放设置

① 新建一个图层，并将其帧数设置为与图层 0 的帧数一致。

② 在新建图层最后一帧（动画“终止”位置）上插入一个“关键帧”。

③ 在舞台外绘制一个图形。

④ 为图形设置行为：出现、跳转到帧并播放。跳转到的帧位置应设置为动画起始帧位置。

5.9.2 单按钮动画控制技术

扫码看案例演示

在页面中只显示一个按钮，并实现对动画暂停与播放的控制。例如，动画在页面上半部分从页面左侧向页面右侧水平移动，页面下半部分制作了一个按钮。用户通过点击按钮，控制动画的暂停或播放。控制按钮在用户点击完的情况下，根据当前状态进行切换，如图 5.72 所示。图 5.72 中，当页面上的按钮为【暂停】按钮时，用户点击该按钮后，动画开始移动（播放）。与此同时，页面上的按钮切换成【播放】按钮。反之，也是如此。这里要说明的是，虽然页面上显示出的是一个按钮，但在制作时，却是两个按钮。制作显示单按钮控制动画播放和暂停的方式有多种，下面案例采用的是元件制作方法。

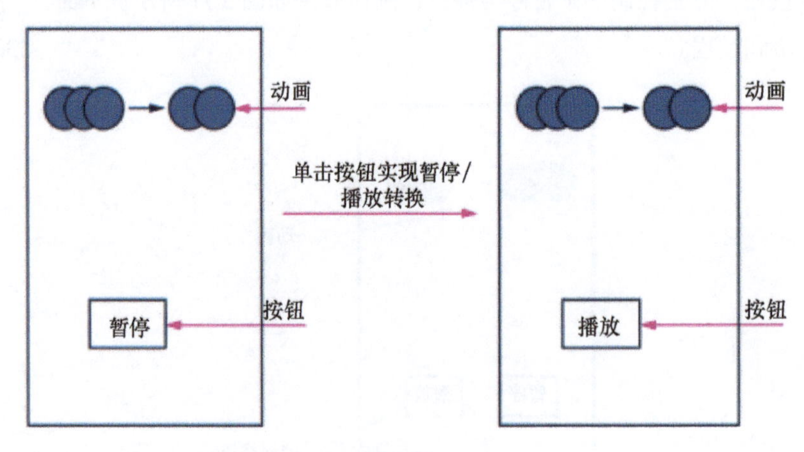

图 5.72

1. 制作页面

① 新建一个 H5 作品，在图层 0 上制作帧动画，并在【属性】选项卡中将【动画循环】设置为“打开”，并将图层 0 命名为“动画”。

② 新建图层 1，并将图层 1 命名为“按钮”。

制作效果如图 5.73 所示。

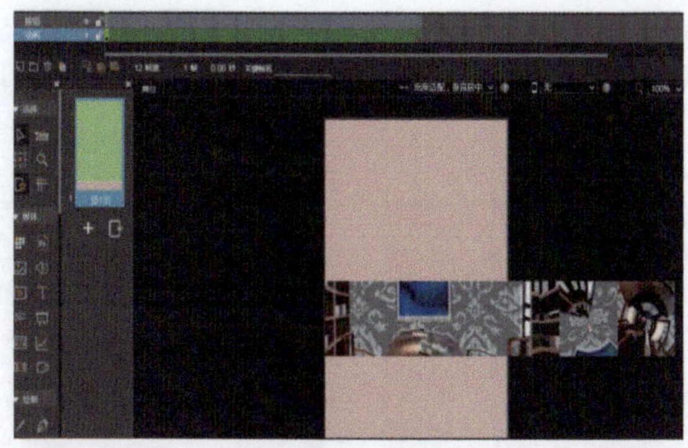

动画起始帧（第 1 帧）

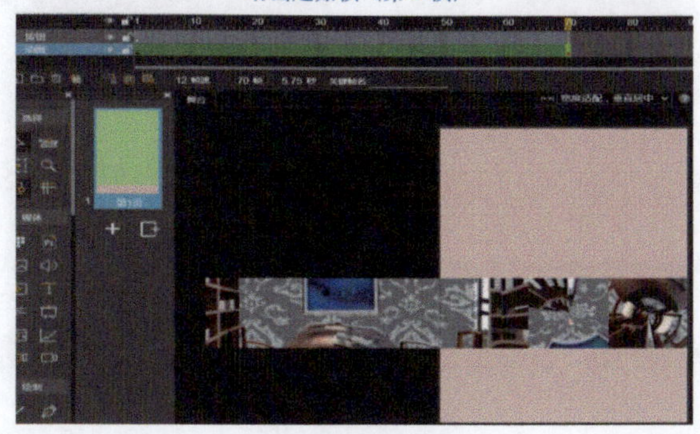

动画结束帧（第 70 帧）

图 5.73

2. 制作按钮元件

① 在属性面板中，单击【元件】选项卡中的【新建元件】按钮。

② 将新建的元件命名为“单按钮”。

③ 在元件时间线上新建一个图层，使元件中有两个图层，分别将其命名为“内部暂停”和“按钮”。在“按钮”图层添加一个关键帧。

④ “内部暂停”图层只需 1 帧。在此帧的舞台上绘制一个白色圆形，将其行为设置为“暂停，出现”。制作效果如图 5.74 所示。

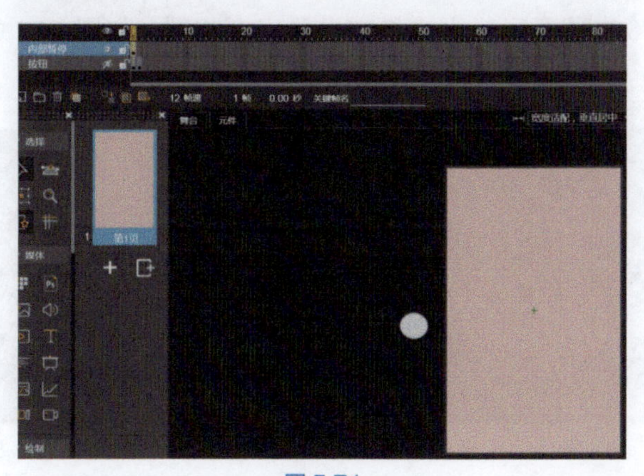

图 5.74

⑤ 在“按钮”图层第 1 帧的舞台上制作一个文字按钮，如图 5.75 所示，在第 2 帧的舞台上也绘制一个文字按钮，如图 5.76 所示，并使两个按钮的尺寸相同，在舞台上的位置也相同。

图 5.75 　　图 5.76

⑥ 分别为“点击暂停”和“点击播放”设置行为和触发条件，设置结果如图 5.77 和图 5.78 所示。

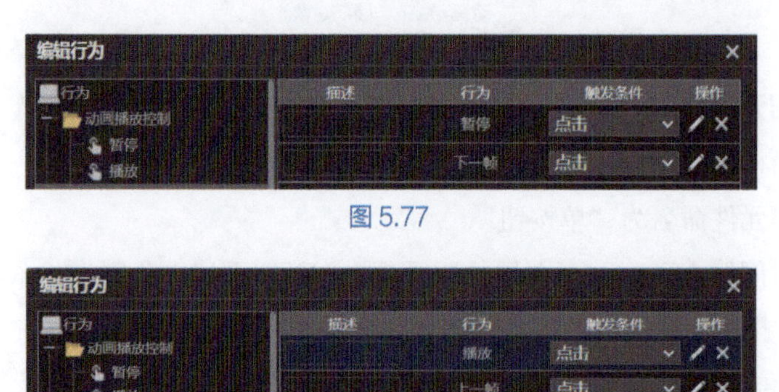

图 5.77

图 5.78

图 5.77 和图 5.78 中的两行行为的参数设置完全相同，如图 5.79（第 1 行行为的参数设置）和图 5.80（第 2 行行为的参数设置）所示。

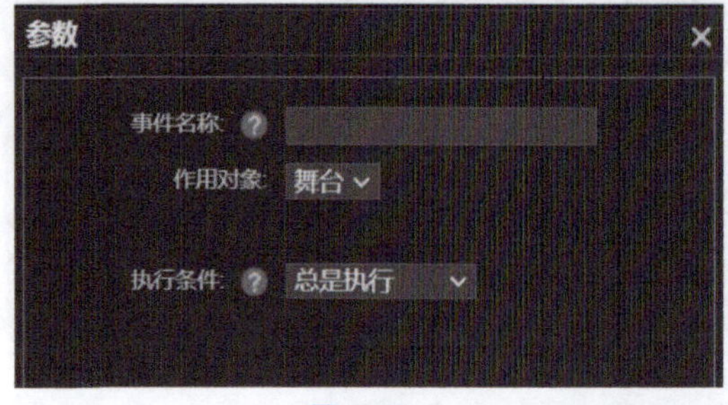

图 5.79

图 5.80

3. 返回舞台调用元件

为按钮设置行为和触发条件后，在页面栏单击页面缩略图，返回舞台编辑状态。

选中“按钮”图层的第1帧，将元件“单按钮”拖曳到舞台，同时插入普通帧，使“按钮”图层的帧数与“动画”图层的帧数相同。

提示：为了在执行作品时不显示出元件中的暂停图形（白色圆形），可将其填充色设置为“无色”。

第 6 章

融媒体新闻交互的 5 种典型制作方法

新闻创作需要创新。借助H5技术，创作出功能独特，能满足用户不同需要的具有创新效果的新闻是新闻创作追求的重要目标。事实上，不仅新闻创作如此，广告、自媒体创作等也是如此。本章在前几章的基础上，介绍几种非常实用的制作融媒体新闻交互的技术和方法。

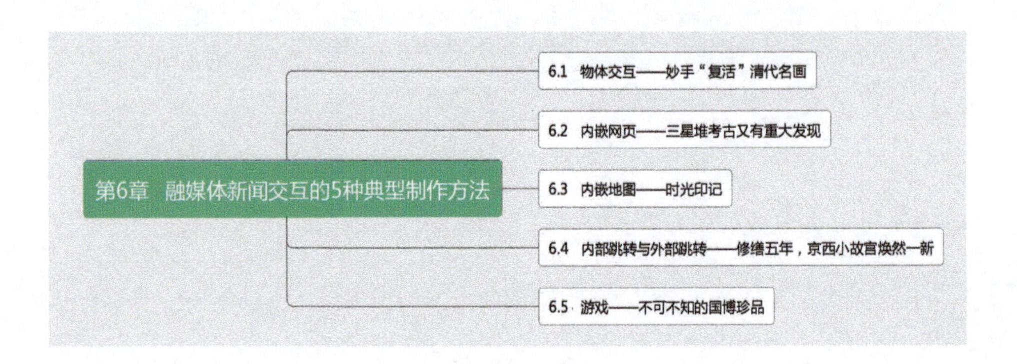

6.1　物体交互——妙手“复活”清代名画

扫码看案例演示

物体交互是指作品中利用将作品属性改变的方式实现物体之间的互动。

6.1.1　任务要求

本任务以妙手“复活”清代名画为主题，完成一个物体交互新闻的制作。具体制作要求：发布作品后，单击页面中的按钮（照相机图片）实现图片切换显示效果，如图 6.1 所示。通过本任务掌握利用物体互动技术制作新闻的方法和过程。

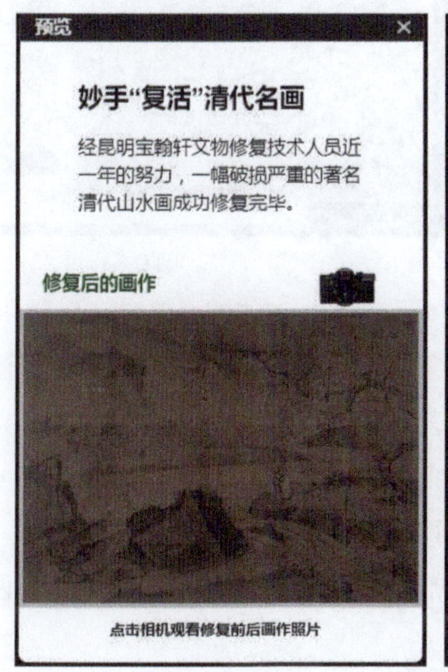

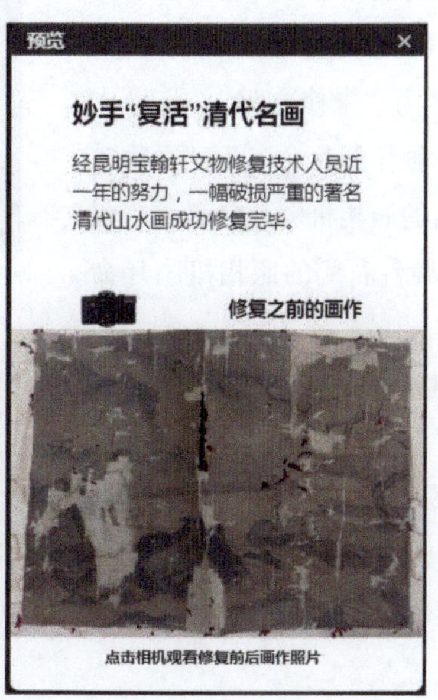

图 6.1

6.1.2　任务制作

1. 素材准备

经处理后，准备好的素材如图 6.2 至图 6.4 所示。

修复之前的画作
图 6.2

修复之后的画作
图 6.3

按钮
图 6.4

2. 新建作品，制作页面

① 新建一个 H5 作品，将舞台设置为宽 320 像素、高 520 像素。

② 导入图片素材，输入文字，调整文字、图片的位置和尺寸，设置文字属性，效果如图 6.5 所示。

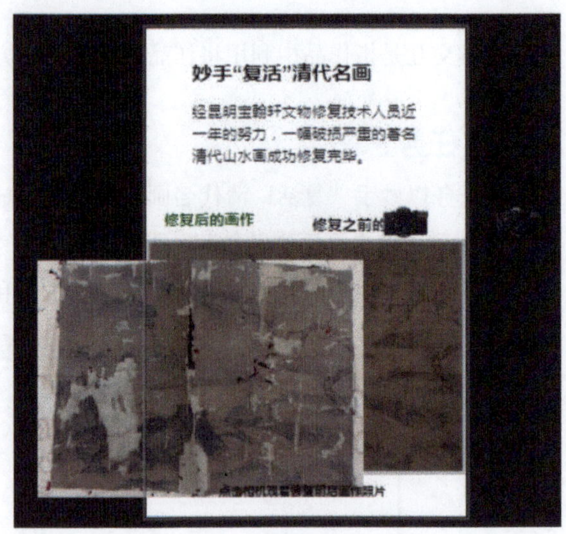

图 6.5

③ 为导入舞台上的物体命名。将文字“修复后的画作”在舞台上命名为“修复文字”；将文字“修复之前的画作”在舞台上命名为“未修文字”；将导入的修复之前的画作图片命名为“文物”；将导入舞台内的照相机图片命名为“相机”；将导入舞台右侧的照相机图片命名为“相机 1”。

④ 排列物体在舞台上的叠放层次。将修复之前的画作图片、两张照相机图片都排列在舞台顶层；将文字“修复之前的画作”和“修复后的画作”都排列在舞台底层。

⑤ 处理舞台上图片的尺寸。调整修复之前和修复之后两张画作图片的尺寸，使两张图片尺寸相同。调整两张照相机图片的尺寸，使两张图片尺寸相同。

⑥ 安排图片位置。将修复之前和修复之后的两张画作图片重叠放置，将两张照相机图片水平对齐放置。

⑦ 透明度设置。设置文字“修复之前的画作”和修复之前名画图片的透明度为“0”；将舞台上其他物体的透明度设置为“100”。

3. 行为设置

①“相机”图片的行为设置。选中舞台上名称为“相机”的图片，其行为设置效果如图 6.6 所示。

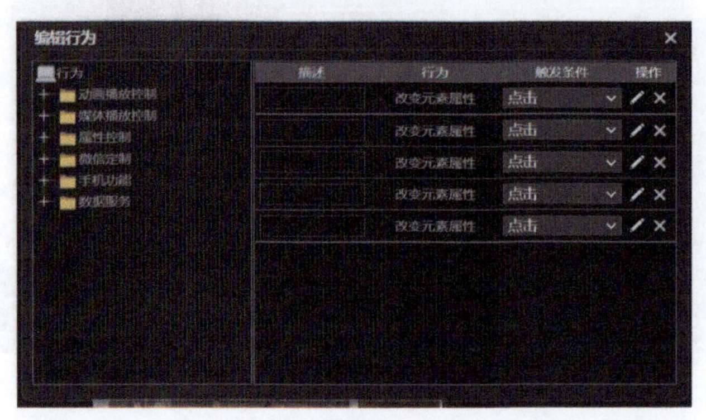

图 6.6

图 6.6 中各行行为参数设置效果如图 6.7 所示。

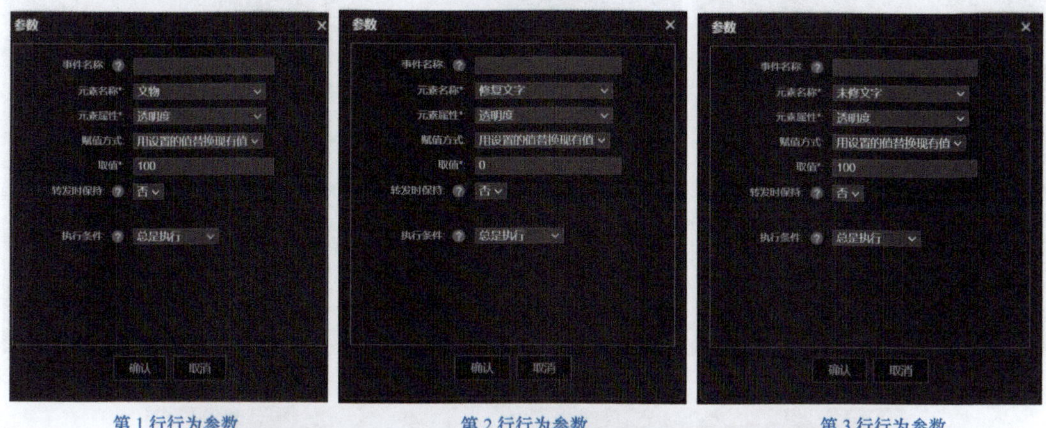

第 1 行行为参数　　第 2 行行为参数　　第 3 行行为参数

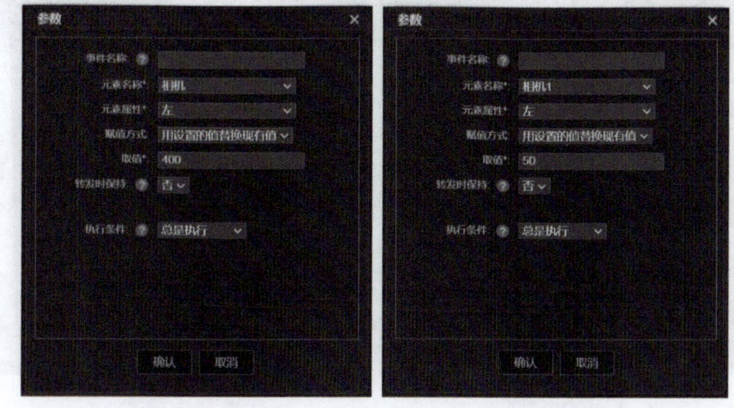

第 4 行行为参数　　第 5 行行为参数

图 6.7

② “相机 1”图片的行为设置。选中舞台上名称为“相机 1”的图片，其行为设置效果如图 6.8 所示。

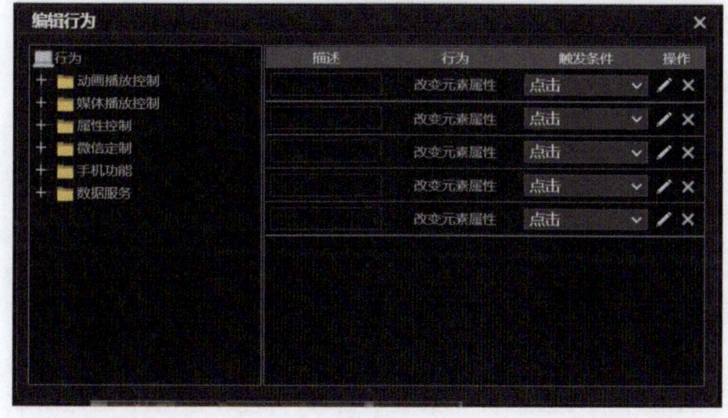

图 6.8

图 6.8 中各行行为参数设置效果如图 6.9 所示。

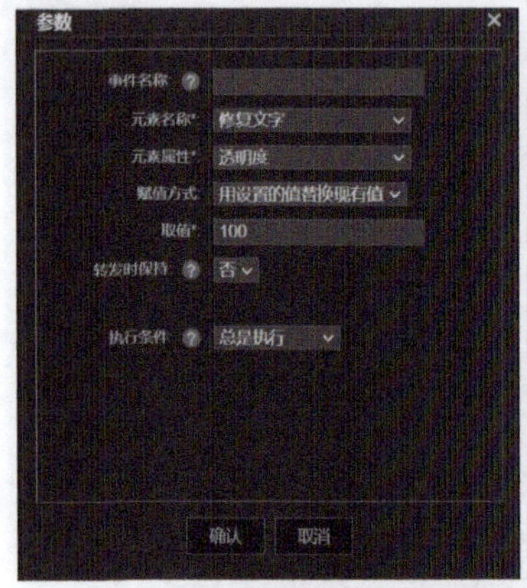

第 1 行行为参数

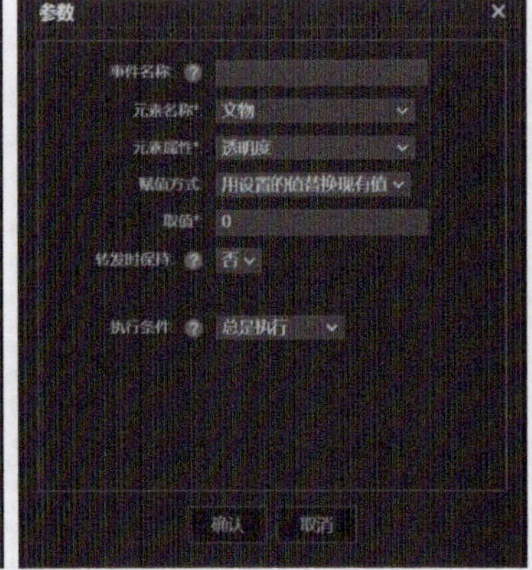

第 2 行行为参数

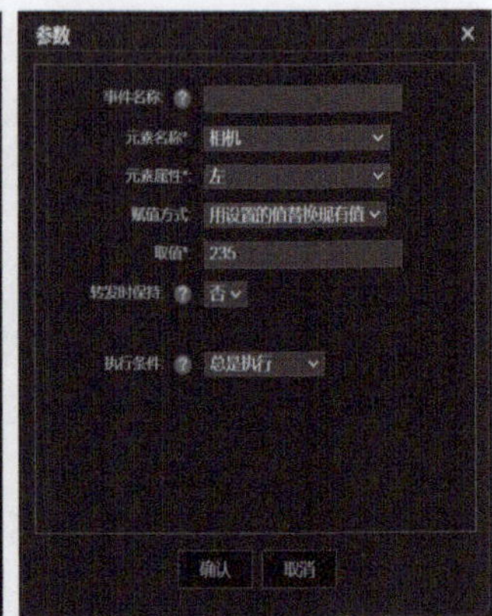

第 3 行行为参数

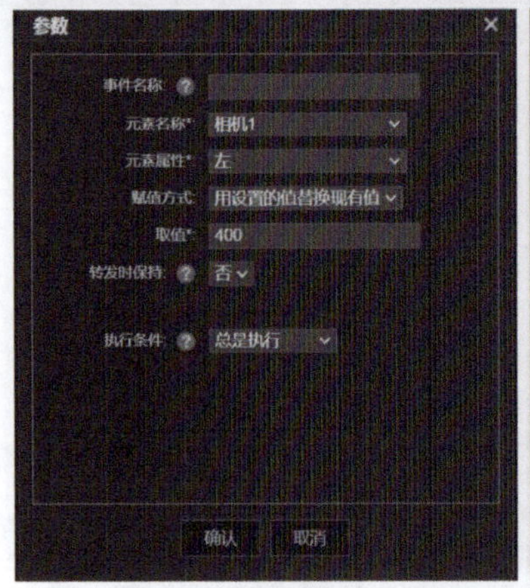

第 4 行行为参数

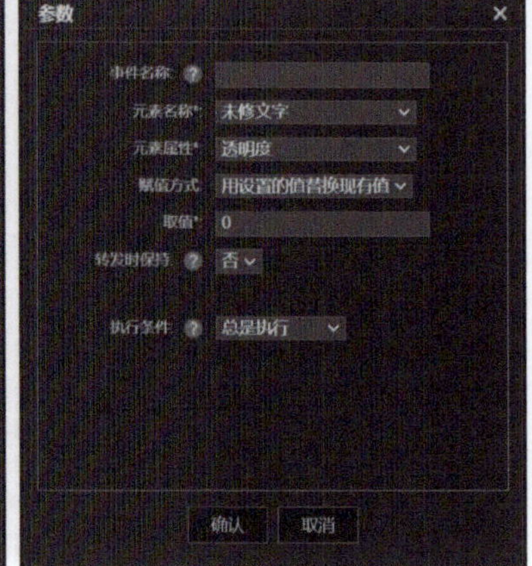

第 5 行行为参数

图 6.9

提示：通过对舞台上某物体进行行为设置来改变作品中其他物体属性的操作，形式多样，实用性非常强，目的其实就是让作品交互效果更丰富。

4. 保存、预览并发布

提示：完成本任务除了上述方法，还有多种方法，读者不妨开动脑筋尝试一下其他制作方法。

6.2 内嵌网页——三星堆考古又有重大发现

内嵌网页是指在页面中设置一个网页显示窗口，链接网页后，通过所设置的窗口来浏览网页内容。

扫码看案例演示

6.2.1　任务要求

本任务是以“三星堆考古又有重大发现”为主题，制作一个能够显示三星堆官网的新闻。通过本任务掌握利用网页工具制作新闻的方法和过程。制作效果如图 6.10 所示。

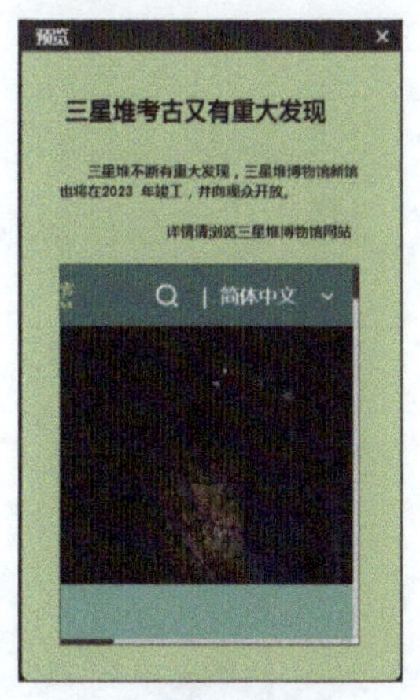

图 6.10

6.2.2　任务制作

1. 新建作品，制作页面

① 新建一个 H5 作品，将舞台设置为宽 320 像素、高 520 像素。

② 为舞台添加背景颜色。

③ 输入标题文字和内容文字，以及操作提示文字，设置文字属性，调整文字位置。

2. 链接网页

① 单击网页工具，在舞台上创建网页展示窗口。

② 在【属性】选项卡【专有属性】的【网页地址】中，输入三星堆博物馆官网地址，如图 6.11 所示。

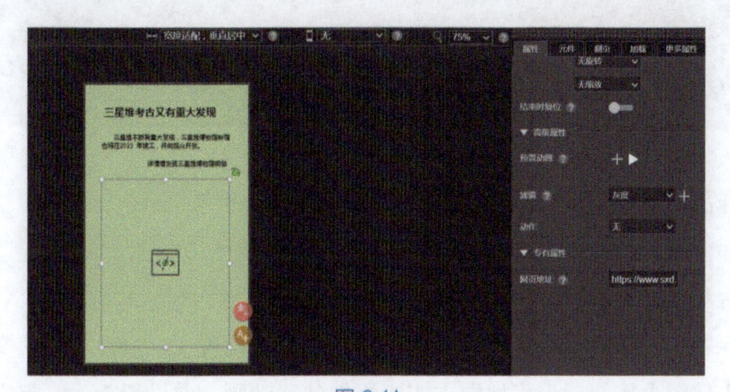

图 6.11

3. 保存、预览并发布

6.3 内嵌地图——时光印记

扫码看案例演示

内嵌地图是指在页面中链接地图，使作品能够显示出地图，以及用户设置的地点的具体位置。

6.3.1 任务要求

本任务以“时光印记”为主题，制作一个能够搜索地点的新闻。通过本任务掌握利用地图工具制作新闻的方法和过程。

6.3.2 任务制作

1．素材准备

经处理后，准备好的素材如图 6.12 所示。

图 6.12

2．新建作品，制作页面

① 新建一个 H5 作品，将舞台设置为宽 320 像素、高 520 像素。

② 为舞台添加背景颜色。

③ 输入标题文字、内容文字，以及操作提示文字，设置文字属性，调整文字位置。

④ 制作【地图】按钮，为【地图】按钮添加预置动画，并设置行为：点击、下一页。

⑤ 导入素材图片到舞台，为图片添加滤镜，制作出做复古效果。

提示：添加滤镜

【属性】选项卡中的滤镜也是很重要的应用，为图形、图像、文字等添加滤镜，可使其产生各种变化，呈现出适合主题的视觉效果。

添加滤镜的方法：选中舞台上的物体，在【属性】选项卡中单击【滤镜】选择框右侧的下拉按钮，在弹出的菜单中选择需要添加的滤镜，然后单击+按钮即可。

⑥ 利用绘图工具，绘制装饰线。

制作效果如图 6.13 所示。

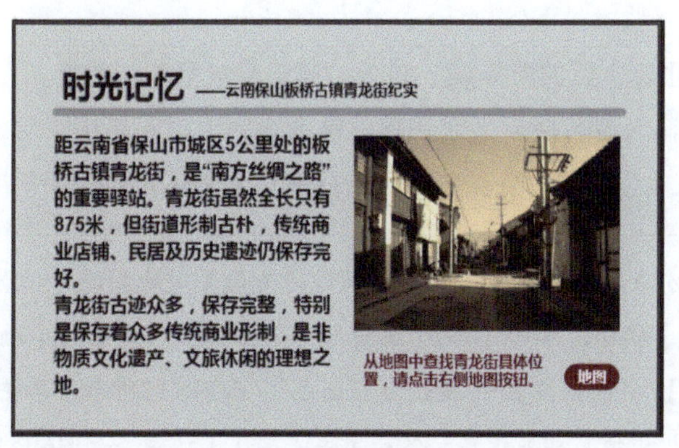

图 6.13

3. 内嵌地图页面制作

① 添加一个页面，设置两个图层，如图 6.14 所示。

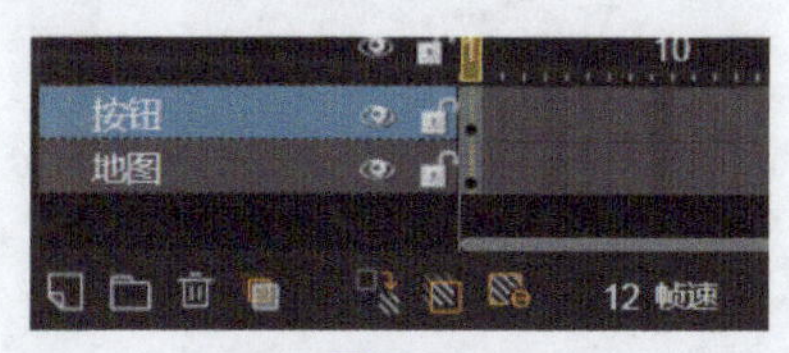

图 6.14

② 添加地图控件。选中“地图”图层，在工具箱中的【控件】工具组中单击地图按钮，鼠标指针变为+，拖曳鼠标指针，创建地图展示窗口。在“按钮”图层制作【返回】按钮，其中，【返回】按钮的行为设置为“上一页、点击”。页面制作效果如图 6.15 所示。

图 6.15

4. 地图属性设置

① 选中地图展示窗口，在【属性】选项卡会显示地图的专有属性，如图 6.16 所示。

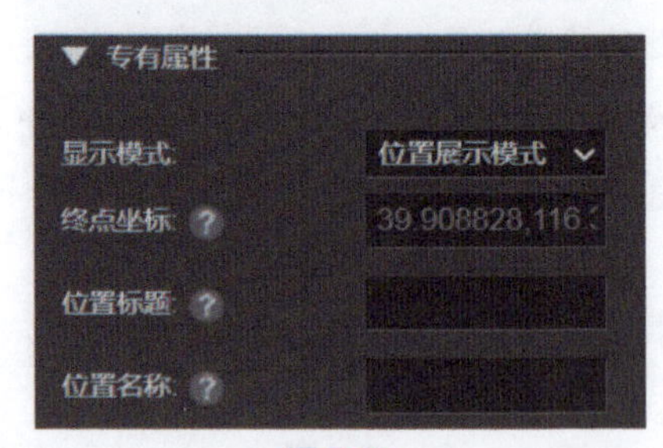

图 6.16

② 单击【终点坐标】后的图标，进入“腾讯位置服务”系统。

③ 在搜索框中输入地名搜索，或在搜索框旁边的下拉菜单中找到地名后单击。选择需要设置的地址后，该地址的坐标会自动显示在右侧的【坐标】文本框中。

提示：除了使用上述方法设置地图属性，还可通过行为设置对地图进行设置。例如，选中图6.13所示页面中的【地图】按钮，单击【添加/编辑行为】按钮，在弹出的【编辑行为】对话框选择【手机功能】/【地图】，并将触发条件设置为“点击”，如图6.17所示。单击【编辑】按钮，在弹出的【参数】对话框中填写相关信息，然后单击【确认】按钮，如图6.18所示。

图 6.17

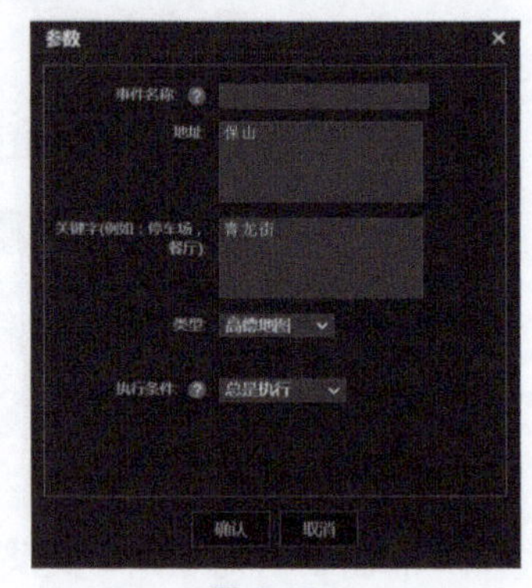

图 6.18

6.4 内部跳转与外部跳转——修缮五年，京西小故宫焕然一新

本节将介绍通过行为设置，在融媒体新闻作品中添加网页链接，以及通过触发条件设置，设置页面打开方式的方法。

扫码看案例演示

6.4.1 任务要求

本任务以“修缮五年，京西小故宫焕然一新”为主题，掌握在融媒体新闻作品中添加网

页链接和设置页面打开方式的方法。

6.4.2　任务制作

1. 素材准备

经处理后，准备好的素材如图 6.19 所示。

图 6.19

2. 基本页面制作

① 新建一个 H5 作品，将舞台设置为宽 320 像素、高 520 像素。

② 为舞台添加背景颜色。

③ 输入标题文字和内容文字，以及操作提示文字，设置文字属性，调整文字位置。

④ 导入素材图片到舞台，调整图片位置。

制作效果如图 6.20 所示。

图 6.20

3. 添加网页链接

① 选中页面中的图片，单击【添加 / 编辑行为】按钮，在弹出的【编辑行为】对话框中选择【属性控制】/【跳转链接】，并将触发条件设置为“点击”，如图 6.21 所示。

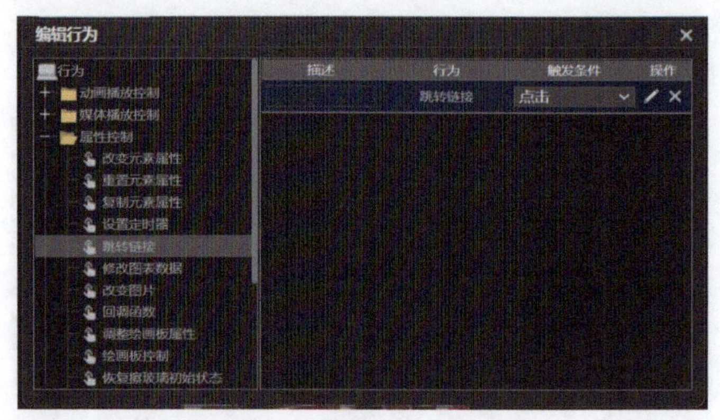

图 6.21

② 单击【编辑】按钮，在弹出的【参数】对话框中填写相关信息，如图 6.22 所示。本例中，链接地址为万寿寺官网地址，将【打开位置】设置为“当前页面”。

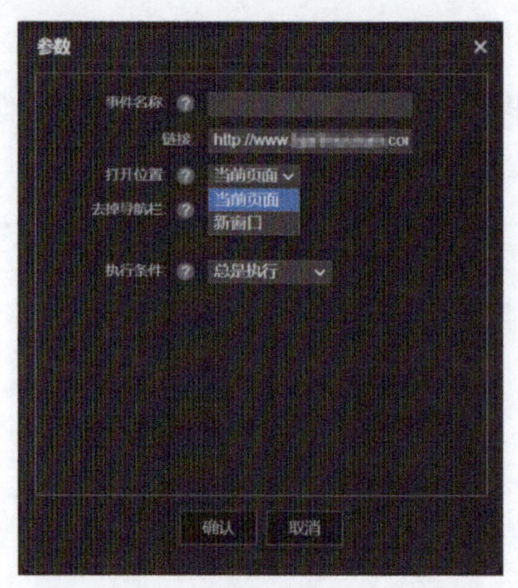

图 6.22

页面打开位置分为内部跳转和外部跳转，参数设置中的“当前页面”选项是指内部跳转，“新窗口”选项则指外部跳转。将【打开位置】设置为“新窗口”后，由于实现的是外部跳转，所以当前页面有可能无法跳转至之前的页面。

6.5 游戏——不可不知的国博珍品

扫码看案例演示

采用游戏方式制作新闻，可展示出新闻娱乐性的一面，进一步提升新闻的吸引力。游戏类型众多，本例将以拼图为例，介绍具有游戏特征的新闻。特别强调的是，能否制作出具有游戏特征的新闻，需要根据新闻内容而定。

6.5.1　任务要求

本任务利用容器、图形组合、逻辑判断、计数器等技术，通过行为设置来制作拼图游戏。其中涉及了程序设计思维，需要利用技巧来解决游戏中各物体（元素）之间的关系问题。通过制作限时拼图游戏，掌握图形组合、逻辑判断的技能，掌握容器、计数器的使用。

6.5.2　任务制作

1. 素材准备与处理

准备一张用于拼图的图片，如图 6.23 所示。将该图片均分成 4 份，如图 6.24 所示。

图 6.23

图块 1

图块 2

图块 3

图块 4

图 6.24

2. 基本页面制作

制作出的第 1 页至第 3 页的页面效果如图 6.25 至图 6.27 所示。

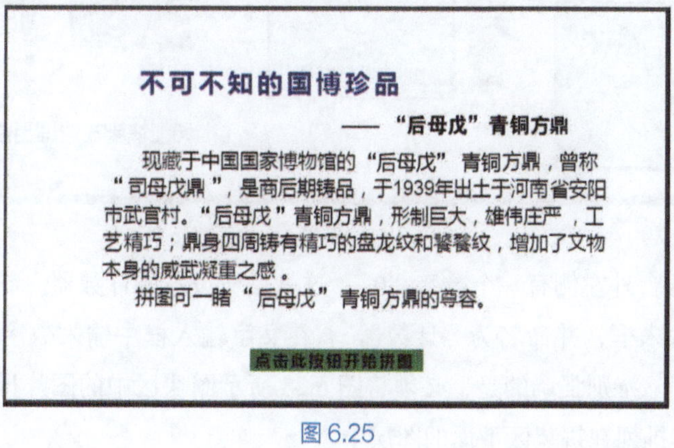

不可不知的国博珍品

——“后母戊”青铜方鼎

现藏于中国国家博物馆的“后母戊”青铜方鼎，曾称“司母戊鼎”，是商后期铸品，于1939年出土于河南省安阳市武官村。“后母戊”青铜方鼎，形制巨大，雄伟庄严，工艺精巧；鼎身四周铸有精巧的盘龙纹和饕餮纹，增加了文物本身的威武凝重之感。

拼图可一睹“后母戊”青铜方鼎的尊容。

点击此按钮开始拼图

图 6.25

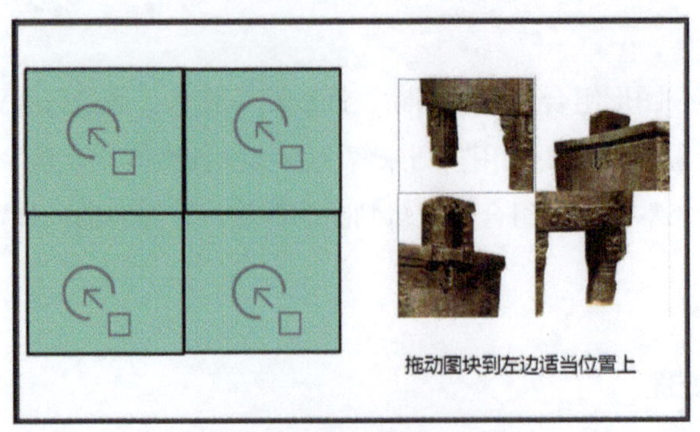

图 6.26

图 6.27

其中，图 6.26 中的图标是添加了拖放容器后显示的图标。将拼图页面中的物体，拆解一下，就可以看到页面上各物体的原始状态，如图 6.28 所示。

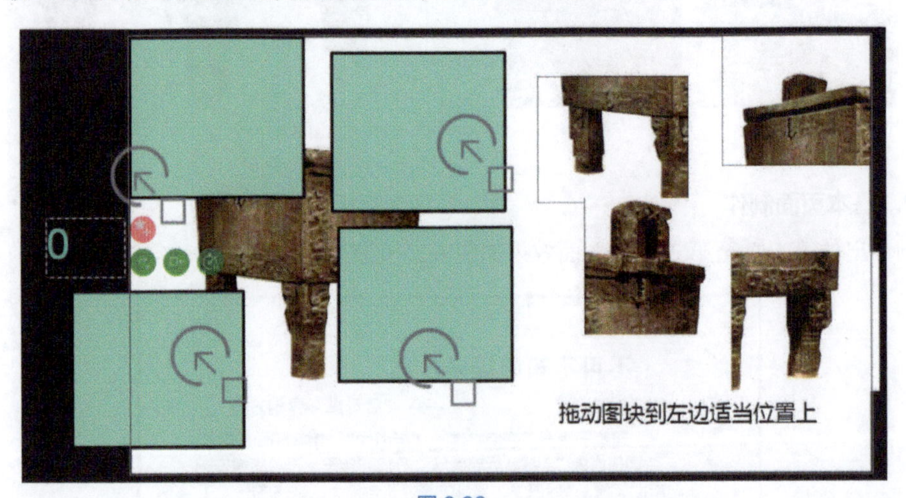

图 6.28

图 6.28 中，舞台外左侧有一个数字“0”，这就是所设置的计数器。制作方法为单击文字工具，制作文字输入框，并命名为“计数器”。在文字输入框中输入数字“0”，以保证计数器的初始值为“0”。特别强调的是，必须将图 6.28 所示图块区中的图片排列到页面顶层，至于容器，可以将其排列在拼装区下面的图层中。

3. 拼图图块属性设置

图 6.26 中 4 张图块初始的属性设置是相同的，设置效果如图 6.29 所示。

图 6.29

4. 行为、触发条件和参数设置

容器、覆盖块、图块的名称，各自在拼图页面中的位置，以及它们之间的关联关系如图 6.30 所示。其中 MB 代表覆盖块，Y 代表图块。

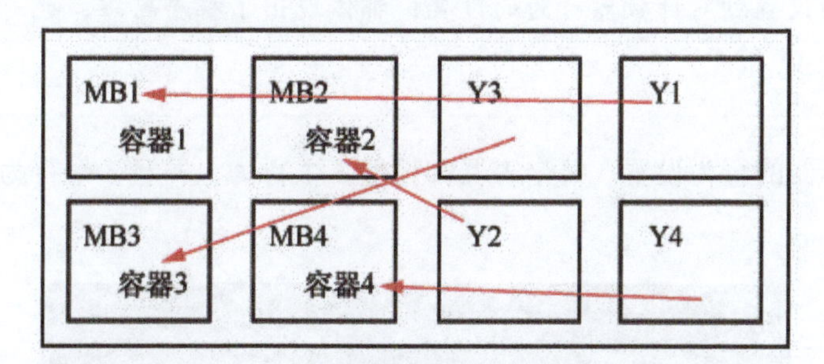

图 6.30

① 第 1 页中【点击此按钮开始拼图】按钮的行为设置。为【点击此按钮开始拼图】按钮设置一个行为“下一页、点击”。

② 第 2 页计数器的行为设置。为计数器添加 2 个行为，如图 6.31 所示。

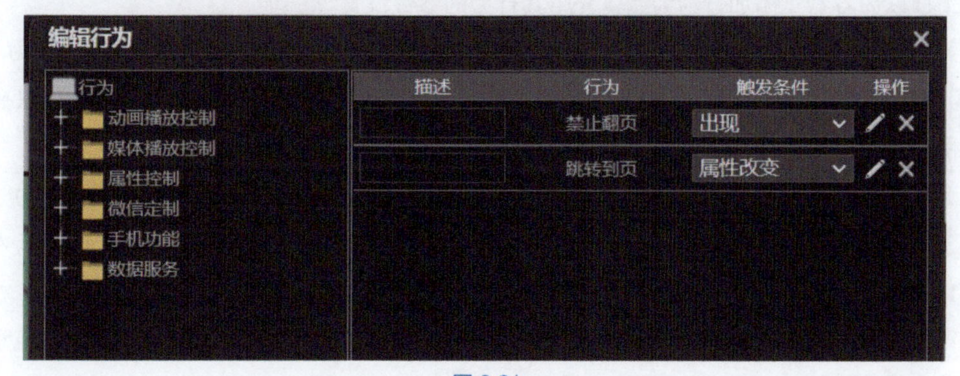

图 6.31

其中，第 1 个行为不需要参数设置，目的就是在计数器出现时不要翻页，使页面保持在当前页上。这里要说明的是，因为计数器不需要用户操作，所以将计数器安置在页面之外，使其不显示在页面中，不影响用户的操作。

第 2 个行为的参数设置是计数器的值大于等于 4 时跳转到第 3 页，如图 6.32 所示。

图 6.32

提示：从计数器的设置到对计数器行为的设置，都体现出了程序思维，也是逻辑思维和形象思维结合的具体体现。

---

③ 第 2 页容器的行为设置。每个容器都设置 3 个行为，并且 3 个行为相同，如图 6.33 所示。

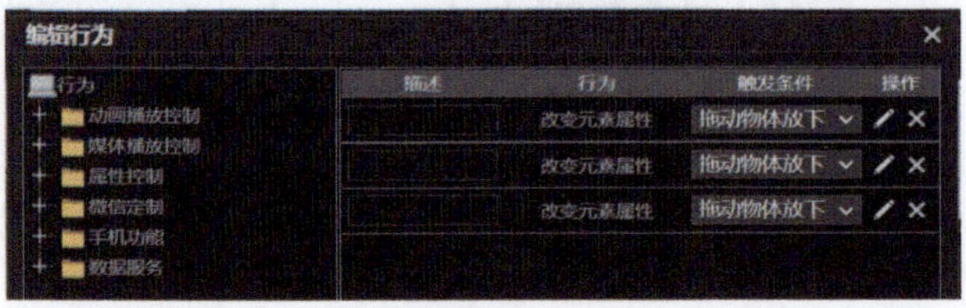

图 6.33

下面以为容器 1 添加行为为例，介绍其行为的参数设置。

第 1 行行为的参数设置如图 6.34 所示，将拼装区中覆盖块 MB1 的透明度【取值】设为“0”（使覆盖块变透明，露出下层的内容），将【拖动物体名称】设为“Y1”（使容器 1 中只允许拖入图块 Y1）。

第 2 行行为的参数设置如图 6.35 所示，将图片存放区中 Y1 的透明度【取值】设为“0”（使图块 Y1 消失，不显示），将【拖动物体名称】设为“Y1”（使容器 1 中只允许拖入图块 Y1）。

第 3 行行为的参数设置如图 6.36 所示，将计数器的文本【取值】设为“1”，将【拖动物体名称】设为“Y1”（使容器 1 中只允许拖入图块 Y1）。

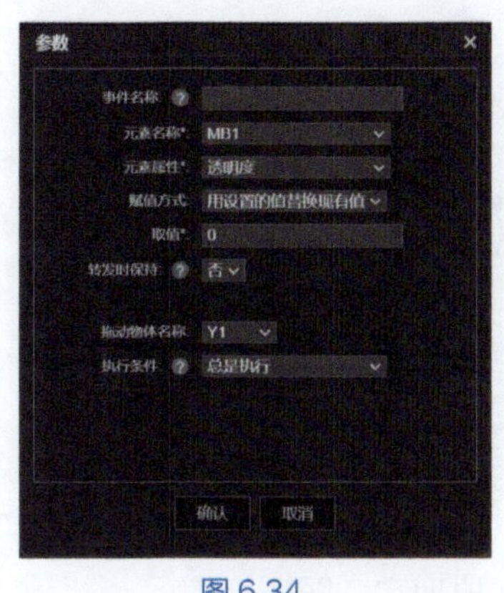

图 6.34

图 6.35

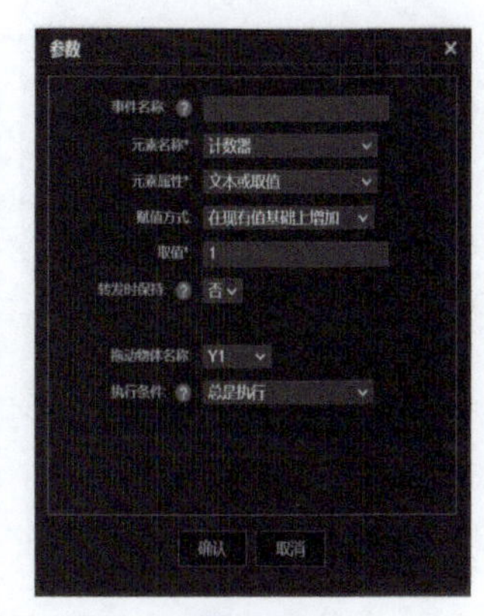

图 6.36

容器 2、容器 3、容器 4 的参数设置与容器 1 的相同，只是拼装区中的覆盖块名称、拖动物体名称不同，分别是 MB2、Y2, MB3、Y3，MB4、Y4。

附录

实用工具及控件的基本操作与使用

木疙瘩提供了众多的实用工具和控件，如虚拟现实、图表、表单、预置考题、陀螺仪、幻灯片、擦玻璃、点赞、绘画板等，这些工具的操作非常简单。附录介绍了主要和常用的实用工具和控件的操作及使用方法，以便教师教学、用户创作时随时索引。附件的主要内容如下图所示。

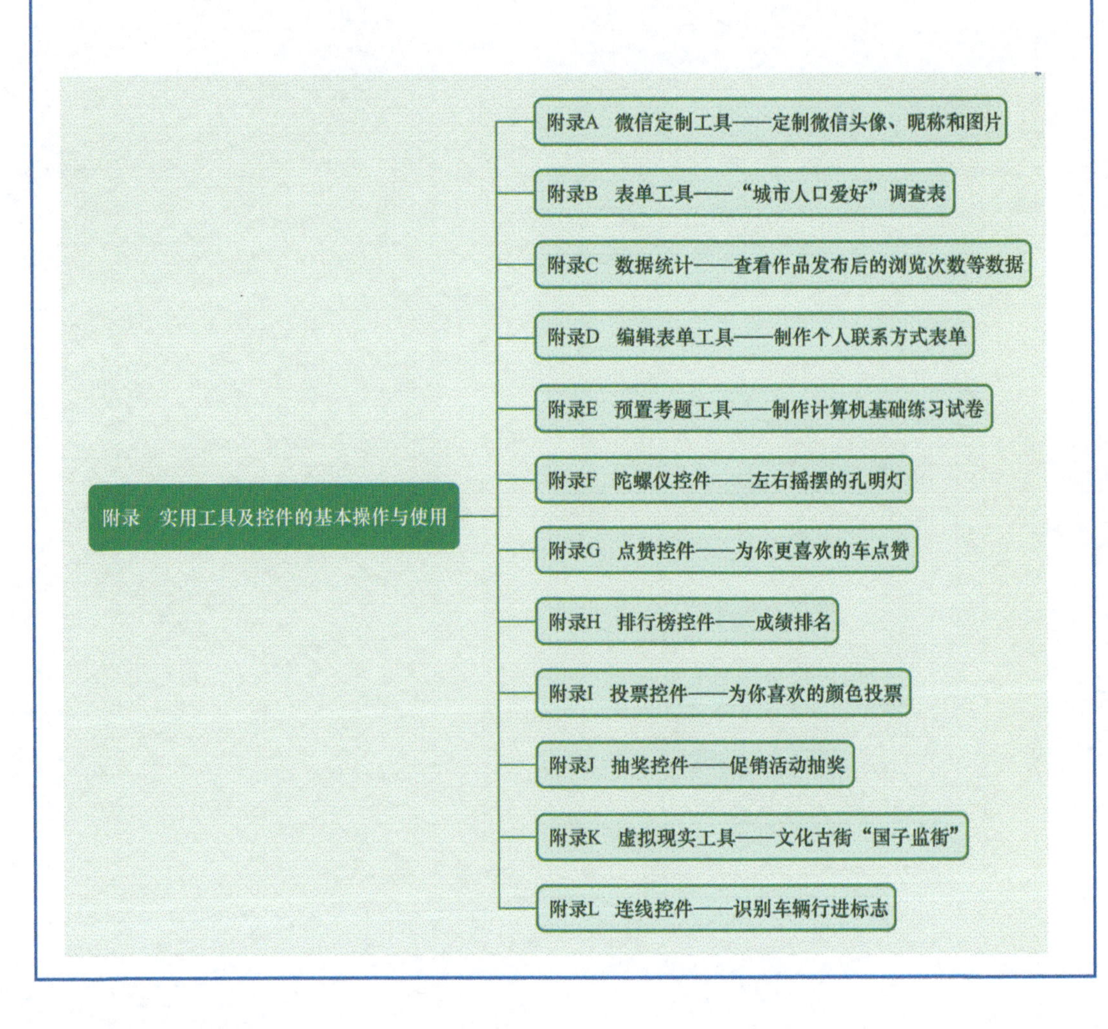

附录 A 微信定制工具——定制微信头像、昵称和图片

微信是 H5 的重要应用场景，木疙瘩提供的微信定制工具如图 A.1 所示。这里仅介绍微信头像、微信昵称和定制图片工具。

1. 微信头像

（1）添加微信头像获取图标

单击工具箱中的微信头像工具，舞台上会出现一个用于获取微信头像的图标，如图 A.2 所示。

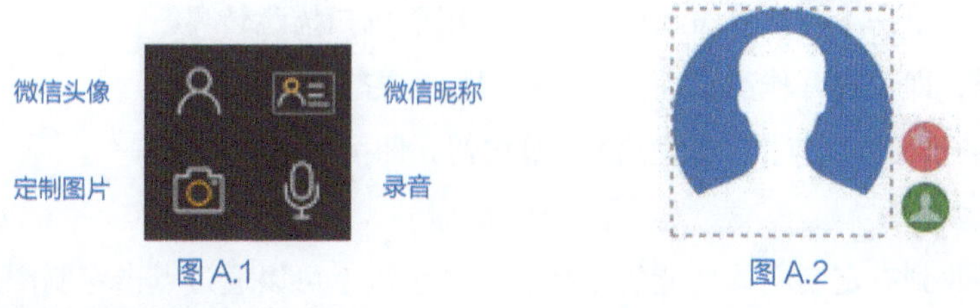

图 A.1　　图 A.2

（2）设置行为与触发条件

微信头像获取图标的行为与触发条件一般使用系统默认设置，如无特殊需求，不需要修改。将微信头像的行为与触发条件设置为“显示微信头像、出现”。

（3）调整微信头像的位置和尺寸

选中微信头像获取图标，调整其在舞台上的位置和尺寸。

（4）替换微信头像

① 选中图 A.2 中的微信头像获取图标，在【属性】选项卡的【专有属性】中单击【背景图片】后的缩略图。

② 在弹出的图片的【素材库】对话框中选择合适的图片，完成微信头像的替换。

2. 微信昵称

（1）输入微信昵称

单击工具箱中的微信昵称工具，舞台上会出现一个文字输入框。双击文字输入框，可在框中输入微信昵称。

（2）设置行为与触发条件

微信昵称的行为与触发条件一般使用系统默认设置，如无特殊需求，不需要修改。

（3）设置属性

选中微信昵称，调整其在舞台上的位置，并设置微信昵称的字体、大小、颜色等属性。

3. 定制图片

（1）添加定制图片获取图标

单击工具箱中的定制图片工具，舞台上会出现一个用于获取图片的图标，如图 A.3 所

示。定制图片获取图标的行为与触发条件一般使用系统默认设置，如无特殊需求，不需要修改。

（2）调整定制图片获取图标及图片显示区域

定制图片获取图标外围有一个红圈，红圈区域为定制图片显示区域（见图 A.3）。单击工具箱中的变形工具可调整图标的大小。单击工具箱中的节点工具，定制图片获取图标周围会出现节点，拖曳节点可调整定制图片显示区域的大小和形状。

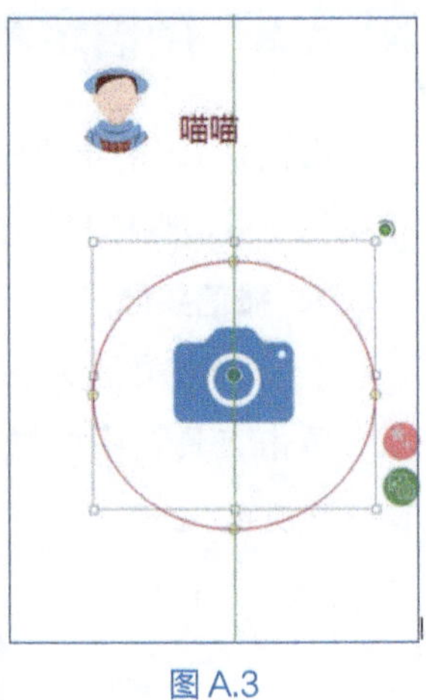

图 A.3

4. 转发作品

在菜单栏上单击【查看发布地址】按钮，用手机扫描跳转界面中的二维码，即可打开作品页面。点击作品页面右上角的图标 ···，在弹出的页面中，点击【转发给朋友】按钮，即可选择朋友，将作品转发出去。

朋友在接收到有定制图片功能的作品后，在手机上可以通过点击定制图片获取图标，将自己手机的图片库中的图片导入页面中，并转发给其他朋友。

附录 B　表单工具——“城市人口爱好”调查表

表单主要用于各种表格和题目的制作。表单工具包括输入框、单选框、多选框、列表框和表单这 5 个工具，如图 B.1 所示。其中，前 4 个工具分别用于制作输入框、单选框、多选框、列表框这 4 种类型的表单，表单工具用于编辑表单。

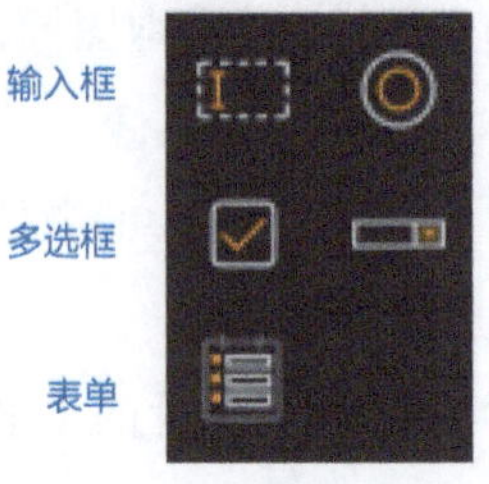

图 B.1

以制作一张“城市人口爱好”调查表为例来介绍表单工具的使用，目标城市为北京、上海、广州、重庆。

1. 规划表单内容

调查表的调查内容包括姓名（必填项）、性别、爱好、城市这 4 项，其表单类型分别对应为输入框（姓名）、单选框（性别）、多选框（爱好）、列表框（城市）。此外，在调查表中还需要设计一个【提交】按钮。

2. 制作表单

（1）输入调查任务名称

新建一个 H5 作品，单击工具箱中的文字工具，将调查任务的名称分别输入舞台，然后调整文字的大小、字体和位置，效果如图 B.2 所示。

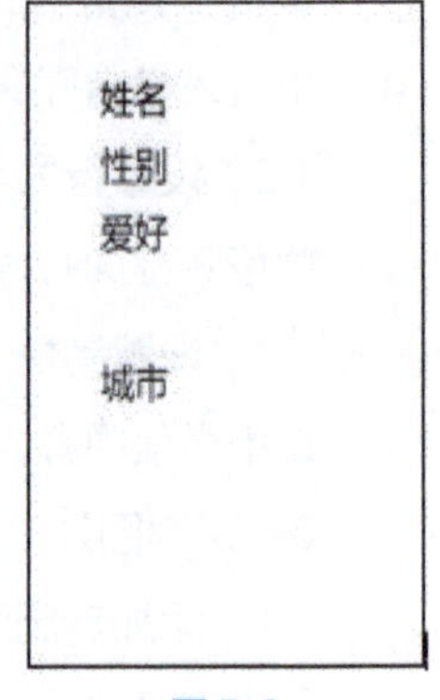

图 B.2

（2）添加表单

① 为“姓名”项添加表单（输入框）。在工具箱中单击输入框工具

，在图 B.2 中的“姓名”后面单击鼠标，即可在“姓名”后面添加一个输入框。选中输入框，在【属性】选项卡中将其命名为“姓名”，调整其位置，并在【属性】选项卡的【专有属性】中设置文字属性。由于“姓名”项是表单中必须填写的任务，所以要在【属性】选项卡的【必填项】选择框中选择“是”，如图 B.3 所示。

② 为“性别”项添加表单（单选框）。在工具箱中单击单选框工具，在图 B.2 中的“性别”后面单击鼠标，即可在“性别”后面添加一个单选框。选中单选框，在【属性】选项卡中将其命名为“性别”，调整其位置，并在【属性】选项卡中设置单选框文字的属性；在【标签】设置框中输入“男”和“女”，且两种性别各占一行，如图 B.4 所示。

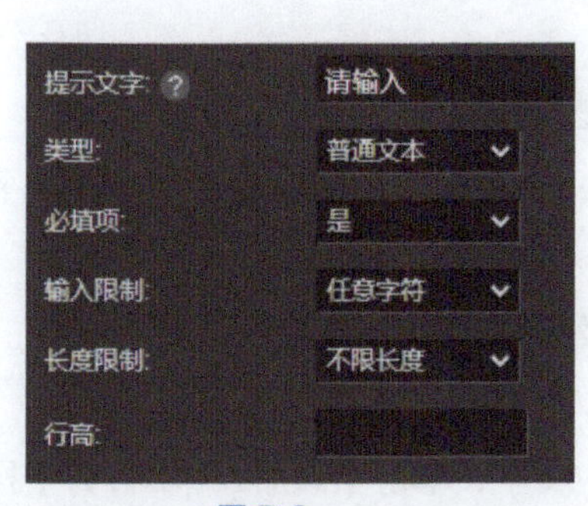

图 B.3

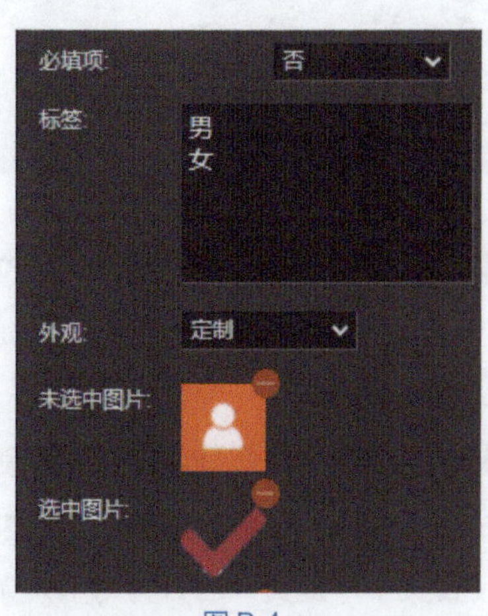

图 B.4

③ 为“爱好”项添加表单（多选框）。在工具箱中单击多选框工具，在图 B.2 中的“爱好”后面单击鼠标，即可在“爱好”后面添加一个多选框。选中多选框，在【属性】选项卡中将其命名为“爱好”，调整其位置，并在【属性】选项卡中设置多选框文字的属性。在【标签】设置框中输入“体育”“音乐”“游戏”，且 3 种爱好各占一行，如图 B.5 所示。

④ 为“城市”项添加表单（列表框）。在工具箱中单击列表框工具，在图 B.2 中的“城市”后面单击鼠标，即可在“城市”后面添加一个列表框。选中列表框，在【属性】选项卡中将其命名为“城市”，调整其位置，并在【属性】选项卡中设置文字的属性。在【提示文字】设置框中输入提示文字“请选择”；在【选项】设置框中输入“北京（BJ）”“上海（SH）”“广州（GZ）”“重庆（CQ）”，且 4 个城市各占一行，如图 B.6 所示。

提示：如图B.6所示，列表框工具的【选项】设置框中输入的内容后面需要有括号“( )”，且括号中必须填写内容。因为，括号中的内容是表单提交的值。

（3）编辑页面效果

调整各个表单框的大小、位置，以及表单框内文字的字体、大小、颜色等属性，并为舞台添加背景色，调整后的页面效果如图 B.7 所示。

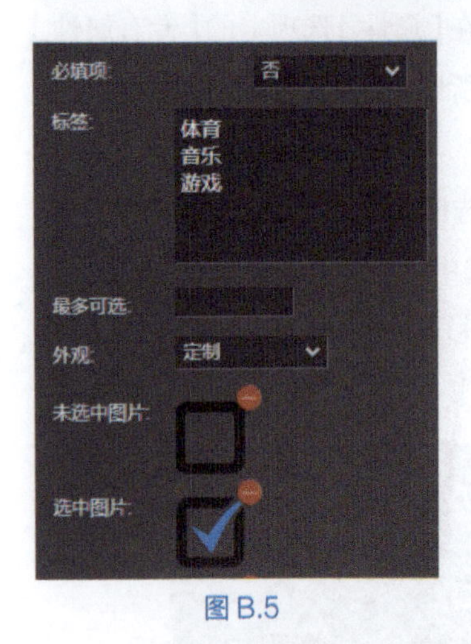

图 B.5

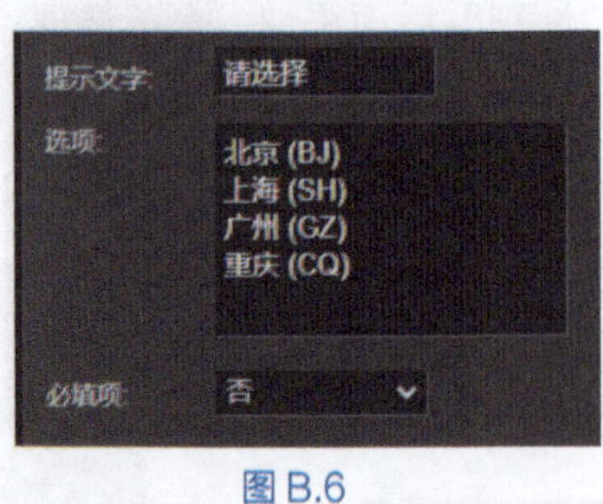

图 B.6

图 B.7

3. 制作“提交成功”提示页和“提交失败”提示页

在页面栏中添加两个页面，在第 2 页输入文字“提交成功”，在第 3 页输入文字“提交失败”。

4. 制作【提交】按钮并设置行为与触发条件及参数

① 在第 1 页输入文字“提交”，调整文字的大小、位置和颜色。

② 设置文字“提交”的行为与触发条件。选中文字，单击【添加 / 编辑行为】按钮，在弹出的【编辑行为】对话框中将行为设置为“提交表单”，将触发条件设置为“点击”，如图 B.8 所示。

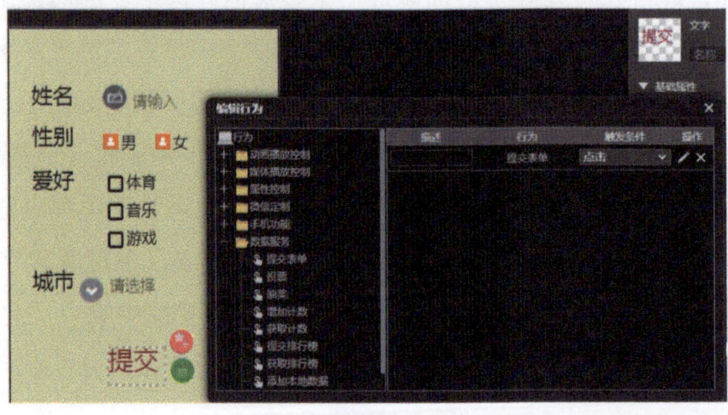

图 B.8

③ 设置参数。在【编辑行为】对话框中单击【编辑】按钮，在弹出的【参数】对话框中设置参数：选择【提交目标】，勾选【提交对象】，如图 B.9 所示；单击【操作成功后】设置项后面的【编辑】按钮，在【页号】设置框中输入“2”（提交成功页面），如图 B.10 所示；单击【操作失败后】设置项后面的【编辑】按钮，在【页号】设置框中输入“3”（提交失败页面），如图 B.11 所示。

图 B.9

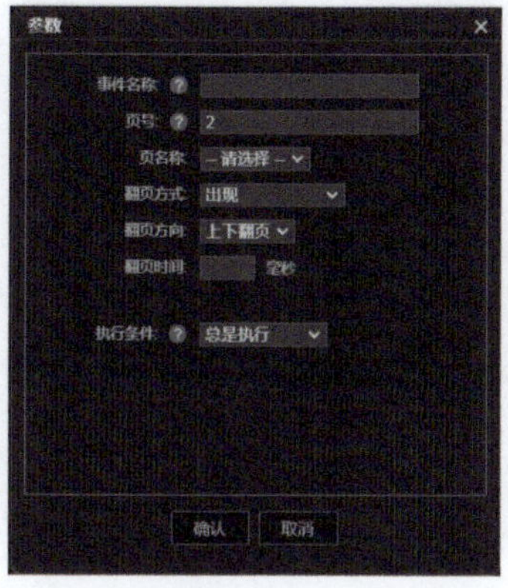

图 B.10

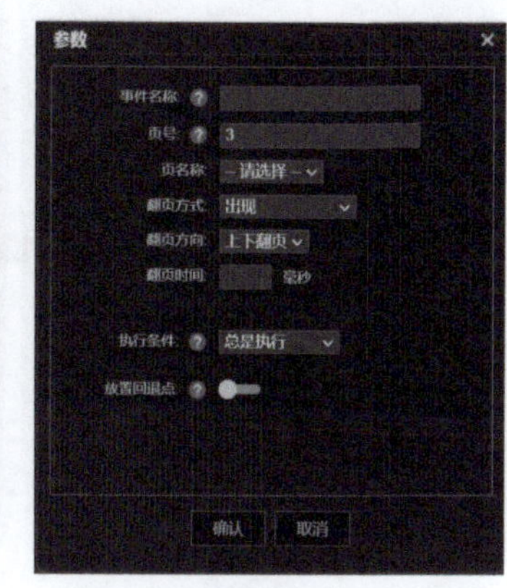

图 B.11

附录 C　数据统计——查看作品发布后的浏览次数等数据

表单的主要作用是收集数据。当 H5 作品发布成功，用户填写并提交了表单后，系统可以统计这些数据，发布者可以查看统计的数据。

查看数据

在工作台首页中单击【我的作品】按钮，进入作品管理页面，在此页面可以看到作品列表中的每个作品上都有一个浏览量按钮，在浏览量按钮后面的数字表示的是作品被浏览的次数，如图 C.1 所示。

将鼠标指针移至作品缩略图上便会显示出【数据】按钮，如图 C.2 所示。单击【数据】按钮，进入数据页面，页面中包含作品的统计数据、用户数据和内容分析，如图 C.3 所示。下面简要介绍其中常用到的统计数据和用户数据。

图 C.1

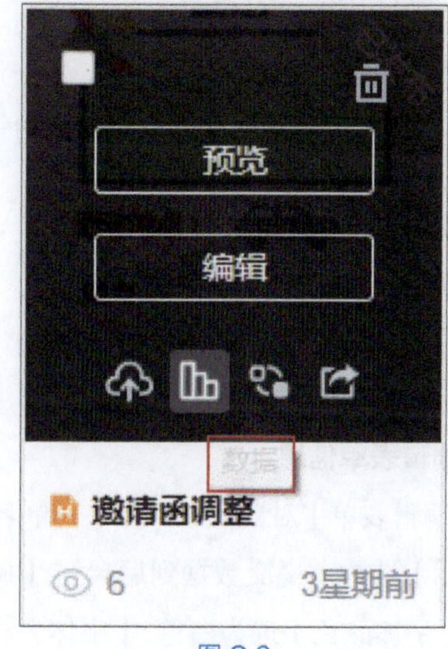

图 C.2

图 C.3

提示：单击浏览量按钮，也可以进入图C.3所示的数据页面。

（1）统计数据

单击【统计数据】选项卡，页面中会显示作品的浏览量、用户数、传播来源、传播层级等信息。

（2）用户数据

单击【用户数据】选项卡，即可选择查看作品的发布数据或测试数据，还可选择查看的数据类型，如表单、图片或音乐。

附录 D　编辑表单工具——制作个人联系方式表单

除了前面介绍的几个表单制作工具外，还有一个编辑表单工具，这个工具的操作方法简单、便捷。

1. 打开【编辑表单】对话框

单击工具箱中的表单工具按钮，弹出【编辑表单】对话框，如图 D.1 所示。

2. 编辑表单信息

在【编辑表单】对话框中，将【表单名称】填为“我的表单”、【提交方式】选为“GET”、【提交目标】选为“提交数据到后台”、【确认消息】填为“表单提交成功”、【背景颜色】选为蓝色、【字体颜色】选为白色、【字体大小】选为“12”，如图 D.1 所示。

3. 添加及预置表单项

① 添加第 1 个表单项（以“城市人口爱好”调查表中的“姓名”为例）。单击图 D.1 所示的【添加表单项】按钮，在弹出的【添加表单项】对话框中将表单项的【名称】填为“姓名”、【类型】选为“输入框”，并勾选【必填项】,【取值】填为“中文名”，然后单击【保存】按钮，如图 D.2 所示。

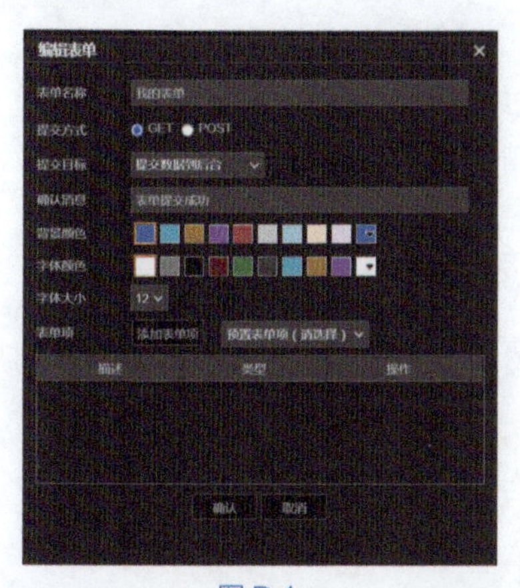

图 D.1

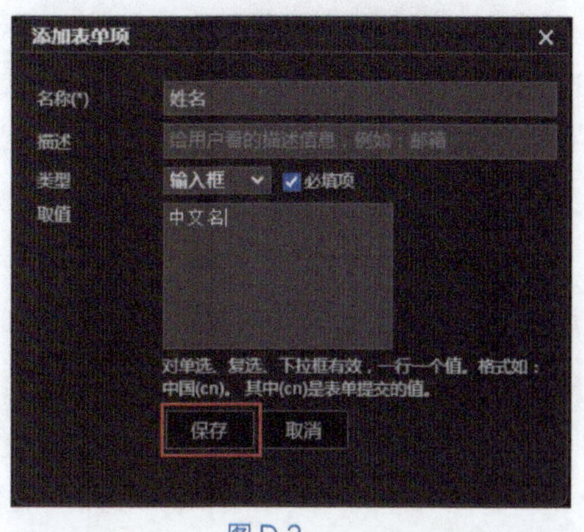

图 D.2

② 添加第 2 个表单项。添加完第 1 个表单项后，会自动返回【编辑表单】对话框，再次单击【添加表单项】按钮，可添加第 2 个表单项。

③ 预置表单项操作。单击【添加表单项】按钮后的【预置表单项（请选择）】按钮，弹出下拉菜单，如图 D.3 所示。执行菜单中相应的命令，填写信息，然后单击【保存】按钮。

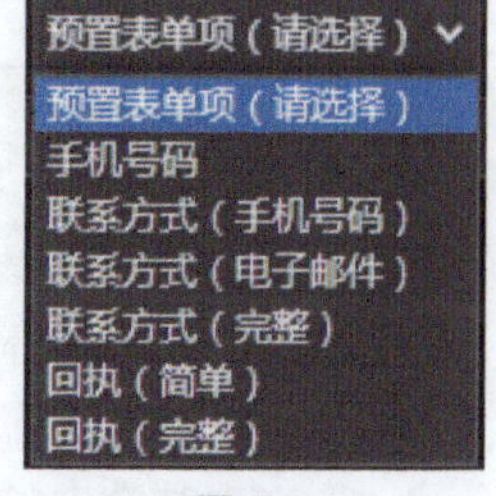

图 D.3

4. 保存并发布作品

将作品保存并发布后，打开作品的用户即可在表单中填入相应的信息。

附录 E　预置考题工具——制作计算机基础练习试卷

使用预置考题工具可以轻松制作多种类型的题目，如单选题、多选题、判断题、填空题和拖拽题（特型题）。预置考题工具中包括 7 个小工具，如图 E.1 所示。

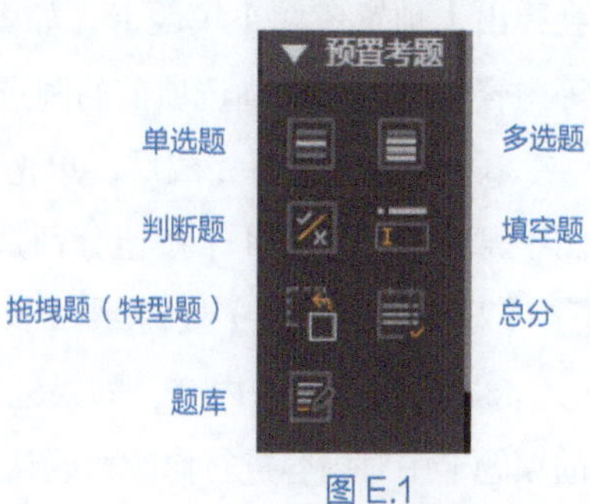

图 E.1

1. 测试题样题

现以一套计算机基础模拟练习题为例，讲解预置考题工具的使用方法。本例的模拟练习题的题型包括单选题、多选题、填空题和拖拽题 4 种题型。准备的题目和答案如下。

（1）单选题

依据计算机发展历史，计算机发展的第二阶段是（B）。

A. 晶体管　　B. 大规模和超大规模集成电路　　C. 电子管　　D. 集成电路

（2）多选题

第一代电子计算机的特点是（BCD）。

A. 可靠性高　　B. 耗电量大　　C. 寿命短　　D. 体积大

E. 数据处理能力强

（3）填空题

第一代电子计算机的特点是耗电量（大），体积（大）。

（4）拖拽题

请将与“输出设备”和“输入设备”对应的图片移至下图中的对应位置，如图 E.2 所示。

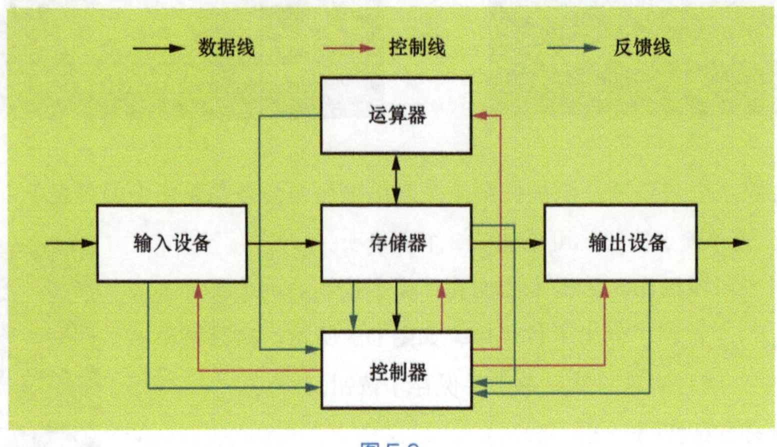

图 E.2

2. 利用预置考题工具制作模拟测试试卷

（1）新建作品

新建一个 H5 作品。

（2）制作单选题

① 单击工具箱中的单选题工具，鼠标指针在舞台上变为“+”状态，长按鼠标并拖曳就会弹出【预置考题】填题卡，如图 E.3 所示。在填题卡中输入问题、选项、答题反馈和分数等内容后，单击正确选项前的圆点。

② 填题卡填写完成后，单击【确认】按钮，舞台上出现填写的单选题，如图 E.4 所示。图中舞台右上方的 4 个按钮分别是【显示回答正确信息】按钮、【显示回答错误信息】按钮、【显示解析信息】按钮、【编辑题目】按钮。

③ 修改填题卡内容。如果题目或答案填写错误，可以单击【编辑题目】按钮，在弹出的填题卡中对内容进行修改，确认无误后单击【确认】按钮，即可在舞台上看到修改后的题目。

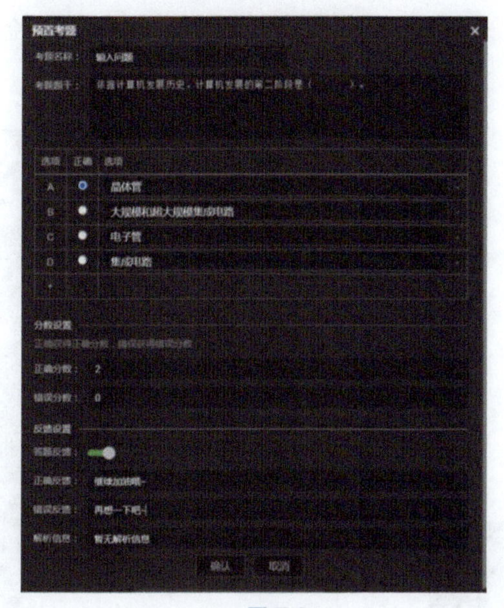
图 E.3

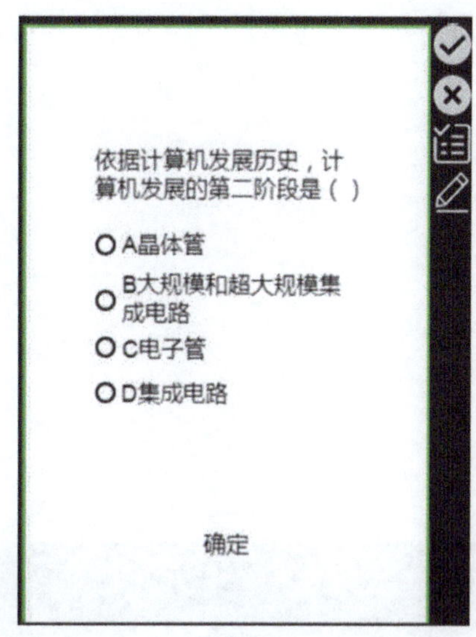

图 E.4

提示：在【预置考题】填题卡中，单选题的选项默认为4个，如果实际题目的选项超过4个，可单击第4个选项下面的“+”按钮，增加选项，在增加的选项中填写选项内容即可。

（3）制作多选题、填空题

分别单击工具箱中的多选题工具和填空题工具，鼠标指针在舞台上变为“+”状态，长按鼠标并拖曳就会弹出【预置考题】填题卡，在填题卡中按提示填入内容即可。制作方式与单选题的制作方式相同。

（4）制作拖拽题

① 单击工具箱中的拖拽题工具，弹出【预置考题】填题卡，在【输入问题】下面的文本框中输入题干，如图 E.5 所示。单击填题卡下方的【确认】按钮，舞台上就会出现填写的题目，如图 E.6 所示。

② 将题目中的图片（见图 E.2）导入图 E.6 所示的页面中，调整图片的大小和位置，效果如图 E.7 所示。注意，一定不要让图片把页面中的【确定】和【解析】按钮遮住。

③ 设置“放置目标”。分别在题目图片中的“输入设备”框和“输出设备”框中绘制一个矩形，调整矩形大小，使其遮住两个框中的文字。在【属性】选项卡中设置矩形的填充颜色，将“输入设备”框中的矩形命名为“A”，将其作为输入设备“放置目标”；将“输出设备”框中的矩形命名为“B”，将其作为输出设备“放置目标”，设置结果如图 E.8 所示。

④ 设置“拖动元素”。将两张“拖动元素”图片（图 E.9 所示的输入设备图片和图 E.10 所示的输出设备图片）也导入图 E.6 所示的页面中，并调整图片的大小和位置，设置结果

如图 E.8 所示。在【属性】选项卡中，将输入设备图片命名为“C”，将输出设备图片命名为“D”。

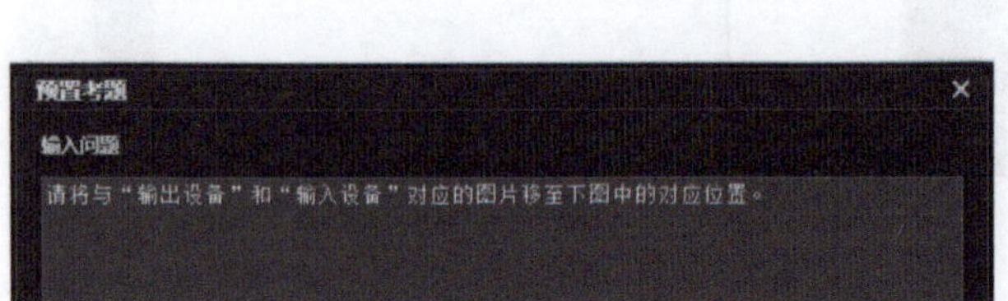

图 E.5

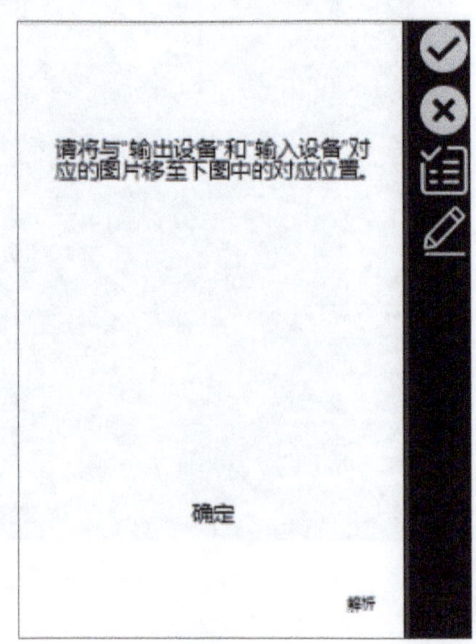

图 E.6

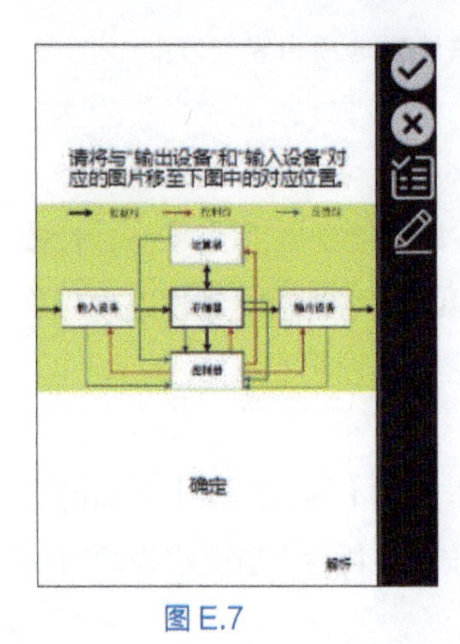

图 E.7

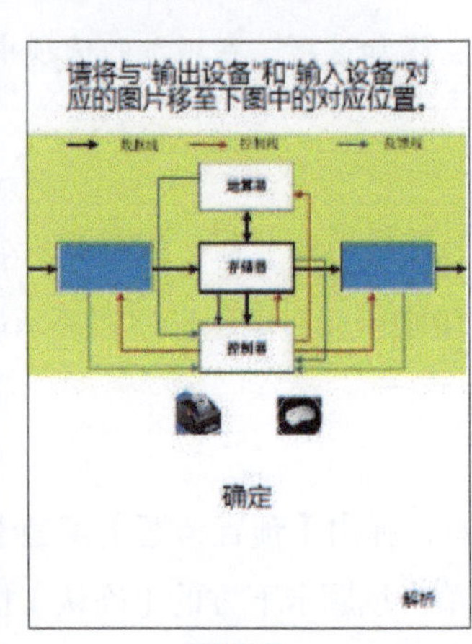

图 E.8

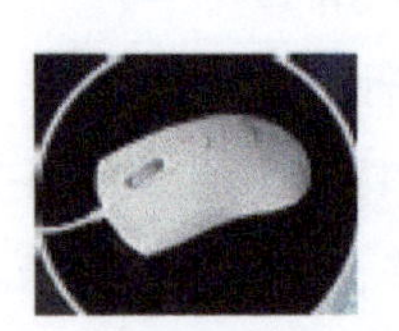

图 E.9

图 E.10

提示：一方面，在制作拖拽题的过程中，“拖动元素”图片在舞台上的大小要小于绘制的“放置目标”框，使“放置目标”框能够完全容纳“拖动元素”图片。另一方面，不要让图片把【确定】和【解析】按钮遮住。

⑤ 单击舞台右侧的【编辑题目】按钮，在弹出的填题卡中填写【选项】列表，拖动元素“C”对应放置目标“A”，拖动元素“D”对应放置目标“B”，如图 E.11 所示。

⑥ 在填题卡中设置答题反馈和分数，所有内容确认无误后单击【确认】按钮。

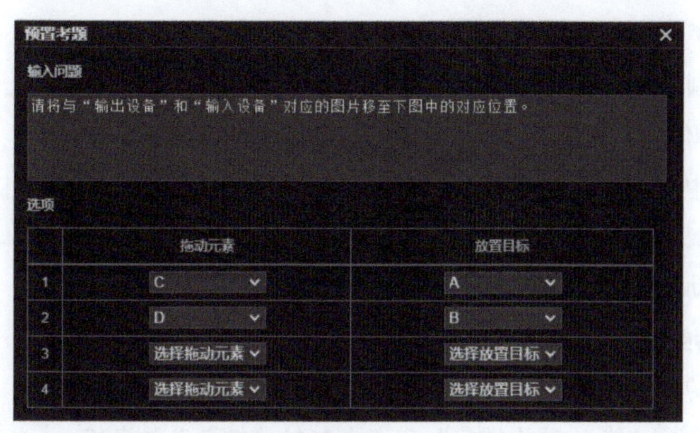

图 E.11

（5）设置测试结果反馈

在工具箱中单击总分工具，鼠标指针在舞台上变为“+”状态，长按鼠标并拖曳，在弹出的【测试结果】对话框中设置测试结果反馈，如图 E.12 所示。设置完成后单击【确认】按钮，至此，拖拽题制作完成。

（6）预览并测试答题

在菜单栏中单击【预览】按钮，测试答题，测试结果如图 E.13 所示。

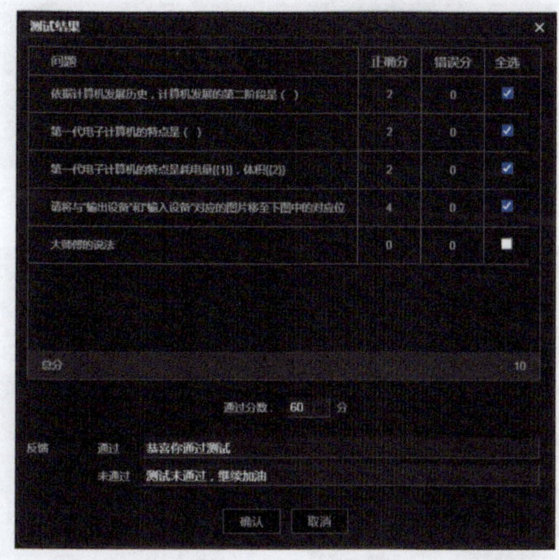

图 E.12

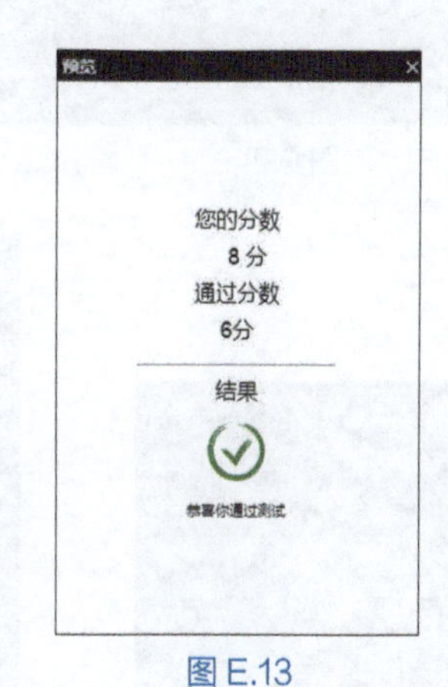

图 E.13

附录 F 陀螺仪控件——左右摇摆的孔明灯

利用陀螺仪工具可以制作外力感应交互效果，例如用户晃动手机可使页面中的物体按照设定的动作运动。利用陀螺仪工具制作的交互效果只限定于手机端体验，PC 端无法体验。陀螺仪工具的使用方法如下。

1. 添加物体"孔明灯"

在舞台上绘制一个粉色矩形（代替孔明灯），并将其命名为"孔明灯"。

2. 添加陀螺仪

单击工具箱中的陀螺仪工具，将鼠标指针移至舞台上，单击鼠标左键，陀螺仪被添加到舞台上。舞台上会出现陀螺仪工具图标和一串数字，如图 F.1 所示，系统为陀螺仪自动命名为"陀螺仪 1"。

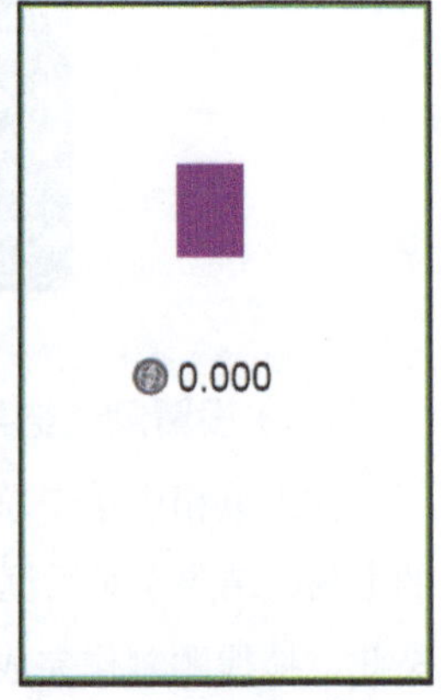

图 F.1

3. 选择旋转类型

陀螺仪的旋转类型包括"绕 X 轴旋转角""绕 Y 轴旋转角"和"绕 Z 轴旋转角"。其中，"绕 X 轴旋转角"和"绕 Y 轴旋转角"的角度设置范围为"–180° ～ 180° "，"绕 Z 轴旋转角"的角度设置范围为"0° ～ 360° "。选中"陀螺仪 1"，在【属性】选项卡中将"陀螺仪 1"的【类型】项设置为"绕 Y 轴旋转角"，如图 F.2 所示。

4. 设置陀螺仪的行为与触发条件

陀螺仪的行为与触发条件的设置结果如图 F.3 所示，第 1 ～ 3 行的参数设置分别如图 F.4、图 F.5 和图 F.6 所示。

图 F.2

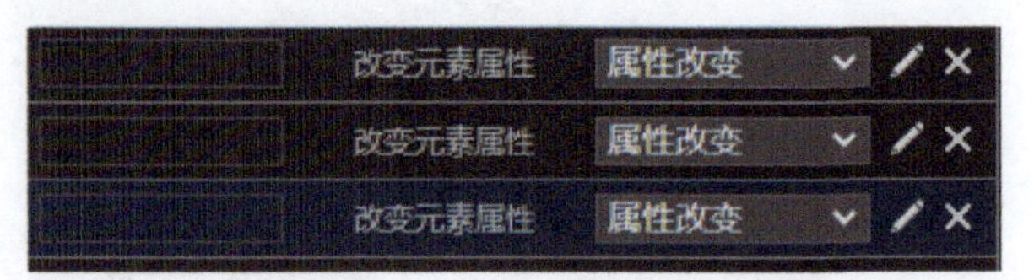

图 F.3

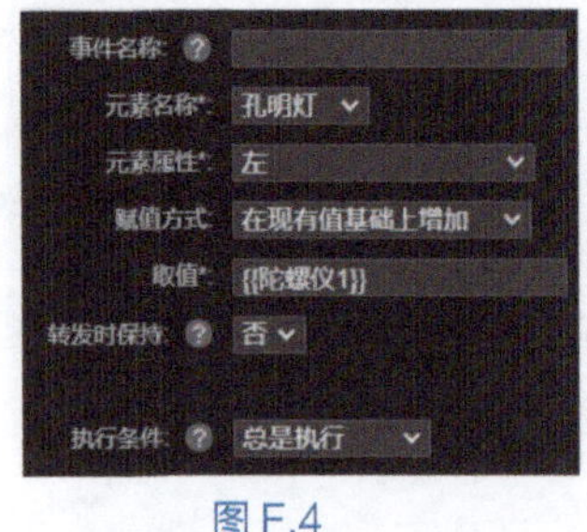

图 F.4

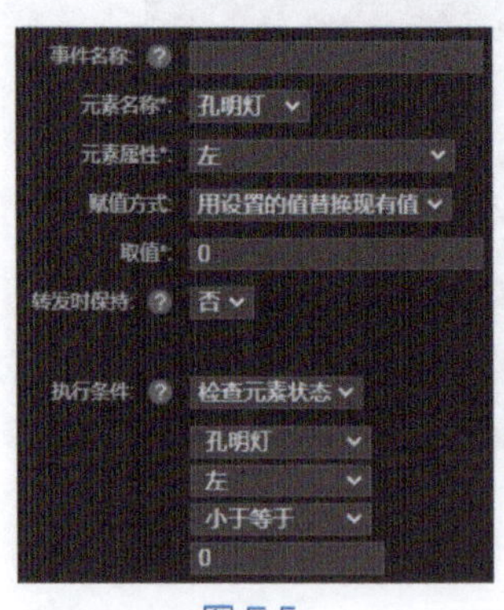

图 F.5

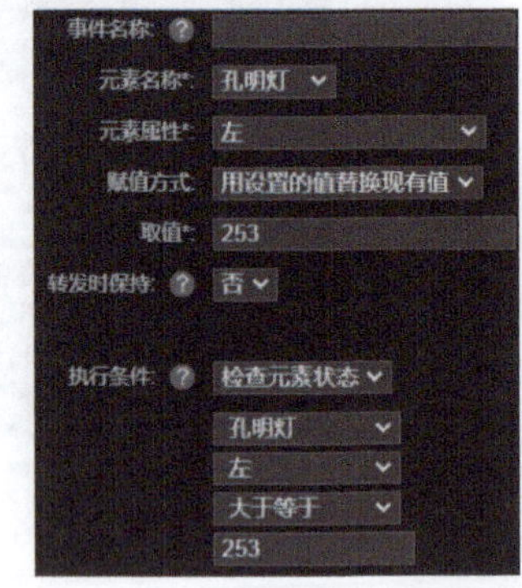

图 F.6

① 图 F.4 所示的参数设置规定了孔明灯在页面上与舞台左侧的距离，该距离随陀螺仪定位的数值变化而变化。

② 图 F.5 和图 F.6 分别限制了孔明灯左右摇摆的最大范围，即孔明灯摇摆时，距舞台左侧不能小于 0 像素，不能大于 253 像素。

提示：陀螺仪“绕X轴旋转角”和“绕Z轴旋转角”的设置方法与上述方法相同。可以对同一个物体进行多种不同的陀螺仪旋转设置。如果需要制作出陀螺仪上升效果，可先制作出孔明灯左右摆动的元件，然后调用元件，在舞台上制作元件上升的帧动画。

附录 G　点赞控件——为你更喜欢的车点赞

点赞是 H5 作品中很常见的功能，利用点赞工具可以制作竞选、评比等类型的作品。

1. 制作基本页面

① 新建一个 H5 作品，添加背景图片，输入文字“为你更喜欢的车点赞”，导入黑色轿车图片和白色轿车图片到舞台上。

② 添加点赞按钮。单击工具箱中的点赞工具，然后将鼠标指针移至舞台上，按住鼠标左键拖曳，确定点赞按钮的尺寸后，松开鼠标左键，在舞台上会出现一个爱心图案，爱心图案上方的数字即为点赞的数量。至此，点赞按钮添加完成。本例需要添加两个点赞按钮。

③ 将两个点赞按钮分别命名为“黑色轿车”“白色轿车”。

基本页面制作效果如图 G.1 所示。

2. 设置点赞按钮属性

选中点赞按钮，在【属性】选项卡中设置其属性，如图 G.2 所示。

图 G.1

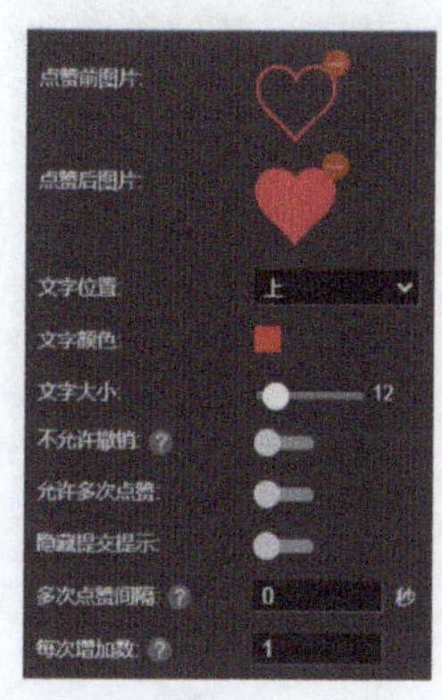

图 G.2

3. 预览并发布作品

预览并发布作品，作品发布成功后便可进行点赞操作。

提示：在舞台上添加点赞按钮后，系统默认的点赞按钮图标如图G.2所示。作品发布后，系统自动累加用户的点赞数量。本例中，总点赞数显示在点赞按钮的上方。

4. 提取点赞数量

如果需要提取点赞数量，可通过如下操作完成。以提取黑色轿车的点赞数量为例。

① 在舞台上添加一个文本框，在文本框中输入数值“0”，并将文本框命名为“提取数据”。

② 选中以“黑色轿车”命名的点赞按钮，设置其行为，如图 G.3 所示，参数设置如图 G.4 所示。

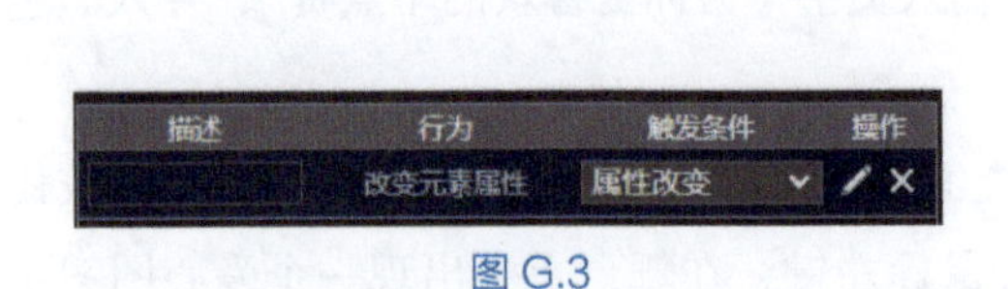

图 G.3

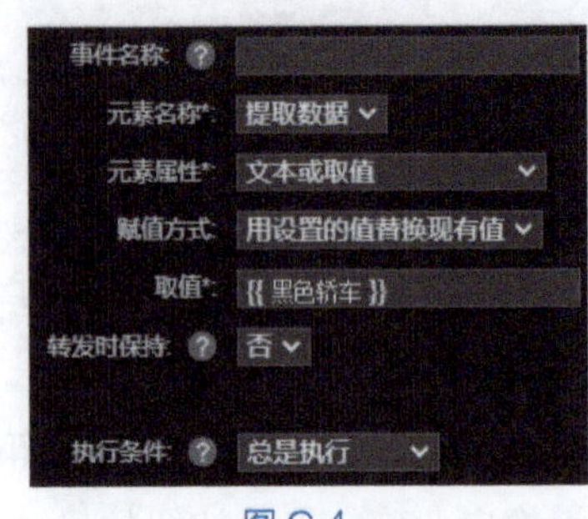

图 G.4

执行结果是文本框中显示出黑色轿车的点赞数量。

附录 H 排行榜控件——成绩排名

利用排行榜工具制作排行榜功能页面需要的操作步骤包括基础页面和数据制作、排行榜规则设置、提交数据、获取数据。下面以成绩排名为例，介绍利用排行榜工具制作排行榜功能页面。其中，基础页面和数据制作需要用两个页面或两帧完成，本例采用制作两个页面的方法完成。第 1 页包括数据输入与【提交数据】按钮的制作与行为设置，以及排行榜规则设置等，制作效果如图 H.1 所示。第 2 页包括显示排行榜与获取排行数据装置的制作与行为设置，制作效果如图 H.2 所示。

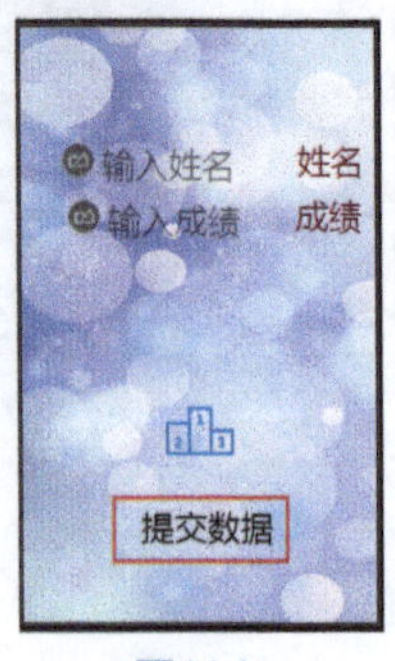

图 H.1

图 H.2

1. 第 1 页基本页面的制作

第 1 页的制作过程如下。

① 在舞台上添加两个输入框。并将两个输入框上下排列。

② 第 1 个输入框用于输入姓名，所以将该输入框命名为“输入姓名”，在其后面添加一个文本框，用户可在文本框中输入“姓名”，并将该文本框命名为“姓名”。

③ 第 2 个输入框用于输入成绩，所以将该输入框命名为“输入成绩”，在其后面添加一个文本框，用户可在文本框中输入“成绩”，并将该文本框命名为“成绩”。

④ 关联设置。关联的目的是使文本框的内容与输入框的内容相同。选中文本框“姓名”，在【属性】选项卡中将其设置为与输入框“输入姓名”相关联，如图 H.3 所示。选中文本框“成绩”，在【属性】选项卡中将其设置为与输入框“输入成绩”相关联，如图 H.4 所示。

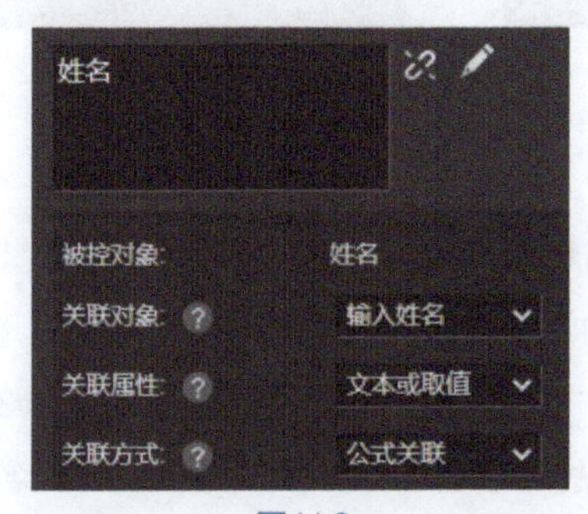

图 H.3

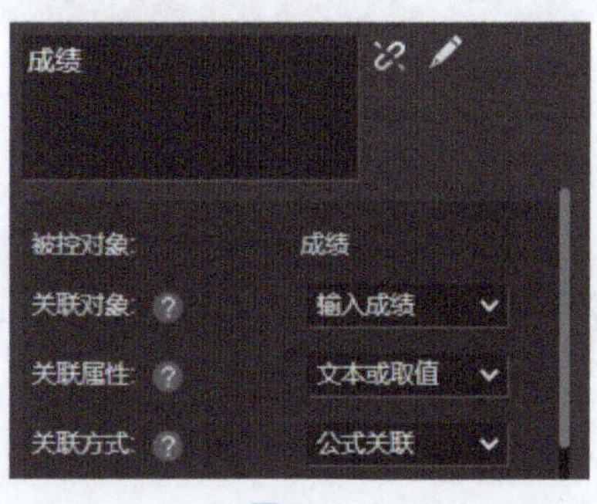

图 H.4

2. 为第 1 页添加排行榜工具，设置排行规则

单击工具箱控件中的排行榜工具，鼠标指针变为“+”形状，按住鼠标左键，在舞台上拖曳，舞台上将弹出【排行榜】对话框，在对话框中设置【上榜数目】为“3”、【上榜分数】为“80”，即只有成绩排名前三，并且成绩高于 80 分的人才能上榜，将【分数规则】设置为“降序”，设置结果如图 H.5 所示。设置结束后，单击【确认】按钮，舞台上将出现排行榜控件操作按钮。双击排行榜控件操作按钮，将再次弹出【排行榜】对话框。

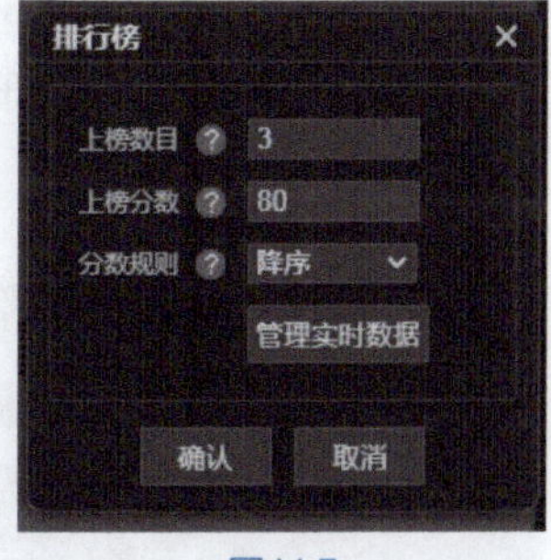

图 H.5

3. 第 1 页【提交数据】按钮的制作与行为设置

在第 1 页中输入文字“提交数据”，调整文字的大小、位置和颜色。选中文字，单击【添加 / 编辑行为】按钮，在弹出的【编辑行为】对话框中设置其行为，在【编辑行为】对话框中单击【编辑】按钮，在弹出的【参数】对话框中设置参数，设置结果如图 H.6 和图 H.7 所示。图 H.7 中，“排行榜 1”是系统默认的排行榜控件名称。这里需要强调的是，图 H.7 中【分数】后面设置的是文本框“成绩”，【名称】后面设置的是文本框“姓名”。这就是为什么要在第 1 页添加“姓名”文本框、“成绩”文本框，以及将姓名和成绩分别与输入框“输入姓名”“输入成绩”相关联的原因。由于本例中没有设置头像，所以可不进行设置。

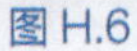
图 H.6

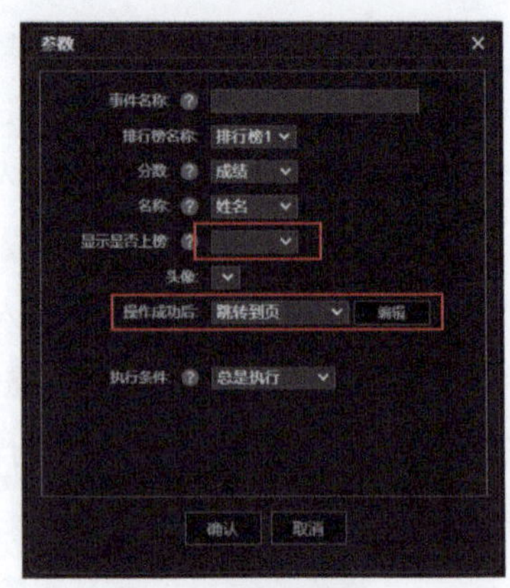

图 H.7

4. 第 2 页排行榜数据表的制作

第 2 页制作的排行榜数据表中的内容包括名次（文本框，输入初始内容为“0”，命名顺序为 M#1、M#2、M#3…）、姓名（文本框，输入初始内容为“----”，命名顺序为 X#1、X#2、X#3…）、分数（文本框，输入初始内容为“0”，命名顺序为 F#1、F#2、F#3…）这 3 项内容，如图 H.2 所示。其中，“姓名”和“分数”的命名要与第 1 页文本框的“姓名”和“成绩”区分开，以免混淆。本例中，数据表列出了 5 条数据，但实际上，只能显示出 3 条数据，这是因为【上榜数目】设置的是“3”。

5. 第 2 页排行榜获取数据装置的制作

在第 2 页的舞台外绘制一个图形（见图 H.2 的左侧），为其设置的行为与触发条件及参数如图 H.8 和图 H.9 所示。

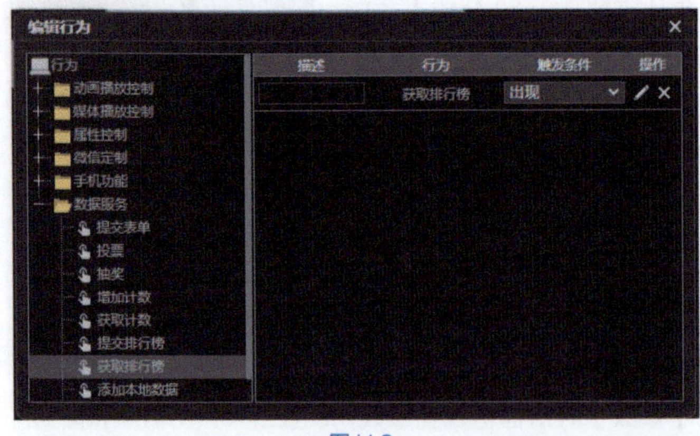

图 H.8

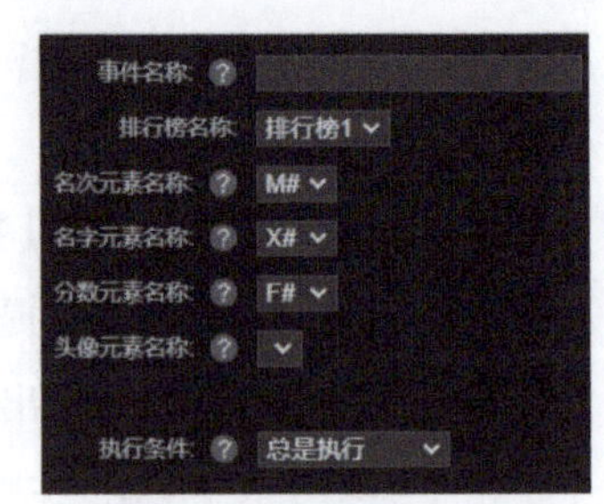

图 H.9

6. 其他

图 H.7 中有【显示是否上榜】和【操作成功后】两个选项，利用这两个选项，可以制作更多的效果，这里不对其进行介绍，感兴趣的读者可自行尝试。

附录 I 投票控件——为你喜欢的颜色投票

利用投票工具制作投票页面，首先要确定投票对象，之后确定投票规则，然后进行制作。制作的内容主要包括制作页面、填写投票规则到投票控件中，以及设置行为。下面将以“为你喜欢的颜色投票”为例来介绍利用投票工具制作投票页面的方法和过程。

1. 制作页面

在页面中制作的内容主要包括标题、投票结果、投票对象（文字或图片）、投票按钮、是否投票提示、投票规则说明和投票控件操作按钮等。“为你喜欢的颜色投票”的投票页面制作效果如图 I.1 所示。

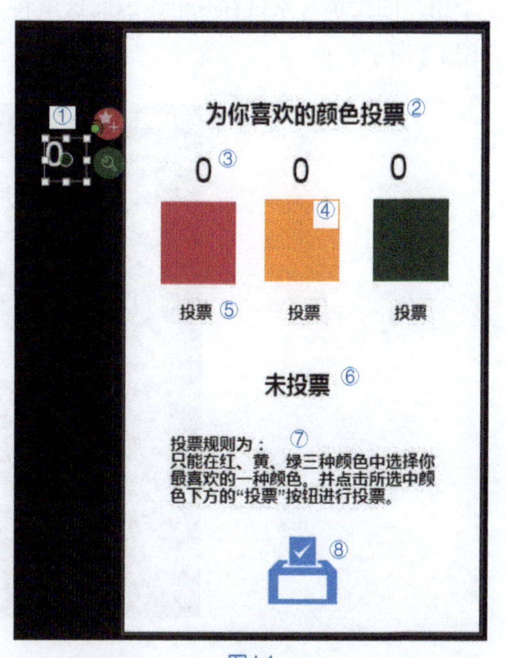

图 I.1
①判断是否投票装置 ②标题 ③投票结果 ④投票对象
⑤投票按钮 ⑥是否投票提示 ⑦投票规则说明
⑧投票控件操作按钮

① 判断是否投票装置制作。在舞台外用文本工具添加一个文本框，将该文本框命名为“判断”，并在文本框中输入初始值“0”。系统默认用户未投票时的数值为“0”，投票一次数值增加“1”。

② 标题制作。单击工具箱中的文本工具，添加一个文本框，在文本框中输入文字“为你喜欢的颜色投票”。

③ 投票结果制作。在每个投票对象的上方制作文本框，并输入初始值“0”。

④ 投票对象制作。绘制 3 个矩形，分别填充红色、黄色、绿色这 3 种颜色。

⑤ 投票按钮制作。在每个投票对象的下方用文本工具添加一个文本框，并在文本框中输入文字“投票”。

⑥ 是否投票提示制作。用文本工具添加一个文本框，初始信息输入“未投票”，将该文本框命名为“投票状态”。

⑦ 投票规则说明制作。用文本工具添加一个文本框，在文本框中输入投票规则文字。

⑧ 投票控件操作按钮制作。单击工具箱中的投票工具，鼠标指针变为“+”形状，将鼠标指针移至舞台上并单击，舞台上将弹出【投票数据设置】对话框。

2. 填写投票规则到投票控件中

① 双击舞台上的投票控件操作按钮，弹出【投票数据设置】对话框，按投票规则设置投票数据。本例中，投票对象为红色、黄色、绿色。所以，【投票对象】也填写为“红色，黄色，绿色”。其中，投票对象之间用“,”分割，这是系统规则。

② 管理实时数据是用于调整投票数据的。

③ 输入投票的开始时间和结束时间。

④ 最大投票数是指允许给几个投票对象投票。本例规定只允许为一种颜色投票，所以设置【最大投票数】为“1”。

⑤ 投票间隔是指在【最大投票数】大于 1 的情况下，允许投票的时间间隔。本例中，每个用户的投票对象只有一个，因此这里将【投票间隔】设置为“0”。投票数据的设置结果如图 I.2 所示。

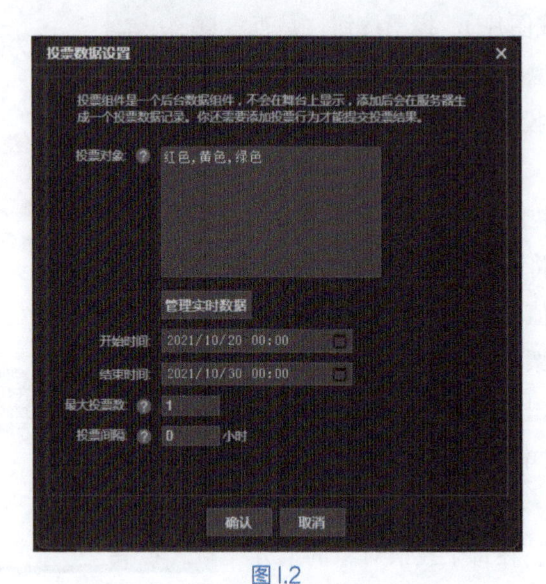

图 I.2

提示：系统默认的是一个用户只能为一个作品投一次票。

---

3. 设置行为

（1）设置是否投票的行为

选中“投票状态”文本框，为其添加行为，设置结果如图 I.3 所示，其含义是当文本框“判断”的值为“1”时，将文本框“投票状态”中的内容改为“已投票”。

（2）设置【投票】按钮的行为

以设置红色矩形下面的【投票】按钮为例来介绍设置【投票】按钮的行为，设置结果如图 I.4 所示。

①【投票组件】项中的“投票 1”是系统默认的投票控件操作按钮名称。

②【投票对象】中的“红色”是指投票控件操作按钮中投票的对象是“红色”。

③【显示结果对象】中的“红结果”是红色矩形上面文本框的名字。

④【显示是否投票】项后面的“判断”是将投票信息“1”传到“判断”文本框中。

按相同的方法设置黄色和绿色矩形下面【投票】按钮的行为。

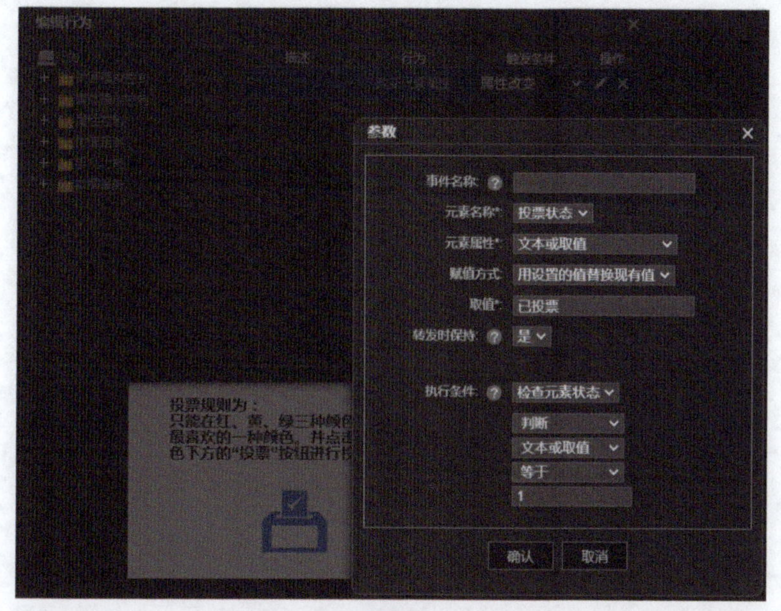

图 I.3

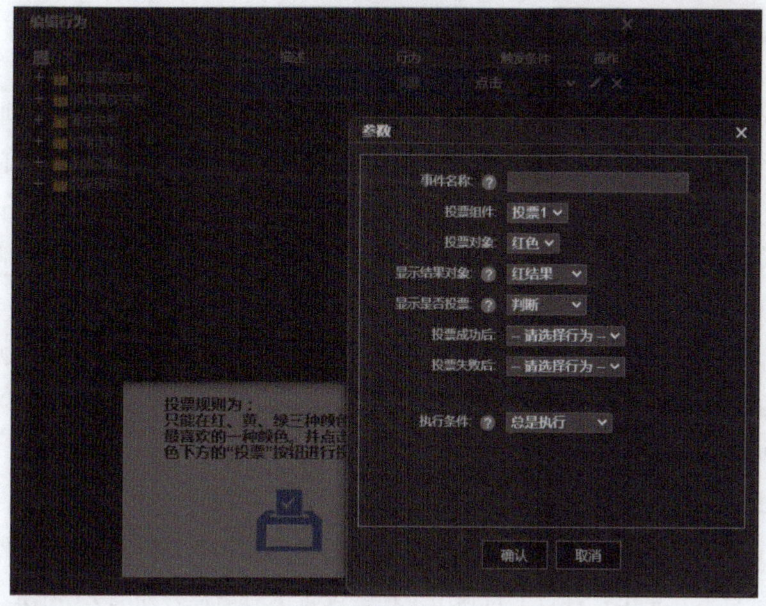

图 I.4

4．预览及投票

① 预览作品，然后单击黄色矩形下面的【投票】按钮，黄色矩形上面的“0”变为“1”，页面上的“未投票”变为“已投票”，如图 I.5 所示。

② 已经投票后，再次单击任何一个【投票】按钮，页面上都会出现图 I.6 所示的提示。

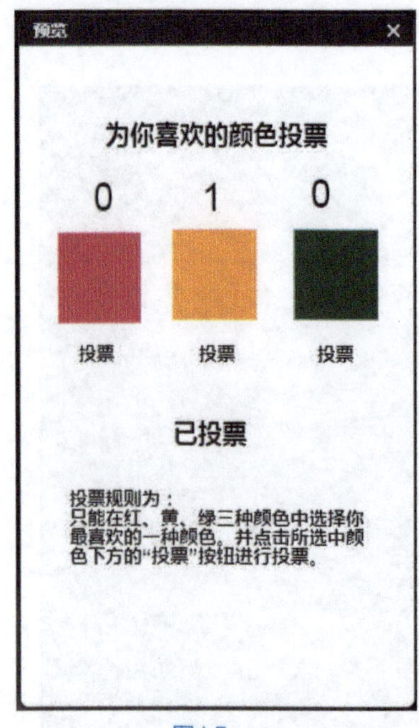

图 I.5

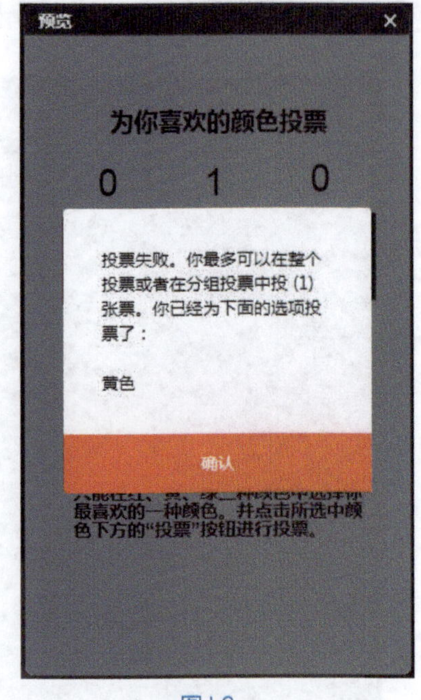

图 I.6

附录 J 抽奖控件——促销活动抽奖

制作抽奖页面需要完成 5 项工作。第 1 项是制订抽奖方案，如抽奖时间区间、奖品等级、各等级奖品的名称和数量、允许抽奖的次数（每个用户抽多少次）、抽奖间隔时间等。第 2 项是添加抽奖工具图标到页面上，按所指定的抽奖方案进行抽奖设置。第 3 项是设计和制作抽奖页面，抽奖页面内容至少应该包括获奖的基本信息、抽奖操作按钮。第 4 项就是制作提交用户数据页面，其中，要提供获奖用户的基本信息，如联系方式（电话号码）等。第 5 项是为【抽奖】按钮添加行为。下面将通过具体实例来介绍利用抽奖工具制作抽奖页面的方法和过程。

1. 抽奖工具介绍

在介绍如何制作抽奖页面之前，先介绍一下抽奖工具。

（1）【抽奖设置】对话框

新建一个页面，单击工具箱控件工具中的抽奖工具，鼠标指针变为“+”形状，将鼠标指针移至舞台上并单击，舞台上将弹出【抽奖设置】对话框，如图 J.1 所示。单击对话框中的【关闭】按钮，舞台上将出现抽奖控件操作按钮。将抽奖控件操作按钮命名为“抽”，双击抽奖控件操作按钮，会再次弹出【抽奖设置】对话框。

从图 J.1 中可以看出，需要在该对话框中设置抽奖的【开始时间】【结束时间】【活动期间抽奖次数】【再次抽奖等待时间】【抽奖模式】【奖项设置】【领奖码】等信息。其中，【活动期间抽奖次数】是指每个用户可以抽奖的次数；【再次抽奖等待时间】是在设置了多次抽奖后，每次抽奖间隔的最短时间；【奖项设置】处需要按系统规则输入奖项；【领奖码】用于系统后台管理。

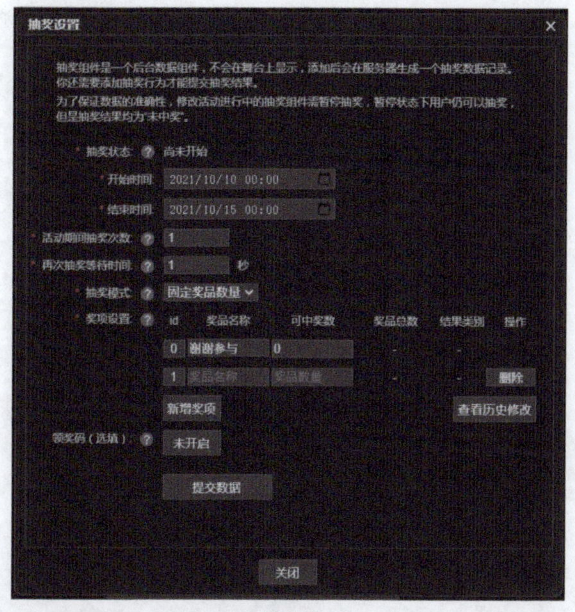

图 J.1

（2）抽奖模式与奖项设置

① 抽奖模式。【抽奖模式】包括“固定奖品数量”“即抽即中”“均匀分布”和“自定义概率”这 4 种模式。其中，“即抽即中”是指以一个固定的概率抽取设置的奖品，概率与奖品数量有关，每一次抽奖都有可以中奖的概率，直至所有奖项分发完毕。“均匀分布”是指在抽奖时间内自动调整中奖概率，确保奖品尽可能在活动期间内均匀发放。

② 奖项设置。以设置 3 个奖项（即 1、2、3 这 3 个等级的奖项）为例说明奖项设置的方法，设置结果如图 J.2 所示。其中，单击【新增奖项】按钮一次可新增一行奖项，奖项的第 1 行为未中奖项，单击奖项后的【删除】按钮，可删除该奖项。

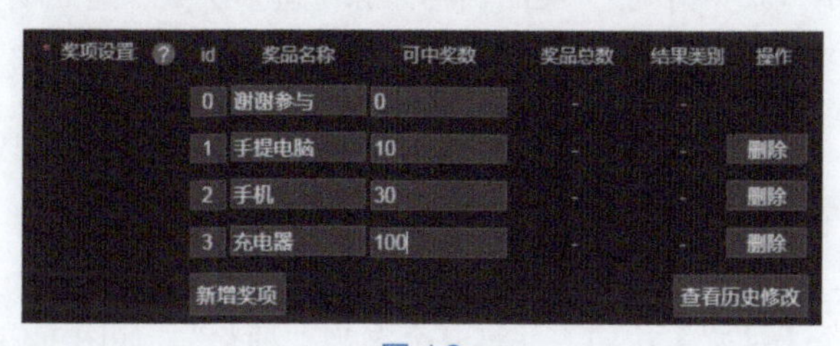

图 J.2

2. 制订抽奖方案

将抽奖时间设置为“2021/10/8 22:00”至“2021/10/28 22:00”、【活动期间抽奖次数】规定为“10”次、【再次抽奖等待时间】规定为“60”秒、【抽奖模式】确定为“固定奖品数量”，具体设置如图 J.3 所示。

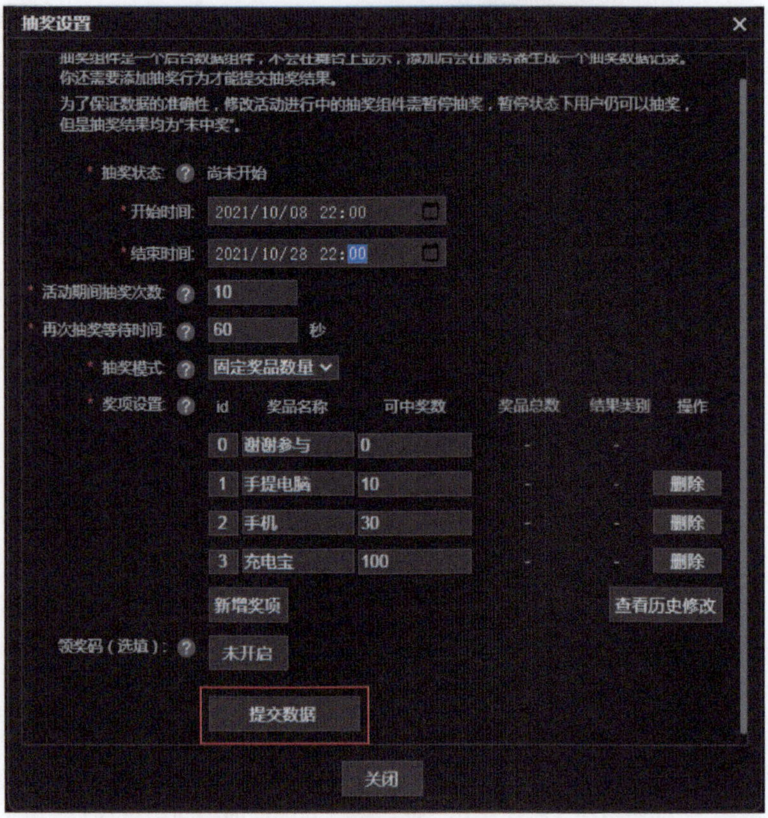

图 J.3

3. 添加抽奖工具图标到页面完成抽奖设置

参照上述抽奖工具的操作方式介绍，完成抽奖设置，设置结果如图 J.3 所示。抽奖设置完成后，单击【提交数据】按钮，即可将抽奖工具图标添加到页面。

4. 抽奖页面制作

（1）制作输入显示信息

本例中页面只显示“获奖情况”“奖品名称”和“剩余次数”这 3 项数据，如图 J.4 所示。其中，“获奖情况”“奖品名称”“剩余次数”是用作提示的文本。等级（命名为“等级”）、名称（命名为“名称”）、次数（命名为“次数”）是用于显示抽奖结果信息的文本，在对【抽奖】按钮进行行为设置时需要用到。

（2）制作【抽奖】按钮

在舞台上制作一个【抽奖】按钮，并将其命名为“抽奖”，如图 J.4 所示。

5. 提交用户数据页面制作

（1）页面制作

提交用户数据页面制作效果如图 J.5 所示。其中，将姓名输入框命名为“姓名”，将电话号码输入框命名为“电话”，将【提交】按钮命名为“提交”。

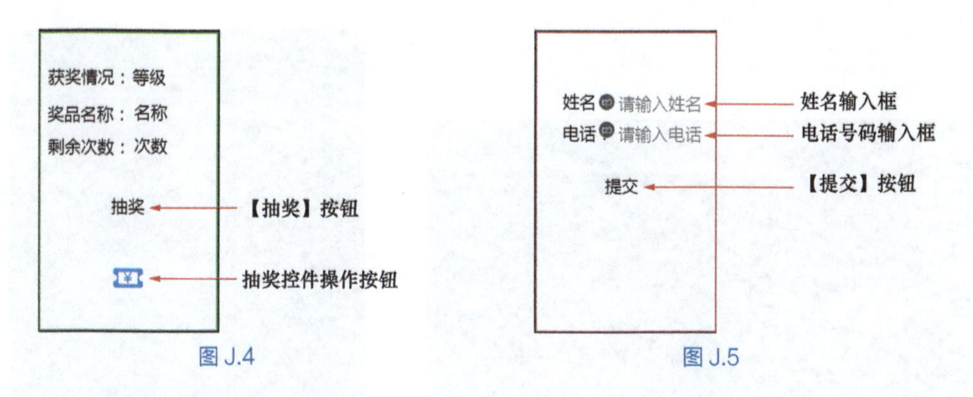

图 J.4　　　　图 J.5

（2）【提交】按钮行为设置

【提交】按钮行为设置的结果如图 J.6 和图 J.7 所示。其中，图 J.7 中只勾选本例需要的数据参数即可。

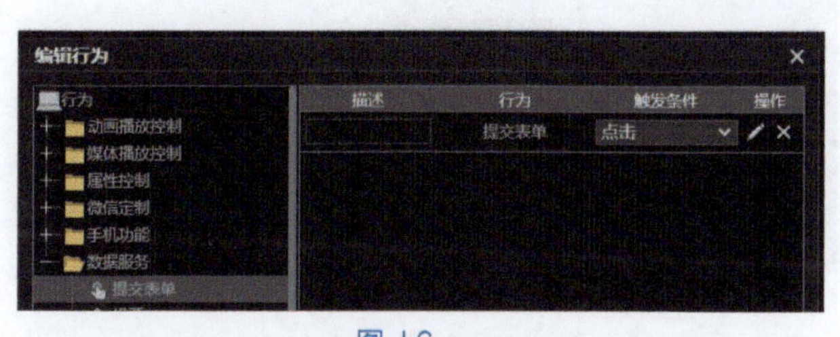

图 J.6

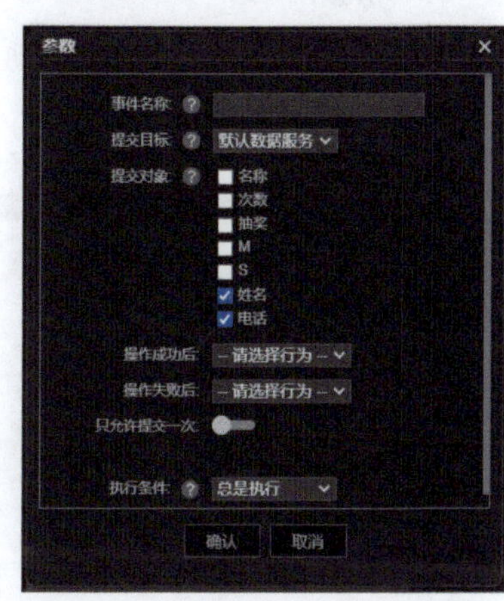

图 J.7

6. 为【抽奖】按钮设置行为与触发条件

为【抽奖】按钮设置行为与触发条件，如图 J.8 所示，参数设置的结果如图 J.9 所示。图 J.8 中行为与触发条件的设置方法：在【编辑行为】对话框选中“数据服务”项，单击【抽奖】按钮，将触发条件设置为“点击”。参数设置中包括【抽奖组件】【显示抽奖结果类别】【显示奖品名称】【显示领奖码】【显示剩余抽奖次数】【绑定表单提交】，以及【中奖后行为】【未中奖行为】等设置项。

本例中，获奖显示页面只包括【显示抽奖结果类别】【显示奖品名称】【显示剩余抽奖次数】，所以仅设置需要的内容即可。图 J.9 中的抽奖组件“抽”是添加到页面中的抽奖工具的名称。系统默认的抽奖工具的名称是“抽奖 1”“抽奖 2”等。

7. 其他

用户可在图 J.8 中设置行为，也可在图 J.4 中添加跳转按钮，以决定获奖或未获奖后抽奖者需要执行的操作。

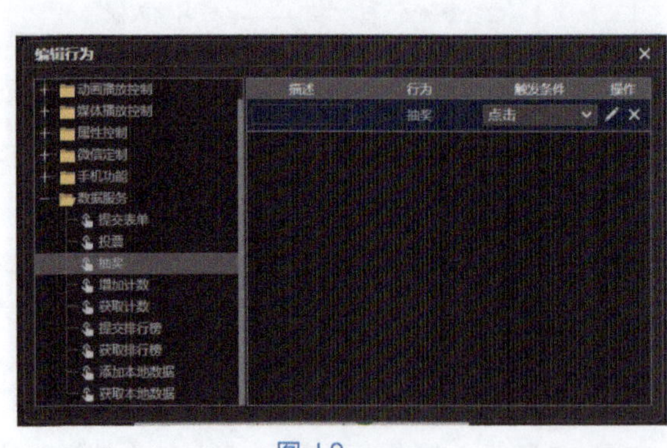

图 J.8

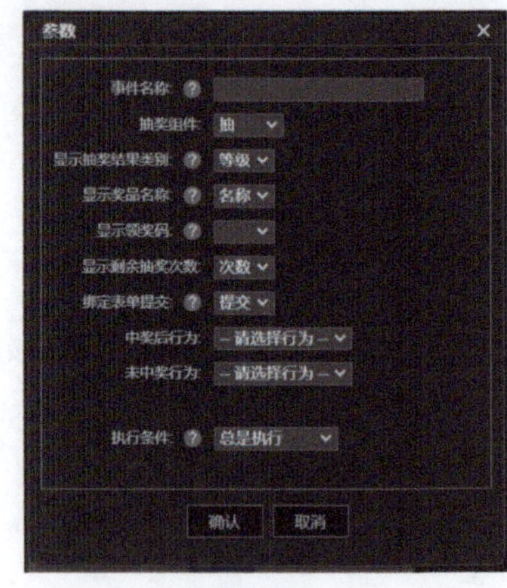

图 J.9

8. 保存和预览

保存并预览作品，如图 J.10 所示。单击页面中的【抽奖】按钮，页面显示出图 J.11 所示的获奖信息。

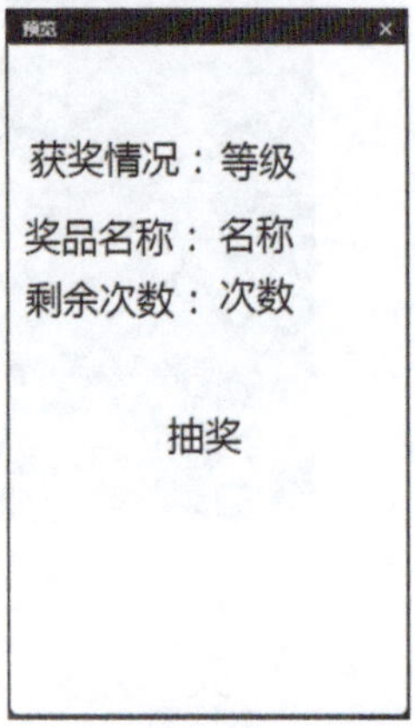

预览

获奖情况：等级

奖品名称：名称

剩余次数：次数

抽奖

图 J.10

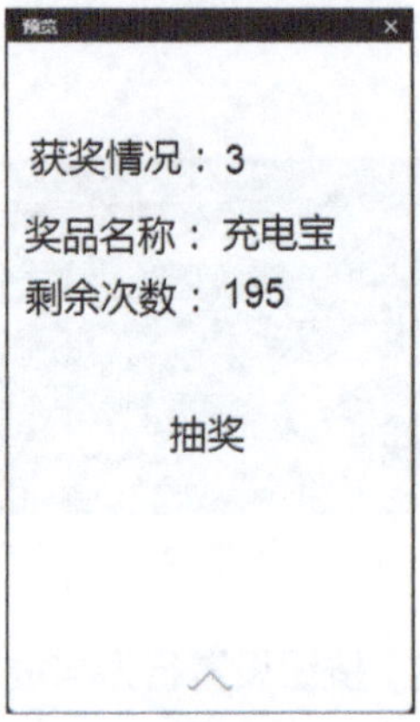

预览

获奖情况：3

奖品名称：充电宝

剩余次数：195

抽奖

图 J.11

附录 K　虚拟现实工具——文化古街“国子监街”

使用虚拟现实工具可对全景图像进行处理，进而产生虚拟立体效果。利用虚拟现实工具可以实现全景 360 度和全景 720 度的视觉效果。再结合手机本身的陀螺仪控制，就可实现 VR 视觉效果。由于虚拟现实效果制作的方法和过程比较复杂，因此单独进行介绍。

要实现虚拟现实效果，要求图像必须是全景图像，图像尺寸比例要求横向与纵向的比为 2∶1 或 6∶1。下面将通过具体实例来介绍虚拟现实效果的制作方法和过程。

在制作虚拟现实效果之前必须准备好素材，这里准备了两张横向与纵向比为 2∶1 的图片、场景缩略图和一段视频，如图 K.1 所示。

图 K.1

1. 制作虚拟场景

（1）新建作品并建立虚拟现实播放区

① 新建一个 H5。

② 建立虚拟现实播放区。单击工具箱中的虚拟现实工具，鼠标指针变成“+”状态。在舞台上按住鼠标左键拖曳，即可建立虚拟现实播放区，效果如图 K.2 所示。

（2）导入全景虚拟场景

① 松开鼠标左键后，舞台上弹出【导入全景虚拟场景】对话框，如图 K.3 所示。

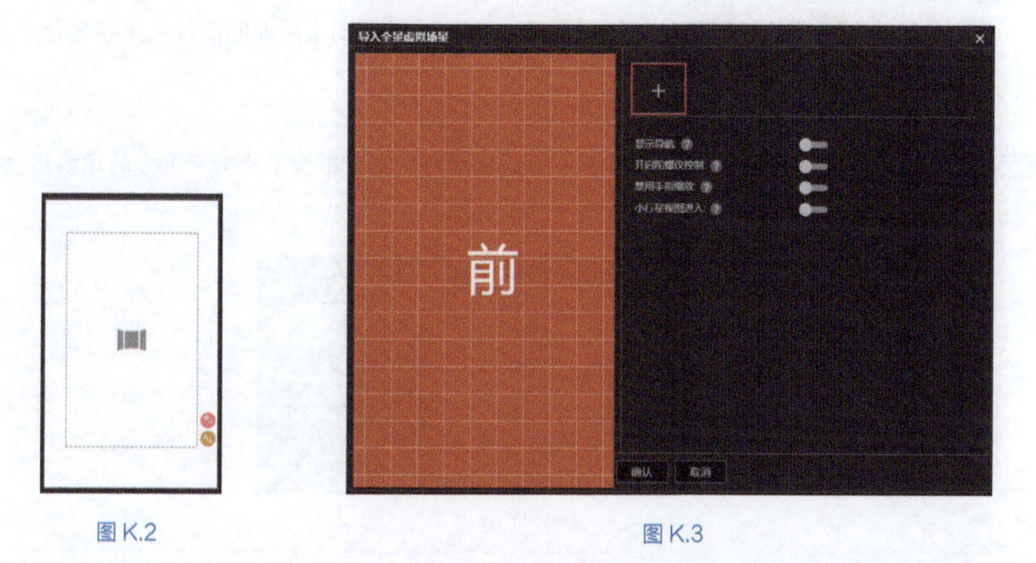

图 K.2

图 K.3

② 单击【导入全景虚拟场景】对话框中的添加场景按钮，弹出【素材库】对话框，导入虚拟现实场景图片。这里导入的是国子监街图片及场景 1 图片，如图 K.4 所示。

图 K.4

提示：如果关闭【导入全景虚拟场景】对话框后，需要再次调出该对话框，可在舞台上的虚拟现实场景中双击鼠标，或者在舞台上选中虚拟现实场景，单击【属性】选项卡最下方的【虚拟现实参数】设置项右侧的【编辑】按钮。

（3）编辑虚拟现实参数

① 在【导入全景虚拟场景】对话框中选中第 1 个场景的缩略图，然后单击【场景】选项卡。选项卡中的【标题】设置框用于场景命名，默认的标题名称为“场景 1”，在【标题】设置框中输入标题可重新命名，本例重新命名为“国子监街”，如图 K.4 所示。

② 分别单击图 K.4 中【图片 / 视频】【预览图片】【缩略图】后面的图片可重新选择图片替换当前的图片。

提示：在【导入全景虚拟场景】对话框中，将鼠标指针移至【场景】选项卡上方的缩略图上，会出现删除图标，单击删除图标可将该场景图片删除，如图K.5所示。

图 K.5

③ 调整虚拟现实播放区。调整虚拟现实播放区尺寸的方法与调整图片尺寸的方法相同。

④ 在【导入全景虚拟场景】对话框中，有【显示导航】【开启陀螺仪控制】【禁用手指缩放】

和【小行星视图进入】几个设置项，它们都默认为关闭状态。本例中，开启了【显示导航】和【开启陀螺仪控制】两项，如图 K.4 所示。

⑤ 将上述参数设置好后，单击【导入全景虚拟场景】对话框下方的【确认】按钮，即可完成设置。预览作品后可以看到页面中显示出导航栏，如图 K.6 所示。其中，导航栏从左到右按钮的功能分别是向前切换场景、显示所有场景、放大场景、隐藏导航和向后切换场景。

图 K.6

2. 添加热点和编辑热点参数

（1）添加热点

① 打开【导入全景虚拟场景】对话框，单击【热点】选项卡，如图 K.7 所示。

② 单击图 K.7 中的“+”。

③ 将鼠标指针移至虚拟场景中需要添加热点的位置，双击鼠标即可。

图 K.7

（2）编辑热点参数

选中热点（图 K.7 中选中的是热点 2）后，可更换热点图标的样式和尺寸，并为热点添加行为，如“跳转到页”“跳转到帧”等。

3. 虚拟现实应用与任务训练

（1）虚拟现实应用

室内虚拟场景的应用非常广泛，如博物馆内景介绍、室内设计效果展示、展览介绍等。通过创作“室内虚拟场景”，以加深对虚拟场景设计与应用的认识和理解，熟练掌握虚拟场景的制作方法和过程。

（2）任务训练

① 拍摄一张室内全景照片，并处理成横向与纵向比为 2∶1 或 6∶1 的尺寸。

② 照片中至少包括 3 种常见的物件，如收音机或音乐播放器、电脑、台灯（落地灯）等，用于添加热点。

③ 利用热点技术制作：点击电脑屏幕后，播放电脑中“正在播放的视频”，因此需要准备一段视频。

④ 利用热点技术制作：点击室内场景中的台灯（落地灯）的开关，室内的台灯（落地灯）附近要变得明亮，为此需要准备一张满足这个要求的图片，图片场景与虚拟场景要一致。

⑤ 点击收音机或音乐播放器，可播放音乐或关闭音乐，即用收音机或音乐播放器作为控制音乐播放与关闭的按钮。

附录 L 连线控件——识别车辆行进标志

连线控件的应用非常广泛，这里以对车辆行进标志进行识别为例，来介绍连线控件的基本使用方法。

1. 制作基本页面

在舞台上输入文字，导入车辆行进标志图片，如图 L.1 所示。

在【属性】选项卡中将标志命名为“M#1”，将标志命名为“M#2”，将标志命名为“M#3”。

2. 添加连线

① 添加连线 1。单击工具箱中的连线工具，在舞台上拖曳出一条短线，如图 L.2 所示。

② 在【属性】选项卡的连线【专有属性】中，单击【停靠位置】选项后的下拉按钮，在弹出的下拉菜单中选中“M#3”选项，如图 L.3 所示，然后单击选项后的“+”。

图 L.1

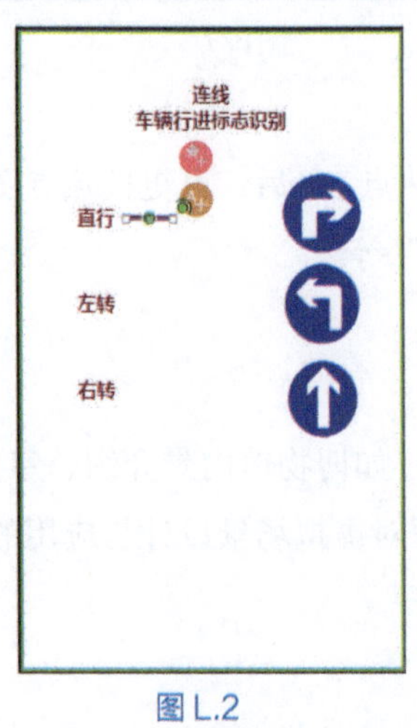

图 L.2

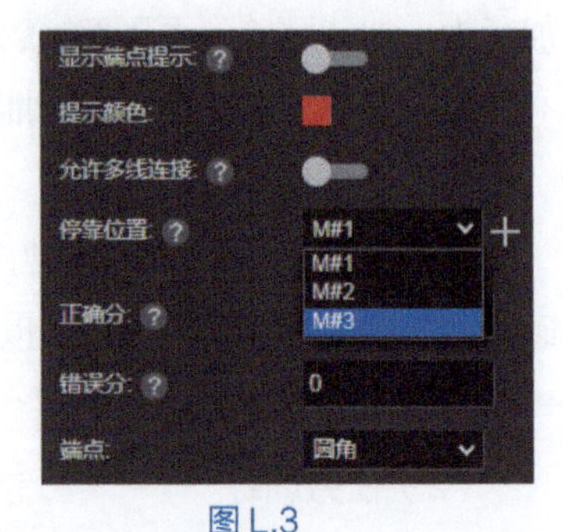

图 L.3

③ 按添加连线 1 的方法，依次添加连线 2 和连线 3。将连线 2 的【停靠位置】设置为“M#2”，将连线 3 的【停靠位置】设置为“M#1”。页面的制作效果如图 L.4 所示。

3. 保存并预览

保存并预览作品，然后拖曳连线，结果如图 L.5 所示。

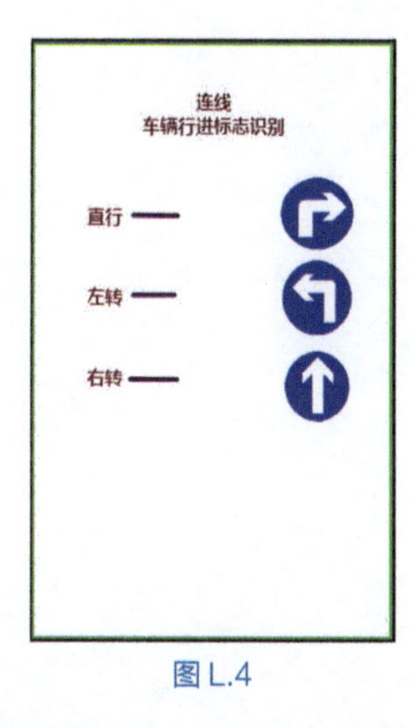

图L.4

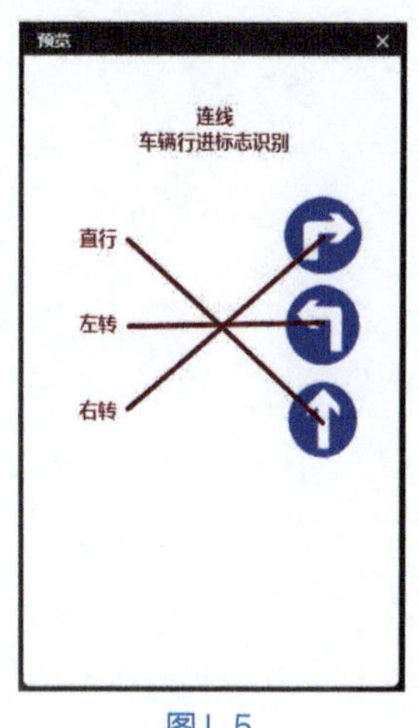

图L.5

提示：可以开启图L.3中的【允许多线连接】开关。系统提供的连线端点有圆角、方角、尖角这3种形式。